JN295297

グローバル資本主義論

日本経済の発展と衰退

飯田和人

日本経済評論社

目次

序章　グローバル化と国民経済の衰退 …………………………………… 1

  1.　グローバリゼーションの特徴　　　　　　　　　　　　　　　　1
  2.　賃金・利潤の分配関係の調整　　　　　　　　　　　　　　　　3
  3.　福祉国家体制下の調整メカニズムと「資本主義の黄金時代」　　7
  4.　政策転換：完全雇用政策の放棄　　　　　　　　　　　　　　　8
  5.　賃金・利潤の分配関係の調整メカニズム　　　　　　　　　　　9
  6.　グローバル資本とは何か？　　　　　　　　　　　　　　　　　10
  7.　グローバル資本主義の厳しい現実　　　　　　　　　　　　　　13

第1章　グローバル資本主義と景気循環 …………………………………… 17

  1.　リーマン・ショック後の日本経済　　　　　　　　　　　　　　17
  2.　輸出立国モデルの崩壊　　　　　　　　　　　　　　　　　　　22
  3.　輸出主導型経済の形成　　　　　　　　　　　　　　　　　　　24
    (1)　輸出主導型経済の歴史的位置づけ　25
    (2)　輸出主導型経済の内実　27
    (3)　好循環メカニズムをめぐる外需主導型と内需主導型　30
  4.　輸出主導型経済の試練　　　　　　　　　　　　　　　　　　　32
    (1)　プラザ合意と内需主導型経済（バブル経済）　32
    (2)　二度目の超円高　33
    (3)　輸出主導型経済の変容　35
  5.　輸出主導型経済の最終的破綻　　　　　　　　　　　　　　　　38
    (1)　第14循環の回復過程を主導した諸要因　39
    (2)　グローバル資本の確立　42
    (3)　雇用の質の悪化　44

6．グローバル資本主義への移行と長期停滞　　　　　　　　　　　　47
　　(1)　バブルの後遺症と長期停滞　47
　　(2)　長期停滞は長期不況ではない　48
　　(3)　デフレと長期停滞　50
　　(4)　長期停滞から衰退へ　53
　　(5)　日本経済におけるグローバル資本主義の確立　53

第2章　海外直接投資の展開とグローバル資本の確立 ……………… 59

　1．その前史　　　　　　　　　　　　　　　　　　　　　　　　　59
　2．海外直接投資の本格化　　　　　　　　　　　　　　　　　　　61
　　(1)　第1波　61
　　(2)　第2波　61
　　(3)　第3波　62
　3．1990年代：現地生産一貫体制の確立　　　　　　　　　　　　64
　　(1)　第4波　65
　　(2)　アジア向け直接投資の動向　69
　　(3)　1990年代の海外直接投資の特徴　71
　4．2000年代：東アジア経済圏の形成　　　　　　　　　　　　　72
　　(1)　アジア向け海外直接投資の拡大　73
　　(2)　アメリカ経済の立ち直り　74
　　(3)　東アジア生産ネットワーク　76
　5．グローバル資本主義下の日本経済　　　　　　　　　　　　　　78
　　(1)　グローバル資本の確立　79
　　(2)　グローバル資本主義への移行　81

第3章　グローバル資本主義への移行と労働市場 ……………………… 91

　1．構造改革としての労働市場の規制緩和　　　　　　　　　　　　91
　　(1)　日本型雇用システムの変容　93
　　(2)　労働法制の改訂プロセス　94
　2．グローバル資本主義への移行と産業予備軍効果の再確立　　　　97

        (1) 産業予備軍効果の再確立　97
        (2) 非正規雇用の増大：雇用の質の悪化　100
        (3) 正規・非正規間の賃金格差　103
        (4) 流動的有期労働市場の拡大　104
    3. わが国における外国人労働者の動向　106
        (1) 外国人労働者と単純労働力　106
        (2) 不法残留者　111
        (3) 研修生・技能実習生　112
        (4) 日系人労働者　115
    4. グローバル資本主義下の資本-賃労働関係の再生産メカニズム　117
        (1) 不況下における外国人労働者の動向　117
        (2) 単純労働力としての外国人労働者と景気変動　118
        (3) グローバル資本主義への移行　122

第4章　日本的経営とコーポレート・ガバナンスの変容 ……………… 129
    1. 日本型経済システムと日本的経営　129
        (1) 戦時体制との連続性と断絶　130
        (2) 下請制とメインバンク制における連続性　132
    2. メインバンク制の源流　133
    3. コーポレート・ガバナンスの諸構成契機　135
    4. メインバンク制と日本型コーポレート・ガバナンス　138
        (1) メインバンク制の基盤としての間接金融方式　138
        (2) 株式相互持ち合いとメインバンク制　139
    5. 日本型雇用システム変容の背景　141

第5章　雇用システムの変容と生産力低下の可能性 ……………… 147
    1. 終身雇用制と年功序列賃金への攻撃　147
    2. 日本型雇用システムの歴史的形成過程とその特質　149
    3. 職能資格給制度の諸特徴　152
        (1) 職能給システムの仕組み　152

   (2)　職能給システムのメリット　153
  4.　その後の展開　155
  5.　生産力の低下　159
  6.　日本型雇用システム崩壊後の諸問題点　162

第6章　構造改革と福祉国家体制の解体　167

  1.　日本型経済システムと福祉国家体制　167
  2.　構造改革の展開　170
   (1)　行政改革　171
   (2)　規制改革　172
   (3)　地方分権　175
  3.　橋本6大構造改革の評価　176
  4.　経済政策の迷走　179
  5.　小泉構造改革の展開　182
   (1)　2つの構造改革路線の継承関係と相違点　183
   (2)　小泉改革と郵政民営化問題　184
   (3)　社会保障制度と小泉改革　185
   (4)　所得再配分機構と小泉改革　187
   (5)　完全雇用政策の最終放棄　189
  6.　小泉改革の下での景気回復の特徴　190
  7.　不信と不安を助長した構造改革　192

結章　日本経済，これからどうする？　197

  1.　終わりなきイノベーション　198
  2.　高度に専門化した知識サービス分野　200
  3.　生活関連サービス分野　201
  4.　結語　203

補論　資本主義の歴史区分とグローバル資本主義の特質　205

  1.　問題の所在　205

2. 資本主義の歴史区分　206
   (1) 原始的蓄積過程と国民国家　206
   (2) 国家間の競争と国民経済　208
   (3) 資本主義の歴史区分とその基準　210
3. 近代的企業システムと産業資本主義の確立　218
   (1) 資本主義経済システムの基本的構成要素　218
   (2) 近代的企業システムとしての資本　219
   (3) 近代的企業システムの一般化　223
   (4) 産業資本主義の確立　224
4. 資本－賃労働関係の再生産メカニズムとその歴史的変遷　228
   (1) 10年周期の恐慌を含む景気循環と資本－賃労働関係の再生産　228
   (2) 独占資本主義の下での景気循環の変容　232
   (3) 現代資本主義・前半期：高度経済成長の時代　238
   (4) 福祉国家体制からグローバル資本主義の時代へ　245
5. グローバル資本主義の理論的特質　251
   (1) 調達，生産，販売の3領域における国際化　251
   (2) グローバリゼーションと国民国家　254
   (3) 国際分業関係の変化と先進国における経済構造の変化　255
   (4) 労働力の国際移動と資本－賃労働関係の維持・再生産　258
6. グローバル資本主義の現段階　261
   (1) アメリカ資本主義の黄昏　263
   (2) 現代資本主義の特質：2つの発展モデルの並存　266

参考文献　275
あとがき　281

序章
グローバル化と国民経済の衰退

　現代はグローバリゼーションの時代である．そして，最近になって誰の目にも明らかになってきたのは，このグローバリゼーションの進展のなかで日本経済に衰退の兆候が表れてきたということである．

　その理由として，よく言われていることは日本経済がグローバル化の波に乗り遅れたからそうなったというものであろう．この説明は分かり易いが，実際には日本経済がグローバル化に適合していくなかでそうした衰退兆候が出てきていることに注意しなければならない．もっと正確に言うと，日本企業の活動がグローバル化し，それがグローバル資本へと進化していくなかで国民経済の衰退が始まっているのである．

　なぜ，そのようなことになったのか？　その原因を解明していくことが本書の課題であるが，まずは，ここでグローバリゼーションとは何であるのか．このことを明確にしておく必要がある．

　現在のグローバリゼーションの最も重要な担い手は，言うまでもなく資本すなわちグローバル資本である．では，グローバル資本とは何であるのか？　この問題についても明確にしておく必要があるだろう．そこで，まずもって本書の序章において説明しておくべきは，グローバリゼーションおよびグローバル資本という2つの基軸的概念である．

1. グローバリゼーションの特徴

　グローバリゼーションの時代の特徴は，何よりもまず資本と労働力とが国境を越えて移動するという現象である．そこで，一般的にグローバリゼーション

の特徴として語られていることは，企業が国境を越えて自由に活動を展開すること，あるいは資本が国民国家の枠組みを超えて地球規模で運動することなどであろう．ただ，ここで留意しておくべきは，18世紀のアダム・スミスがすでにつぎのように指摘していることである．「商人は世界市民である．それだから資本や産業を他の国に移す」(『国富論』第3編，第4章）と．

　スミスの時代の商人というのは前期的商人資本を指している．したがって，ここでスミスはこう主張しているわけである．資本というのは世界市民，つまりはコスモポリタンである．だから，その運動は国境を越え，国家の枠組みを超える傾向をつねにもっているのだ，と．

　ここから分かることは，そのような資本の国境を越える運動は別にグローバリゼーションの特徴というよりも，もともと資本がもっている性質だと考えたほうがよい，ということである．そこで，むしろ問題は，このように資本が国境を越えて地球規模で自由に運動することが資本主義経済に対してどのような意味をもつのか？　あるいは，現在のグローバリゼーションの時代が資本主義の歴史のなかでひとつの新しい段階を画するということであるとすれば，それは一体どういう意味においてなのか？　こうした点にあるというべきであろう．

　ここで結論を先取りしてしまえば，いま起こっている資本が自由に国境を越える運動というのは，現代資本主義の存続と発展にとって必要・不可欠な意味をもつということである．そして，このことを理解するためには，資本主義経済の最深部に分け入り，この経済システムにとって最も重要な分配関係，すなわち賃金と利潤との分配関係の調整メカニズムに着目する必要がある．

　ここで，さらにもう一歩踏み込んで結論の先取りをしていけば，この賃金と利潤との分配関係の調整メカニズムは，実は資本主義の歴史段階によってそれぞれ異なっている．したがって，この調整メカニズムがどのような歴史的な特殊性をもつのかを比較基準にするなら，資本主義の歴史段階区分が可能になる，ということである．

　そして，この基準から見て現在のグローバリゼーションは間違いなく資本主義の新しい歴史段階を画するものとして捉えられなければならない．本書では，この新しい歴史段階としての資本主義を一般的表現にしたがって「グローバル資本主義」と呼んでいる．そこで以下では，このグローバル資本主義が何ゆえ

に新しい歴史段階を画するのかを明らかにしていこう．

まずは教科書的な説明になるが，この賃金と利潤は一般に資本主義経済における2大所得範疇（2大所得カテゴリー）であるとされている．一般に働くこと（＝労働）によって得られる所得はすべて賃金というカテゴリーで捉えられ，また，それ以外の所得――たとえば，地代，利子，利潤，配当収入あるいは役員報酬等々――こういったものは，利潤（＝剰余価値）として企業にいったん取り込まれたあとで分配されると考えれば，いずれも利潤と同一カテゴリーで捉えられる．

もちろん，こうした所得は，何であれ新しく生み出されてきた価値（＝価値生産物）のなかから――言い換えるなら，純生産物（すなわち国民所得の源泉）のなかから――支払われることは言うまでもない．そして，これらが純生産物という同じパイから分配されるところから，基本的にこの賃金と利潤とはある種の相反関係にある，と主張できる．つまり，両者は一方が増加すれば他方が減少する，こうしたトレード・オフの関係におかれているということである．

さらに重要なことは，この相反関係にある賃金と利潤との分配関係もしくは両者の分配割合は，労働の側から見ると労働分配率であるが，これは常に変動しているということ――だが，この変動の幅は必ず一定の範囲内におさまっていなければならないということ――である．つまり，利潤だけが一方的に高くなる，あるいは賃金だけが一方的に高くなるということは不可能であり，この変動が一定の範囲内におさまっていることが，資本主義経済システムの存立条件になっているということである．

2. 賃金・利潤の分配関係の調整

したがって，ここから賃金と利潤との分配割合の変動を一定の水準に保つような，何らかの調整メカニズムをもたなければ資本主義経済の存続あるいはその発展はない，ということになる．しかも重要なことは，こうした調整メカニズムは，先ほども指摘したように資本主義の歴史段階によってそれぞれ異なっている，ということである．

通常，確立された資本主義経済においては，この賃金と利潤との分配関係（あるいは分配割合）における調整は，労働市場の価格メカニズム（あるいは賃金水準の決定メカニズム）を通して行われる．この賃金決定メカニズムにとって重要なファクターとなるのは，言うまでもなく労働市場における失業者の存在（もしくは失業率）である．

　要するに，失業率が高ければ下方圧力がかかって賃金が低下し，逆に失業率が小さいと賃金は上昇する．そして，この賃金の変動にともなって，これと相反関係にある利潤も変動する．つまり，賃金が上昇すれば利潤が下落し，逆の場合には逆になる．いずれにしても，こういった相反関係が存在しているかぎり，そのどちらかが一方的に上昇することは不可能なのである．上がり過ぎればどこかで下がり，下がり過ぎればどこかで上がるというように，何らかの調整メカニズムが働くことになる．

　こういった調整メカニズムは，具体的には景気循環過程のなかで作用している．それは不況とか好況，あるいは恐慌といったような景気循環の各局面において，労働市場における失業率の変化，さらにはそれに対応した賃金水準や利潤率の変動というかたちで現れるのである．

　そして，このような景気循環の原動力，つまりエンジンの役割を果たしているのが資本蓄積である．ここで資本蓄積とは，企業がより多くの利潤を手に入れようとして，その獲得した利潤をさらに資本投下（もしくは投資する）ということで，それによって資本規模が拡大されていくことを意味する．

　むろん，この資本蓄積によって経済全体の資本規模が大きくなれば労働需要は増大し，結果的には賃金に上昇圧力がかかってくる．そして，この賃金が上昇し続けると，やがては利潤を圧迫するようになって利潤率の低下が発生するのである．もっとも，これはかなり単純化した話である．たとえば，ここに労働生産性の上昇が起これば（あるいは労働節約的な技術がそこに介在すれば），こう単純には行かない．しかし，この資本蓄積がさらに止まることなく拡大していけば，いずれはそうした事態にならざるをえないということで，ここではそうした状況を想定していると考えればよい．

　では，そのようにして発生した利潤率の低下は何を意味するのか？　資本過剰の状態である．資本過剰とは，資本が正常な利潤を獲得するためには過剰に

蓄積されてしまった状態である．そして，そうなると，ある段階では必然的に景気循環過程における調整メカニズムが働くことになる．つまり，ある時点から景気は上昇局面から反転をして，下降局面へと向かわざるをえなくなるのである．

この景気循環の反転がドラスティックに起こる現象が恐慌である．その恐慌のあと，景気循環過程は不況局面へと移り，これを繰り返すことになる．不況のあとはまた好況へと向かうというように，これを繰り返すのである．

そこで，こうした景気循環過程における恐慌や不況は，資本主義経済にとっては重要な意味をもつという点に着目しなければならない．とりわけ，賃金と利潤との分配関係の調整メカニズムという観点から見ると，これは大きな意味合いをもっている．それは，資本主義経済システムがこの恐慌や不況を通して過剰に蓄積された資本を整理・解消しているということである．

もちろん，弱い資本から整理・淘汰されていくことになるが，そのうえで，より強力に，より大規模に資本蓄積をやり直していく土台を作るのである．そうしたプロセスを通して資本主義経済がますます発展していったのであり，その発展のための必然的なプロセス，これが恐慌や不況のもつ経済的な意味なのである．

ところで，このような恐慌をともなう景気循環が発生したのは，資本主義経済を19世紀前半に初めて産業資本主義として確立したイギリスにおいてであった．その後，同じように産業資本主義を確立した先進資本主義諸国において，ほぼ10年周期で恐慌爆発が見られるようになったのである．

このような恐慌・景気循環の歴史において，大きな転換点となっているのが第2次世界大戦である．第2次世界大戦後，不況と好況を繰り返す景気循環は存在しているものの，恐慌爆発といったドラスティックな経済の崩落現象が見られなくなっているからだ．

その最も大きな理由は，第2次世界大戦後，政府が積極的に景気循環過程に介入するようになったということである．ここで重要なことは，この景気循環過程への政府の積極的な関与は，同時に資本主義経済システムにとって最も根本的な分配関係である賃金と利潤との分配関係の調整過程そのものに政府が直接関与し始めたということを意味しているということである．したがって，第

2次世界大戦後の資本主義経済は，賃金と利潤との分配関係の調整メカニズムという基準から見ると，それ以前とは歴史的にひとつ異なった段階に入ったと考えることができる．

そこで，ここではほぼ10年周期の恐慌をともなう景気循環を通して賃金と利潤との分配関係を調整していた時代とは区別するという意味で，第2次世界大戦後の資本主義を現代資本主義と呼ぶことにしたい．そのうえで，簡単に資本主義の歴史段階区分を行うと，以下のようになる．

(1) 19世紀以前の生成期の資本主義
(2) 19世紀はじめから20世紀前半までの確立期の資本主義
(3) 第2次世界大戦以後の現代資本主義

ここでは，資本主義経済をまず恐慌爆発をともなう景気循環が見られた段階とそれ以前の段階とに分けている．前者を「生成期の資本主義」とし，後者を「確立期の資本主義」と「現代資本主義」として2区分して捉え，全体として3段階区分を示している．

第2次世界大戦後の現代資本主義は，これまで説明してきた同じ比較基準によってさらに2つの段階に分けることができる．その前半段階は，政府が景気循環過程に直接関与して恐慌爆発を回避しようするだけではなく，同時に完全雇用を重要な政策目標として掲げた時期である．これは，第2次世界大戦後から大体1970年代半ばくらいまでの時期にあたる．後半の段階は1970年代半ば以降現在までということで，これが本書の問題とするグローバル資本主義の時代である．その前半の段階については，本書では「福祉国家体制の時代」という名称を与えている

いずれの時代も，政府は恐慌爆発を回避するというかたちでの経済介入を行っており，これが現代資本主義に共通の特徴である．しかし，グローバル資本主義の時代には，政府はできるだけ景気循環過程への直接介入を避けようとするスタンスをとるようになり，これが福祉国家体制の時代との大きな違いを生み出している．

そして，もうひとつの大きな違いが，グローバル資本主義の時代は福祉国家体制の時代とは違って政府が完全雇用を重要な政策目標とはしなくなるという点である．以下では，この2つの時代を対比していくことで，グローバル資本

主義の時代の諸特徴を明らかにしていくこととしよう．

3. 福祉国家体制下の調整メカニズムと「資本主義の黄金時代」

そこでまず，福祉国家体制の時代，問題の賃金と利潤との分配関係の調整メカニズムはどのようなものであったか？ 最初に確認しておくべきは，この時代，先進資本主義諸国においては完全雇用政策が基本的に採用されており，そこにおいては賃金の持続的な上昇が避けられなかったという点である．完全雇用下では，失業が賃金上昇を抑える圧力として機能しなくなるからである．

実際にも，この時代にはこの持続的な賃金上昇が発生している．そうであれば，当然にこれは企業利潤を圧迫して，問題の資本過剰の状況をつくり出すことになる．ただし，このように賃金が持続的に上昇していく場合でも，同時に労働生産性が上昇すれば（そして，この賃金上昇率が労働生産性上昇率の範囲内に収まっていれば），そこから直ちに資本過剰の状態に陥るということにはならないのである．むしろ，その場合には，逆に持続的な好況過程が実現される可能性すら存在する．

実のところ，それは第2次世界大戦後の1950年代と60年代に見られた現象であり，そのとき資本主義経済は「黄金時代」と呼ばれたような高度経済成長を実現することができたのであった．

むろん，こういう状況が永遠に続くことはありえない．いずれは労働生産性の上昇が鈍り，完全雇用政策のもとで賃金上昇率が労働生産性の上昇率を上回って行くような状況を迎えるのである．そうなると，企業は賃金コストの上昇分を製品価格に転嫁せざるをえず，ここからインフレーションが発生することになる．いわゆるコストプッシュ・インフレーションである．他方，この高度成長の時代（1950年代，60年代）には，先進資本主義諸国では，不況期になるとケインズ主義による総需要創出政策が発動されていたところから，この意味でもまたインフレーションは避けられなかったのである．

こうして発生したインフレーションは，最初のうちこそ「忍び寄る」程度の穏やかなものであった．しかし，次第にその上昇圧力を昂進させながら狂乱物価インフレとも呼ばれるような激烈なものへと変貌していき，最終段階では高

い物価上昇率と高い失業率とを並存させるスタグフレーションを生み出すことになったのである．

4．政策転換：完全雇用政策の放棄

　この賃金上昇と物価上昇とのシーソーゲームがついに限界を迎えたのは，スタグフレーションが深刻化した1970年代の初め頃である．この段階で，先進資本主義経済は政策転換を余儀なくされることとなったが，そこでまず実施されたのが完全雇用政策の放棄であった．政策理念としては，ケインズ主義から新古典派・新自由主義への転換である．

　これは，インフレーションを阻止するという理由で，資本蓄積をベースに景気循環過程で必然的に形成される失業を「自然的」なものとして容認し，失業対策を放棄しようとする立場である．マネタリストの言う「自然失業率」とはまさしくこの意味であって，この自然失業率によって，資本主義にとって「適正」な賃金水準を実現していこうとしたわけである．言い換えるなら，これは完全雇用政策の放棄によって，景気循環のなかで作用する賃金と利潤との分配関係の調整メカニズムをもう一度復活させようという政策であったと言ってよい．

　こうして，資本主義経済を支える原理的な調整メカニズムは再構築されることとなったが，しかし，この現代資本主義のもとでの景気循環は，かつてのように恐慌爆発をともなっていないという点に注意しなければならない．恐慌による経済的な価値破壊を許すことになれば，その被害は極めて大きく，これだけは政府が何としても回避しようとするからである．

　しかし，そうなると，やはり景気循環過程を通しての過剰資本の整理・解消ということも不十分なものとならざるをえない．恐慌爆発が回避されても景気循環そのものは消滅しないところから，この現代資本主義のもとでも資本過剰の可能性はやはり残されているのである．つまり，好況期においては，労働需要の増大からする賃金上昇（＝利潤率低下）がどうしても避けられず資本過剰が顕在化する可能性を否定できない，ということである．

5. 賃金・利潤の分配関係の調整メカニズム

そこで，資本主義システムそのものの存続と発展のためには，こうして発生する資本過剰を何らかの形で整理・解消できる，もうひとつ別の賃金と利潤との分配関係の調整メカニズムが必要になってくる．もちろん，これはすでに存在しているのである．だからこそグローバル資本主義の時代が到来したのであったのだが，では，それは何か？

ここで最初の問題に戻って，グローバリゼーションがもっている重要な特徴——つまり，国境を越えて資本が自由に運動すること，具体的には企業の海外進出あるいは海外直接投資の展開——に注意を向ける必要がある．というのは，資本蓄積にともなう賃金上昇（＝利潤率低下）によって資本過剰の発生が避けられないとしても，資本は，その生産拠点を海外に移すことによって，そこから賃金上昇による利潤率の低下，したがってまた資本過剰の発生をある程度回避することが可能だからである．

ここで重要なことは，このような国境を越えての資本の運動を通して，先進資本主義国では，景気循環のなかでは処理しきれない賃金と利潤との分配関係の調整を実現できる——それによってまた過剰資本の発生も回避できる——ようになっている，ということである．

同様に，労働力の国際的移動もグローバル資本主義の時代に見られる重要な特徴であるが，実は，これによってもまた景気循環のなかでは処理しきれない賃金・利潤の分配関係の調整が可能になっている．たとえば，好況期において労働需要の増大から賃金が上昇した場合，外国人労働力の国内流入はそこでの賃金上昇にある程度の歯止めをかけ，資本過剰の顕在化を先送りすることができるからである．

こうして，グローバル資本主義の時代における資本と労働力との国際的移動とは，恐慌による過剰資本の整理・解消が不可能になった時代（すなわち現代資本主義）の，新しい賃金・利潤の分配関係の調整メカニズムとして捉えることができる．つまり，こうした独特の調整メカニズムの存在と機能とによって，グローバル資本主義は，それ以前の福祉国家体制の時代とは区別されるべき，

資本主義の新しい歴史段階を画することとなった，ということである．

ただし，ここで注意しなければならないのは，このような調整メカニズムと資本の運動との関係はあくまでも，資本がその活動（調達，生産，販売）の拠点をおく国の経済変動もしくは景気循環に対して受動的に振る舞うという前提で論理が組み立てられている，ということである．

確かに，グローバル資本主義のもとでも，資本はそれぞれ拠点をおく国民経済のなかでそうした受動的な運動を展開するが，グローバル資本主義の担い手であるグローバル資本の場合には，それを超えて能動的な運動を展開することが可能である．つまり，その運動は，その活動拠点としての各国経済の基盤そのものを揺るがすような能動性をもっている，ということである．

グローバル資本の場合，不況や好況といった景気循環の各局面に対応して，いわば受動的に企業活動を展開するばかりではなく，その国境を越えたグローバルな運動（＝再生産・蓄積運動）そのものが，活動拠点をおく国の経済構造そのものを変容させ，その景気循環の基盤を変えていく可能性がある．では，このグローバル資本とはどのような性質をもった資本なのか？　つぎには，このグローバル資本の概念内容を明らかにしていくこととしよう．

6．グローバル資本とは何か？

ここで言うグローバル資本とは，現代のグローバル資本主義を駆動する，ある種のエンジンの役割を果たしているのであるが，その運動の特徴を理解するためには，まず資本一般の運動プロセスを理解しておく必要がある．

そこで，資本とは何か？　それは利潤の獲得を目的とした独自の経済組織体である．別の言葉で言えば，要するにこれは近代的企業システムのことで，その活動を簡単に説明すれば，以下のようになろう．

企業の活動は，まず経営資金（貨幣）を準備しこれを資本として投下するところから始まる．この資金は最初に市場（調達市場）に投下され，それにより様々な経営資源——すなわち，労働力や原料，燃料等の労働対象，機械，工場設備等の労働手段——が調達され，これら経営資源は，生産過程で有機的に結びつけられることで新しい商品が生み出される．企業はこの商品を市場（販売

市場）で販売し，それによって最初に投下された経営資金を回収するが，ここで回収された金額は最初に投下された資金よりも大きくなければならない．この差額が利潤であり，企業活動の目標は何よりもまずこの利潤の獲得におかれている．単純化して言えば，貨幣に始まって利潤をともなった貨幣で終わる，この循環が資本の運動である．さらに言えば，企業の活動はこの利潤の獲得をもって終わることはない．より一層の利潤の獲得を目指して，同じ運動を繰り返す．これが資本蓄積である．以上の運動プロセスは，理論的にはつぎのように示される．

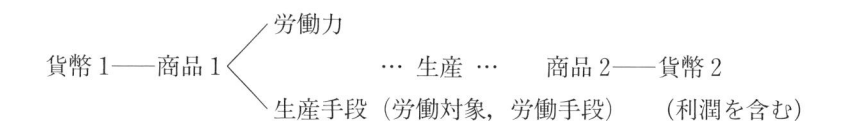

```
                  ┌─労働力
貨幣1──商品1─┤                    … 生産 …    商品2──貨幣2
                  └─生産手段（労働対象，労働手段）        （利潤を含む）

〈市場〉：経営資源の調達                              〈市場〉：商品の販売
```

　ここに示されているように，資本の運動は出発点の貨幣1（＝貨幣資本）から始まって終点の貨幣2で終わる循環運動である．この資本の循環運動の両サイド（貨幣1──商品1，商品2──貨幣2）は，流通過程（市場）である．その間に生産過程が組み込まれており，生産過程は資本にとっての基本的な経営資源ともいうべき労働力と生産手段（労働対象，労働手段）との結合により商品を生産する．出発点の貨幣1は，これらの経営資源を商品1として調達するために投下される．また，終点の貨幣2は出発点の貨幣1よりも価値的に大きくなければならない．その差異が資本の運動の目的としての剰余価値（利潤）である．そして，この剰余価値をつぎの資本の循環運動に追加投下し，これを拡大的に繰り返していくことが資本蓄積である（ただし，ここではこの資本蓄積過程は捨象してある）．

　そこで，こうした資本の循環運動のなかで，問題のグローバル資本の運動の理論的特質を捉えるなら，まず①最初の流通過程（貨幣－商品）のプロセスにおいて「経営資源調達の国際化」であり，ついで②その生産過程において「生産の国際化」，そして③最終段階の流通過程（商品－貨幣）における「商品販

売の国際化」である．要するに，この調達，生産，販売という3つの資本の活動領域における国際化が，グローバル資本の特徴なのである．

　そのなかで最も重要なものは，生産の国際化である．経営資源の調達が外国からなされることはグローバル資本主義以前にもあったし，販売の国際化も同様である．これに対して，生産の国際化は，具体的に言えば海外直接投資（つまり資本の国際的移動）によって行われ，グローバル資本主義の基本的な性格を背景としてもっているのである．

　むろん，だからといって生産の国際化だけではグローバル資本は成立しえない．それは，つねに調達，生産，販売の国際化を一体的に運用・統合し，いわゆるグローバル経営を展開するところに特徴をもつからである．言い換えるなら，グローバル資本は，世界のなかで最も有利なところ，最大の利益をあげられるところにその活動（調達，生産，販売）拠点をおき，いわばグローバルな規模と体制で経営を展開するということである．

　こうした行動原理をもつグローバル資本は，当然のことながら，その活動の拠点をおく国の経済的諸事情を考慮することなく，自らの利潤の最大化を目指して運動する．したがって，その国境を越えたグローバルな運動そのものが，活動拠点をおく国の景気循環の基盤を変容させ，その経済構造そのものをも変えていくことは大いにありうることなのである．結果的に，その活動拠点をおく国の国民経済の発展をもたらすこともあるだろうが，その国の国民経済を衰退に導くこともありうる．

　たとえば，資本の国外流出が産業の空洞化や雇用の空洞化をもたらし，そこから国民経済の衰退が導かれるという事態である．この場合，こうして衰退していく経済では逆に労働力の過剰が発生し，そこから労働力の国外流出も起こりうるであろう．ここで重要な点は，このような資本と労働力との国際的移動もまたグローバル資本主義の特徴として捉えられなければならないということである．ただし，資本の国際的移動はそれ自体で能動的であるのに対して，労働の国際的移動はこの資本の運動に対してつねに受動的であることは注意を要する．資本過剰から起こる労働力の国内流入も，労働力の過剰から起こるその国外流出も，すべて資本の運動に媒介されて起こることだからである．

　それでは，現代資本主義はいつごろこのようなグローバル資本主義の時代へ

と移っていったのか？ とりわけ日本資本主義においてはその移行の時期はいつごろであったのか？ この問題については，本書の第2章および第3章で取り上げることとしたい．（さらに本書の補論「資本主義の歴史区分とグローバル資本主義の特質」においては，この問題を世界資本主義の歴史というパースペクティヴの下で論じているので参照されたい．）

7. グローバル資本主義の厳しい現実

さて，グローバリゼーションおよびグローバル資本という，本書における基本的概念を説明したところで，以下においては，グローバル資本主義の現実問題に対してこの2つの概念を適用してみよう．

リーマンショック後の世界不況のさなかに，中谷巌著『資本主義はなぜ自壊したのか』という本が出版され，これがかつての構造改革論の急先鋒だった人物の「懺悔の書」として大きな話題になった．

この本において，グローバル資本主義は，アメリカ発の巨大なバブル崩壊を生みだして世界経済に大きな損害を与え，日本もこのグローバル資本主義に移行していくなかでアメリカに次ぐ世界第2位の「貧困大国」になってしまった，と厳しく糾弾されている．さらには，格差社会，医療の崩壊，食品偽装，あるいは無差別殺人などの異常犯罪の頻発，こういったもののすべての元凶は，グローバル資本主義の流れに乗り，それを押し進めてきた「市場原理」にあるとも指弾されている．

では，このようなグローバル資本主義に特有の現象がなぜ起こったのか？ その原因は何か？ 中谷氏によれば，それはグローバル資本主義がもともと資本主義経済によって担保されていた「リベラルな社会体制」を壊してしまったからだ，とされる．では，このリベラルな社会体制とは，どのようなものか？ 氏の説明はこうである．

「マルクスは『資本主義の本質は搾取にある』といった」が，しかし企業が作るモノやサービスを買ってくれる労働者を「一方的に搾取・収奪する」ことで「労働者を貧しいままにしておけば，マーケットは拡大せず，企業は自分自身の首を絞めることになる」．したがって「収奪一本槍」は不可能である．「こ

の意味においては，まさに資本主義はリベラルな社会体制を担保していたわけだが，しかし，こうしたリベラルな効果をもたらすのは，あくまでもローカルな資本主義においてのことで，グローバル資本が跋扈するグローバル・マーケットにおいては通用しない．というのも，すでに述べたように，グローバル資本主義においては労働者と消費者が同一人物である必要はないからである」（『資本主義はなぜ自壊したのか』集英社，2008 年，91 頁）．

　確かに，労働者を一方的に搾取・収奪して彼らを貧しくすればマーケットは拡大せず，企業は自分自身の首を絞めてしまう．したがって，資本主義はそれが存続し発展していくためにも労働者の所得を増やし，その消費を拡大するようにせざるをえない．ただし中谷氏によれば，そうしたリベラルな社会体制を担保しているのは実は「ローカルな資本主義」で，現代のグローバル資本主義の下ではもはやそれは通用しない．その理由として，氏があげているのは「グローバル資本主義においては労働者と消費者が同一人物である必要はない」というものであった．この意味について，先ほど説明したグローバル資本の運動プロセスによって確認すれば，こうなるであろう．

　グローバル資本の理論的特質は，その調達，生産，販売の国際化にある．この場合，仮にその生産拠点が国内にあっても，その販路が国外に確保されているのであれば，国内の労働者の所得が減らされ消費が小さくなっても（つまり国内の労働者がどんなに窮乏化しても），グローバル資本にとっては何らの問題もない，ということである．

　先に見た中谷氏の指摘は，こうしたグローバル資本の運動プロセスに照らし合わせてみたとき，非常に鋭いところを突いていたと言うべきであろう．また，その学問的態度も誠実である．ただ残念なことは，中谷氏の場合，グローバル資本主義以前の資本主義がたんに「ローカルな資本主義」として一般化され，どのような歴史段階の資本主義なのかが明らかにされていない点である．これでは，グローバル資本主義以外の資本主義がすべて「リベラルな社会体制を担保」していたということになってしまうであろう．それは間違いである．

　中谷氏の想定する「ローカルな資本主義」つまりリベラルな社会体制を担保していた資本主義とは，実はここで言う現代資本主義・前半期における福祉国家体制の時代（東西冷戦時代）の資本主義のことである．この意味で，中谷氏

が確立期の資本主義を分析したマルクスの資本主義認識を対比的に持ち出してきたのは，その歴史認識の希薄さを表明していると言わざるをえない．そこで，この福祉国家体制の時代の資本主義とは，どのような特徴をもっていたのか？この点を確認することによって，福祉国家体制の資本主義と，そのあとに現れたグローバル資本主義との歴史的な位置づけを再確認しておくこととしよう．

福祉国家体制の時代における資本主義の基本的特徴のひとつは，いわゆる大量生産方式が確立された経済だというところにある．労働者の所得を増やし，その消費を拡大することが資本自身の利益にもつながるという理由は，この大量生産方式と深く関わっている．

それというのも，こういった大量生産方式がマクロ・レベルで全面的に展開されるためには，供給側の条件だけではなく需要側の条件，つまり大量生産に対して大量消費が対応しなければならないからである．そして，この大量消費を創り出すために不可欠なものが，いわゆる「中間層」とよばれる大衆の存在である．言い換えるなら，大量消費の実現のためには，この「中間層」を核とした「大衆消費社会」を作り上げなければならなかったのである．

そして，この大衆消費社会が本格的に展開されるためには，さらにもうひとつ別の条件が満たされる必要があり，それが実現されたのは第2次世界大戦後のことなのであった．その条件とは，まず先ほど言った「中間層」による大量消費が定着をするということ，そして，それが他方の大量生産とリンクして経済全体の再生産を駆動していくということである．

むろん，そのためには，この「中間層」の大量消費を支える所得，具体的には賃金がある程度高い水準に維持されていなければならず，さらにはそれが増大する産出量水準とともに上昇してゆくということが不可欠である．資本主義経済において，賃金だけが一方的に上がり続けるということは「できない相談」なのだ．たんなる賃金上昇だけなら，それは必ずどこかで利潤率の低下（＝資本過剰）へとつながり，そうした持続的な賃金上昇－利潤率下落に資本は耐えられないからである．

それでは，どうすればよいのか．条件付きで賃金を上げることである．労働生産性が上昇して，その上昇率の範囲内でスライドさせるなら賃金の上昇も容認される．それによって，大量生産と大量消費とがリンクし，〈大量生産－大

量消費〉のサイクルが国民経済を動かすひとつのシステムとして確立されることになるのである．

　この場合には，当然に大量生産の担い手である労働者は，他方の大量消費の担い手である消費者となる．したがって，この労働者の所得の増大が消費の増大をもたらし，資本にとってのマーケットを拡大することになったのである．こうして，この大量生産−大量消費というシステムのなかで，中谷氏のいうような意味での国内の労働者と企業との共存共栄の関係が生まれたのであった．

　とはいえ，これは現代資本主義の前半期すなわち福祉国家体制の時代の経済システムであり，これはすでに述べたようにインフレ圧力の昂進のなかで破綻し，そのあとに問題のグローバル資本主義が登場してきたのである．そこから，中谷氏の指摘したようなグローバル資本主義に特有の格差問題や貧困の問題が出てくることになったのだが，それが日本においてはどのようなかたちをとったのか．この問題については，これ以降の諸章において具体的に取り上げ論じていくこととしたい．

　とりわけ日本の場合，グローバル資本主義への移行が国民経済の衰退を促している傾向が見られる．つまり，日本経済衰退の根本原因は，実は日本資本主義の発展のなかにあり，その発展過程でグローバル資本を生み出したことが結果的に国民経済の衰退へとつながった可能性がある．以下の諸章では，この問題を視野に入れながら分析していくこととしたい．

第1章
グローバル資本主義と景気循環

　序章で示したように，福祉国家体制の時代のつぎに登場するのがグローバル資本主義である．ただし日本資本主義の場合，福祉国家体制からグローバル資本主義への移行が直線的に進んではいない，という点に注意しなければならない．あとで詳しく論ずるが，そこでは，周知の日本的経営システムを基盤に据えた「輸出主導型経済」という独自の発展メカニズムを成立・介在させることで，その移行が先送りされているからである．したがって，日本資本主義の場合，この輸出主導型経済が破綻し解体されていく過程がグローバル資本主義への移行と重なり，この移行過程の分析が重要性をもつ．そこで，本章では，この問題を取り扱うことで日本経済におけるグローバル資本主義への移行を論じていくこととしよう．

1. リーマンショック後の日本経済

　アメリカのサブプライム金融恐慌に端を発した，近時の世界同時不況は，1929年恐慌以来の深刻な経済的危機をもたらしたが，この危機が明確なかたちをとって現れたのは2008年9月に勃発したリーマンショック以降であった．
　それ以前，アメリカでは2006年7月にサブプライム問題に絡んだ住宅バブルが崩壊し，その年の12月にはこの問題で住宅金融会社の倒産が始まっていた．金融不安が本格化したのは2007年の夏あたりからで，この頃には日本のマスコミでもサブプライムローンという言葉が頻繁に飛び交うようになっていた．2008年になると，世界的な金融危機はさらに深刻化していき，その年の9月にリーマンショックが起こって世界経済は一気に収縮していったのである．

当初は，アメリカ発の金融危機であり日本への影響は比較的小さいと言われていたが，実際には極めて深刻な打撃を日本経済にもたらしたのである．とくに，輸出は総崩れといわれる現象を起こし，リーマンショック後の2008年10月以降には激しい落ち込みをみせて，08年9月から翌年の1月までの5カ月間で半分以下に減少してしまっている[1]．

GDP成長率においても，2008年第4四半期と2009年第1四半期の落ち込みは激しく，2008年の第4四半期（10～12月）の年率換算のGDP成長率はマイナス10.3%であり，2009年の第1四半期（1～4月）はマイナス16.4%を記録している（表1-1参照）．しかも，これは2008年の第2四半期から2009年の第1四半期まで4期連続のマイナス成長となり，2009年全体では実質成長率は戦後最悪のマイナス5.2%となっている（これは2008年のマイナス1.2%に続き2年連続のマイナス成長であった）．

さらに，鉱工業生産を見ると，2008年の後半からそれが異常なほどの激しい減少ぶりを示していることが見て取れる（図1-1）．では，なぜ当初日本経済への影響は小さいと言われていながら，これほどまでに激しい落ち込みを見せたのであろうか？

理由は，日本の産業のなかで世界同時不況の影響を真っ先に受ける外需産業の大企業製造業，すなわちグローバル産業が，かつてないほどの凄まじい生産調整や在庫調整を実施したことにあった．表1-2と表1-3は，代表的なグローバル産業である「輸送機械工業」（自動車メーカー）と，「一般機械工業」の生産指数，在庫指数を示している．

このグローバル産業の生産調整の程度は，生産指数の動きに示されているが，2008年の第4四半期（10～12月期）と翌年の第1四半期（1～3月期）の数値は非常に激しいものがある．これと，表1-4の「鉱工業生産指数」（ここには，いわゆるグローバル産業ではない内需産業が含まれている）と比較してみれば，その生産調整・在庫調整がいかに際立っているかが分かるであろう．なお，一般機械工業の場合には2009年の第1四半期の生産調整は輸送機械工業よりも緩やかであるが，在庫調整が進展しなかったために，その第2四半期までさらに厳しい生産調整が続けられている．（輸送機械は，いわゆるエコカー減税の恩恵で第2四半期は生産を拡大している．）

表1-1 GDP増減率の内訳（2008年第1四半期～2010年第2四半期）

暦年	2008年				2009年				2010年	
四半期	I	II	III	IV	I	II	III	IV	I	II
GDP成長率	0.2	-0.7	-1.2	-2.7	-4.4	2.3	-0.1	-0.9	1.2	0.4
年率換算	0.9	-2.6	-4.8	-10.3	-16.4	9.7	-0.3	3.4	5.0	1.5
個人消費	0.5	-1.3	-0.1	-0.9	-1.4	1.3	0.6	0.7	0.5	0.0
住宅投資	3.4	0.0	4.4	2.9	-7.2	-9.6	-7.2	-2.9	0.3	-1.3
設備投資	4.5	-1.9	-3.5	-6.7	-8.8	-5.2	-1.7	1.7	0.8	1.5
政府消費	-0.3	-1.1	-0.2	1.1	0.6	0.2	0.1	0.7	0.6	0.3
公共投資	-4.5	-4.9	0.5	0.1	3.5	8.6	-1.2	-1.3	-0.9	-2.7
輸出	2.7	-0.9	-0.5	-14.2	-24.9	10.4	8.5	5.7	7.0	5.9
輸入	1.1	-3.6	3.3	0.8	-17.6	-4.9	6.3	1.5	3.0	4.1

出所：2000（平成12）暦年連鎖価格GDP需要項目別時系列表．

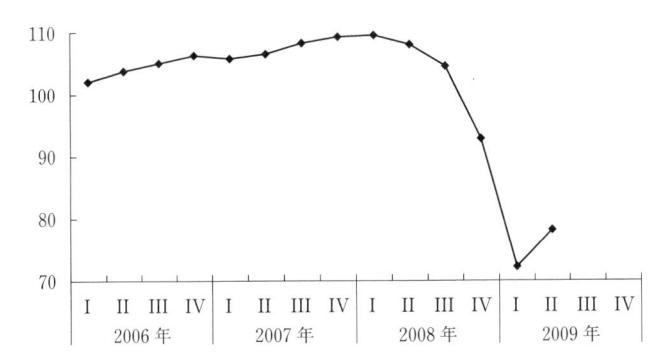

出所：経済産業省「鉱工業指数（2003年1月～2009年6月）」より作成．

図1-1 鉱工業生産指数の推移（2005年＝100）

このような厳しい生産調整・在庫調整と併行して，当然のことながら雇用調整も実施されたわけで，リーマンショック以降の実体経済の大幅な悪化は，こうしたグローバル産業の行動によって主導されていたことは否定できないであろう．

他方で，総需要の6割弱を占める消費の落ち込みは，いわゆるラチェット効果（すなわち不況による所得減少に対して，消費水準の減退には一定の歯止めがかかること）などが働くことで通常は一定のタイムラグをともなって進行するのであり，今回もこれが政策効果に支えられてある程度はその落ち込みにブ

表1-2 輸送機械工業の生産・出荷・在庫・在庫率指数の推移(四半期別)

暦年	2008年				2009年	
四半期	1～3月	4～6月	7～9月	10～12月	1～3月	4～6月
生産指数	119.1	116.4	112.7	94.0	58.0	68.2
出荷指数	122.6	119.4	114.8	97.9	61.4	69.2
在庫指数	120.4	111.8	117.3	107.1	85.3	64.5

表1-3 一般機械工業の生産・出荷・在庫指数の推移(四半期別)

暦年	2008年				2009年	
四半期	1～3月	4～6月	7～9月	10～12月	1～3月	4～6月
生産指数	107.9	104.3	99.0	88.9	63.7	54.2
出荷指数	108	104.6	98.9	87.2	65.0	53.8
在庫指数	111.2	111.0	112.9	116.6	117	107.4

表1-4 鉱工業指数(生産・出荷・在庫指数)の推移(四半期別)

暦年	2008年				2009年	
四半期	1～3月	4～6月	7～9月	10～12月	1～3月	4～6月
生産指数	109.5	108.1	104.6	92.8	72.3	78.3
出荷指数	110.5	108.4	105.1	93.5	73.9	78.6
在庫指数	105.2	105.4	106.7	109.4	103.8	96.3

出所：表1-2・表1-3・表1-4は，いずれも経済産業省「鉱工業指数(生産・出荷・在庫・在庫率指数)：2003年1月～2009年6月」より作成．

レーキがかけられていた．これに対して生産のほうは，グローバル産業を中心にあまりに急激かつ大規模な生産調整や在庫調整さらには雇用調整をやりすぎた結果，いわゆるオーバーキル（過剰調整）の状態に陥っている．これがリーマンショック直後の日本経済の激しい落ち込みをもたらした一因であって，原因はアメリカ発の金融危機というだけではなく，日本国内（そこに生産拠点をおくグローバル資本）にあったというわけである．

だからこそ，政策効果によるわずかの消費回復やアジアを中心とした輸出の回復などがあっただけで在庫が窮屈になり，そこから直ちに生産の急回復につ

第1章　グローバル資本主義と景気循環

ながっていったという面も出てきたのである．たとえば，先ほど確認した鉱工業生産は，2009年の第1四半期（1～2月）に底打ちしたあと，その第2四半期（4～6月）になると急激な反発を示している（図1-1）が，これは実は戦後2番目の上昇率（8.3％）を記録している．もっとも，その後の回復は緩やかになり，2010年10月現在でも回復水準そのものはリーマンショック以前に届いていないということも十分に注意しておかなければならないであろう．

現在は，世界各国の必死の経済対策のおかげもあって，2009年の第2四半期（4～6月）あたりから景気の下降に歯止めがかかり，現在（2010年秋）までのところ足取りは弱々しいとは言え，世界経済も日本経済も何とか回復過程を辿っている．

その背景には，政府による不況対策としての積極的な需要喚起政策があり（エコカー減税・補助金，家電関連のエコポイント制度等によりハイブリッド車，薄型テレビなどの売れ行きが良かった），それに支えられた消費の拡大がある．さらにはアジア向けの輸出が急速に回復したことを受けて，ふたたび輸出に引っ張られるかたちで景気が回復している．最近ではまた，わずかながら設備投資も上向き加減になってきている．

こうして，現在の日本経済は2009年3月から始まる第15循環の回復過程にあるが，この回復過程は実は2002年1月から始まった第14循環の回復過程とよく似た経過をとっているのである．第14循環の回復過程は，戦後最長であった「いざなぎ景気」の拡張期間（57ヵ月）を抜き69ヵ月を記録したが，これはもっぱらグローバル資本による輸出と設備投資に主導された景気回復であった．

それはまた，同時にある種の輸出主導型経済であったとは言えるが，それがグローバル資本の輸出に主導されていたかぎりで，その景気牽引力は極めて脆弱なものでしかなかったのである．その脆弱性がどこからきているのか．この点は，本章において検証すべき課題のひとつである．

さしあたっての問題は，これからの日本経済がどうなっていくのかであろう．ここで，結論だけを行ってしまえば，衰退兆候の見られる日本経済の先行きは決して明るくはない，ということになる．言い換えるなら，仮に日本経済が，これからリーマンショック以前の景気回復過程，つまり戦後最長の回復過程を

たどった第14循環と同じようなパターンで景気回復をしていったとしても，中・長期的観点から見た日本経済の見通しは決して芳しいものではない，ということである．

では，何故そうなのか？　これを理解するためには，このリーマンショック以前の持続的な景気回復過程にあった日本経済の内容（または実情）を知る必要がある．

2. 輸出立国モデルの崩壊

さて，2002年1月から始まる第14循環の景気回復は小泉構造改革の成果であり，それが下降局面に転じたのは構造改革のスピードが鈍化したからだ．その証拠に，アメリカ発の金融危機が始まる前に日本経済は下降局面に転換していたではないか．と，このような主張をたまに聞くことがある．むろんこれは間違いであり，あえて言えば詭弁である．

確かに，2002年1月から始まる日本経済の回復過程（第14循環の回復過程）が下降局面へと転換したのは，2008年9月のリーマンショックによって世界経済全体が大幅な収縮を見せる約10ヵ月も前（07年10月）であった．またアメリカ経済についても，それまでの消費拡大を牽引してきた住宅バブルが崩壊したのは2006年夏以降であり，2001年11月以来続いてきたITバブル崩壊後の景気上昇過程がピークアウトしたのは2007年12月であった．

日米ともに，実体経済における景気後退のあとに金融恐慌の大津波に襲われて経済がさらに悪化したというかたちになったわけだが，サブプライム金融恐慌をも含めて問題の根源はアメリカの住宅バブル崩壊にあると言わなければならない．この住宅バブルが，2001年以降のアメリカの過剰消費に牽引された世界経済の拡大を支えると同時に，中国を始めとするアジア諸国の輸出拡大を支え，さらには2002年1月以降の輸出主導による日本経済の回復過程をも支えてきたからである．そして，この住宅バブルの崩壊が，サブプライム金融恐慌へとつながり，すでに減速していた実体経済をさらに急激に収縮させて今回の深刻な世界同時不況をもたらしたのである．さきに紹介したような詭弁は，2002年以降の日本経済の回復がこのアメリカを含む世界経済の動向にいかに

依存していたのかを無視することで成り立っている．

　実際には，2002年1月以来の回復過程がピークアウトした2007年11月以前，景気はその数カ月前から「横ばい」の動きを示し，ある種の「踊り場」的な状況[2]を迎えていた．一方，アメリカではこの頃すでに住宅バブルが崩壊し，民間住宅投資と輸入の大幅な減少が始まっていた．その影響で，2007年における日本のアメリカ向け輸出の伸び率は対前年比で早くもマイナスに転じていたのである．

　アメリカ経済の変調はこの段階で日本の景気動向に反映されており，これは2002年1月以来の輸出主導型の回復過程がアメリカの経済動向に深い関わりをもっていたことを示している．このアメリカの動きが，日本のアジア向け輸出の減少となって顕在化したのが2008年であり，とりわけその年の後半からは対アメリカ向け，対EU向けも含めて大幅な減退を見せ「輸出総崩れ」状態に陥ったのである．ここから言いうることは，仮に2008年以降の輸出の壊滅的な減退がなかったとすれば，07年後半における景気「横ばい」の動きはたんなる景気の踊り場ですみ，日本経済は引き続きダラダラとした「回復」過程をたどっていくことも不可能ではなかった，ということである[3]．

　要するに，2002年1月以来の景気回復は，構造改革などといった内生的要因によるのではなく，輸出主導という文字通り外生的な要因に多くを依存していた．そして，この外生的要因が消滅したことで日本経済の回復過程も終了せざるをえなかった，ということである．

　こうした日本経済の実情を踏まえて，この時点で「日本の輸出立国モデルは崩壊した」という結論を下す論者もいる[4]．その点について異論はないが，日本の輸出立国モデルは実はこの時点で崩壊したのではない．それよりもはるか以前に崩壊していたと言うべきである．では，そのような輸出立国モデルとはどのような経済を言うのか．

　ここでいう輸出立国モデルとは，実は福祉国家体制の解体からグローバル資本主義への移行を先送りさせた，上述の輸出主導型経済にほかならない．では，それはどのようにして形成され，やがて崩壊へと至ったのか．これを明らかにするためには，時代をはるか1970年代にまでさかのぼって行く必要がある．そこで，この問題は節を改めて論じていくこととしよう．

3. 輸出主導型経済の形成

1950年代，60年代の高度成長が終焉すると，70年代には前期IMF（ブレトンウッズ）体制の崩壊や二度にわたるオイルショックなどが続き，先進資本主義諸国は軒並み低成長を余儀なくされるようになった．こうしたなかで，資本主義経済は福祉国家体制からグローバル資本主義の時代へと移行していったのである．この移行過程では，福祉国家体制の重要な柱であった完全雇用政策が放棄され，それによっていわゆる産業予備軍効果が再確立されている．それは，言葉を換えるならば，賃金と利潤との分配関係の調整を市場メカニズムに委ねることで資本－賃労働関係[5]の維持・再生産を実現していこうとするものであった．

ただし日本資本主義の場合には，高度経済成長が終わっても直ちに完全雇用政策（あるいはケインズ主義的政策）の放棄に向かうことはなく，福祉国家体制が解体されていくということもなかった．むしろ「福祉国家元年」が謳われたのは，高度経済成長がすでに終焉した1973年のことであった[6]．

さらに言えば，高度経済成長が終わった1970年代後半以降，先進資本主義諸国は低成長に苦しんだが，日本資本主義だけは例外だった．日本においても，70年代後半以降，かつての高度経済成長は不可能になったが，それでもOECD諸国のなかでは抜群の経済成長率を維持し続けたのである（表1-5参照）．

それを可能にしたのは，日本の圧倒的な輸出競争力であった．日本経済は，この輸出競争力を背景に1970年代後半から80年代前半にかけて，いわば輸出主導型経済ともいうべき独自の発展メカニズムを作り上げたのである．それを支えたのは，独特の労資協調路線を中軸に据えた日本的経営システム（日本的

表1-5　OECD諸国と日本の経済成長率

暦年	1975	1976	1977	1978	1979	1980	1981	1982	1983	1984	10年間の平均
OECD諸国	-0.2	4.7	3.8	4.2	3.4	1.5	1.7	-0.1	2.7	4.8	2.7
日　　本	2.7	4.8	5.3	5.2	5.3	4.3	3.7	3.1	3.2	5.1	4.3

出所：財務省『財政金融統計月報』第446号（1989年6月号）より作成．

ミクロ・コーポラティズム）である．この日本的経営システムを基礎にして，日本資本主義は1970年代後半に徹底的な減量経営を実現し，1980年代前半にはまたME化・ME技術革新を成し遂げることで，圧倒的な生産力を誇る輸出主導型経済を確立していったのである[7]．

　そして，この輸出主導型経済が順調に機能しているかぎり，日本資本主義は自覚的なかたちで（つまり新自由主義的な立場から）ケインズ主義的な完全雇用政策を放棄する必要もなかったし，福祉国家体制の看板（政策的な建前）を取り下げることもなかったと言える．換言すれば，そのかぎりにおいて日本資本主義は，賃金と利潤との分配関係の調整を市場メカニズムにゆだねることなく，日本的雇用システム（もしくは日本的ミクロ・コーポラティズム）という独特の機構を介して資本－賃労働関係の維持・再生産を実現していくことができた，ということである．

　ただし，この輸出主導型経済は，1980年代半ばと1990年代前半に二度の為替ショック（＝「超円高」）という試練に見舞われるなかで徐々に変容を余儀なくされていった．そして，この変容プロセスは同時に日本型雇用システム（日本的経営）の崩壊過程[8]であり，日本経済における福祉国家体制からグローバル資本主義への移行過程ともなったのである．

　そこで，日本経済における福祉国家体制からグローバル資本主義への移行を論ずるためにも，この独特の発展メカニズムを持った輸出主導型経済の形成とその変容の過程を見ていくことが必要だということになる．

(1) 輸出主導型経済の歴史的位置づけ

　ここでは，まず輸出主導型経済の時期区分を確定しておこう．表1-6「戦後景気上昇局面の期間一覧」は，1990年版の『経済白書』からの引用である．ここには，第2次世界大戦後の日本における景気循環（短期循環）が，1950年代の第2循環から1991年2月にバブル経済の崩壊によってピークアウトする第11循環の拡張過程までが提示され，その平均成長率，内需寄与度，外需寄与度などが比較されている．

　このうち，第3循環（その拡張過程の通称は神武景気），第4循環（岩戸景気）そして第6循環（いざなぎ景気）までの期間が日本の高度成長期にあたる．

表1-6　戦後景気上昇局面の期間一覧

(単位：%)

	谷	山	上昇期間	平均成長率	内需寄与度	外需寄与度
第2循環	1951年10月	1954年1月	27カ月	12.7	14.7	-1.5
第3循環	1954年11月	1957年6月	①31カ月	9.4	10.6	-1.0
第4循環	1958年6月	1961年12月	②42カ月	11.5	13.5	-1.7
第5循環	1962年10月	1964年10月	24カ月	9.9	10.9	-0.9
第6循環	1965年10月	1970年7月	③57カ月	12.1	13.1	-0.9
第7循環	1971年12月	1973年11月	23カ月	7.3	9.9	-2.4
第8循環	1975年3月	1977年1月	22カ月	5.7	4.7	1.0
第9循環	1977年10月	1980年2月	28カ月	5.4	5.2	0.1
第10循環	1983年2月	1985年6月	28カ月	5.0	3.5	1.4
第11循環	1986年11月					

出所：経済企画庁『1990年度版　経済白書』第1章第1節より．
備考：①神武景気，②岩戸景気，③いざなぎ景気．

それに続く第7循環は高度成長終焉後の低成長経済を公共事業の拡大によって乗り切ろうとする田中角栄内閣の列島改造論によって主導された，ある種の内需主導型経済である．この時，列島改造ブームによって確かに景気回復はみたが，それは狂乱物価（ハイパー・インフレーション）によって壊滅している．内需主導型としては，これが60年代，70年代の成長パターンの最後のものである（なお，80年代にはバブル経済がある）．

　問題の輸出主導型経済は，第8循環（全期間1975年3月〜1977年10月：ピーク77年1月）の拡張過程が始まってから，第9循環（1977年10月〜1988年2月：ピーク80年2月）を経て，第10循環（1983年2月〜1986年11月：ピーク85年6月）における上昇期間までのおよそ10年間である．

　外需寄与度を見ると，この3循環の上昇期間だけがプラスの値をとり，あとはすべてマイナスになっている．ちなみに，内需寄与度はこの輸出主導型経済が始まる直前の第7循環（内需寄与度＝9.9%）を除き，それ以前の循環ではすべて10%以上である．

　この輸出主導型経済は，第10循環のピークアウトをもって終わりを迎えたが，それにとどめを刺したのはプラザ合意（1985年9月）後の異常円高（第1回目の超円高）の進行であった．そして，その後17カ月間の景気後退局面を経てスタートする第11循環（1986年11月〜1993年10月：ピーク1991年2

月）は，周知のように，その拡張過程の最終段階でバブル経済となり1990年代初頭のバブル崩壊をもって終わっている．

(2) 輸出主導型経済の内実

そこで，まずは問題の輸出主導型経済の時期，すなわち1970年代後半から80年代前半における輸出依存度を確認しておこう．図1-2を見れば，1970年代には第7循環の下降局面にあたる1974年から輸出依存度が急騰し，その後1980年代に入って12〜3％で推移したあと，プラザ合意後の異常円高局面（1980年代後半）から低下し始めていることが分かる．この輸出依存度に関して言えば，1970年代後半から80年代前半にかけては相対的にみてかなりの高水準にあることが見て取れるであろう[9]．とはいえ，これをもってこの時期の日本経済を輸出主導型経済と特徴づけようとしているわけではない．

この時期であっても，内需寄与率と外需寄与率を比べて見れば，前者のほうが圧倒的に大きいからである．表1-7を見れば，1980年を例外として，いずれの年も内需寄与率は外需寄与率を上回っている．ちなみに，1976年から

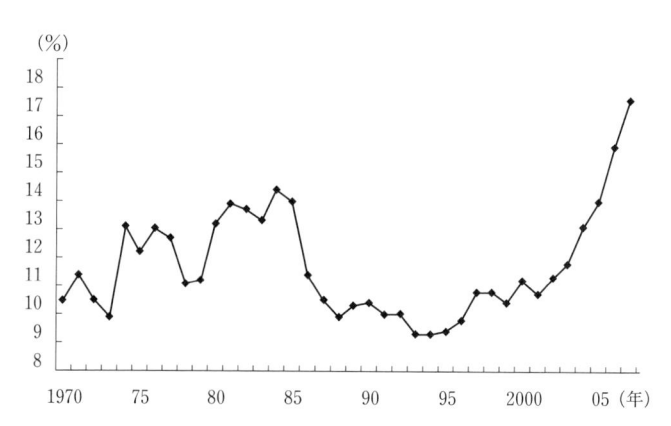

出所：財務省『貿易統計』および内閣府「国民経済計算（SNA）関連統計」より作成．

備考：輸出総額は財務省『貿易統計』，名目GDPは内閣府「国民経済計算（SNA）関連統計」．なお，2000年以降の名目GDPは2000年基準，それ以前は1995年基準．

図1-2 輸出依存度（＝輸出総額÷名目GDP）の推移

表 1-7 内需寄与率と外需寄与率

暦年	1975	1976	1977	1978	1979	1980	1981	1982	1983	1984	1985
内需寄与率	69.1	82.8	84.9	110	112	25.8	67.5	83.8	66.7	78.8	79.7
外需寄与率	30.9	17.2	15.1	-9.8	-12	74.2	32.5	16.2	33.3	21.2	20.3

出所：内閣府『国民経済計算』を基礎に計算した．

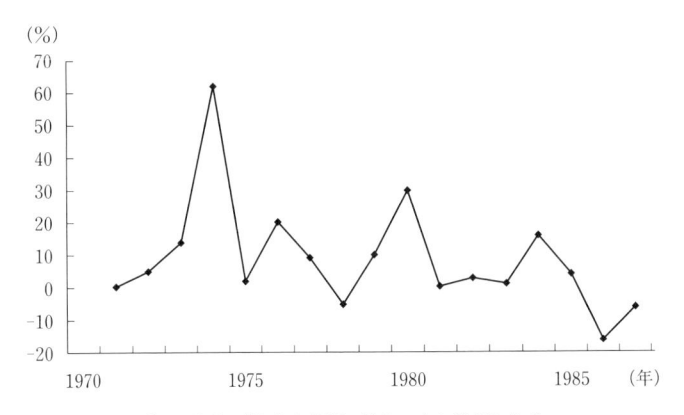

出所：財務省『貿易統計』「輸出入総額の推移」より計算し作成．

図 1-3　輸出伸び率の推移（1971-88 年）

　1985 年までの 10 年間における内需寄与率の平均は 79.2% である．日本経済の約 8 割が内需なのである（なお，1980 年は前年 79 年の第 2 次オイルショック後の不況過程であって，ここでいわば集中豪雨的な輸出攻勢をかけたことで内需寄与率と外需寄与率との逆転が起こっている）．

　では何をもって，1970 年代後半から 80 年代前半を輸出主導型経済というのか？　ここで輸出主導というのは，不況から脱出させ経済を回復軌道に乗せるための，ある種の景気回復の呼び水としての機能を指している．1970 年代後半から 1980 年代後半の時期，日本の輸出産業は，不況に陥ると強烈な輸出ドライブをかけて，この意味での輸出主導で経済を立て直していった．図 1-3 は，1970 年代から 80 年代中頃にかけての輸出の伸び率の推移を示したものである．

　ここには，輸出の伸び率が前年比で 30% を超える年が 1974 年（前年比 62% 増）と 1980 年（30% 増）の 2 回示されている．前者は 1973 年の第 1 次オイルショック後の不況過程における輸出ドライブによるものであり，後者は

1979年の第2次オイルショック後の不況過程を乗り切る輸出ドライブを示すものである．この他に，小さな山が1976年（前年比20％増）と1984年（16％増）の2つ示されているが，これは景気拡大期の輸出増であり，景気をさらに引っ張り上げる役割を果たしている．

また，1986年，87年と輸出の伸び率が2年連続マイナス（−16％，−6％）で推移しているのは，1985年のプラザ合意後の異常円高によって輸出が大幅に減退した影響である．なお，1978年にも輸出の伸び率はマイナスになっているが，これは金額ベースでは前年比20％増で小さな山を作った1976年よりも大きい輸出額を記録している．要するに，これはこの1978年の輸出鈍化が輸出主導型経済の中でのたんなる「足踏み」程度のものでしかなかったということである．

これに対して，1986年，87年と2年連続で輸出の伸び率がマイナスになったことは，1987年の輸出金額が1980年代の最低水準にまで落ち込んでしまっていることから見て，輸出主導型経済がこの異常円高によって持続不可能になったことを示すものにほかならない．実際，1980年代の輸出のピークであった1985年の輸出金額（41兆9557億円）を超えるのは，実に6年後の1991年（42兆3599億円）を待たなければならなかったのである．

さて，日本経済は，1970年代後半から1980年代前半にかけて，このような不況下の輸出ドライブによって景気の落ち込みをできるだけ小さくすると同時に，それによって不況からの脱出を図っていったが，ただそれだけではなかった．そのことは，同時に表1-8の(1)に示されるような好循環メカニズムにつながっていったのである．

簡単に説明しよう．(1)「内需の循環的拡大メカニズム」は，本格的な景気拡大の条件を示している．景気が回復軌道に乗り，やがて拡大していくために

表1-8 輸出主導型経済における好循環メカニズム

(1) 内需の循環的拡大メカニズム 　　①生産増 → ②雇用増 → ③家計所得増 → ④消費増 → ⑤生産増
(2) 輸出主導型経済における好循環メカニズム 　　輸出拡大 →〔内需の循環的拡大メカニズム（①生産増 → … → ⑤生産増）〕

は，そのきっかけを与えるものが投資であれ輸出であれ，あるいは経済政策であれ，それが表1-8の(1)に示したような内需の循環的拡大メカニズムにつながっていかなければ本格化しない．とくに日本のように内需が相対的に大きな割合を占める経済においては，それが妥当する．1970年代後半から1980年代前半の輸出主導型経済においては，表1-8の(2)に示したように，この内需の循環的拡大メカニズムに連動するきっかけを与えたのが輸出であった．

つまり，不況下の輸出拡大は，やがて①生産の増大をもたらし，それはまた②雇用増大から③家計所得の増大，さらには④消費の増大へとつながっていく．そこからまた⑤①生産の増大がもたらされ，これは再び②雇用の増大を誘発していくことで，内需の循環的拡大（①～⑤①→②→…）が実現されていく．この内需の循環的拡大の結果，さらに〈生産増→企業収益増→設備投資増→生産増〉というサイクルに繋がって行くことで，景気は本格的な拡張過程に入っていくことが可能になるわけである．

(3) 好循環メカニズムをめぐる外需主導型と内需主導型

以上の議論について，ひとまずここで理論的な概括を与えておこう．不況から好況への転換は，景気循環の一般的パターンとしては何よりもまず設備投資が動くことによって始まる．たとえば，それはつぎのようなプロセスである．

不況下の低需要と低価格水準の下で，各企業の生き残りをかけた生産力競争を基礎に更新投資の簇生（集中的更新投資）が始まり，それがまず生産財部門の拡張をもたらして，やがて〈雇用増→所得増→消費増〉へとつながり消費財部門に波及する．この消費財部門の拡張は，さらに生産財部門への需要拡大となって跳ね返り，それがまた設備投資（更新投資→追加投資もしくは新投資）の拡張をもたらして，景気過程はスパイラル的に上昇軌道に乗っていく．以上のような不況から好況への転換のパターンは，いわば資本主義経済の自律的循環メカニズム[10]と言ってよいものであろう．

一般的に内需主導型経済の場合，景気回復はこの資本主義経済の自律的循環メカニズムによって更新投資の集中をきっかけとするか，あるいは高度成長期に見られたような技術革新の簇生を基盤とした新投資の拡大（内包的発展メカニズム）によるか，あるいは経済政策のサポート[11]によるか，どちらかである．

外需主導型では，輸出がきっかけとなってまず〈生産増→企業収益増→設備投資増→生産増〉となり，ここから〈生産増→雇用増→所得増→消費増→生産増〉という内需の循環的拡大メカニズムに結びつくことになるが，輸出の増大から直ちに設備投資増にならない場合（過剰設備の解消に時間がかかる場合）もありうる．この場合には，ひとまず輸出増から〈生産増→雇用増→所得増→消費増→生産増〉という内需の循環的拡大メカニズムが続き，しかるのち過剰設備の解消を待って設備投資増が続くか，あるいは内需の循環的拡大メカニズムから派生するかたちで〈生産増→企業収益増→設備投資増→生産増〉となって，本格的な景気上昇局面へと移っていくことが可能になる．（1970年代後半から1980年代前半の外需主導型経済では，だいたいこのパターンであった．）

この場合に言えることは，上述の好循環メカニズムを核とした内需拡大（内需の循環的拡大）を基盤に設備投資が起こってこないと，景気の本格的な拡大には至らないということである．たとえば輸出の増大から生産力増強投資が発生しても，それが2次，3次の投資拡大をもたらさないかぎり，本格的な景気拡大にはつながっていかない．そのためには，やはり内需の拡大（好循環メカニズムを核とした内需の循環的拡大）を不可欠とするのである．

かつての高度成長期には「投資が投資を呼ぶ」というかたちで内需主導型の循環的な景気拡大が実現されたが，1970年後半から80年代前半の輸出主導型経済においては，このように輸出をきっかけとして内需を拡大させていく好循環メカニズム，もしくはある種の外延的な発展メカニズムが機能していたのである．

こうして，この時代の輸出主導型経済の特徴は，外需拡大から内需拡大への連繋がスムースであり，外需拡大によってきっかけを与えられた内需がつぎには循環的拡大（①〜⑤①→②→…）を実現する——したがってまたその内需寄与率が80％近くを占める——好循環メカニズムをもっていたと言うことができる．

もちろん，日本からの強烈な輸出攻勢をかけられた欧米諸国にとっては，それによって国内産業が大きな打撃を受けるわけで，その結果この時代には貿易摩擦が激化し，日本は「失業を輸出している」と世界中から非難されることにもなったのである．

4. 輸出主導型経済の試練

その後,この輸出主導型経済は二度の試練を受けることになる.最初は,1985年プラザ合意後の異常円高すなわち最初の「超円高」による試練であり,つぎは1990年代前半における二度目の「超円高」である.

(1) プラザ合意と内需主導型経済(バブル経済)

1979年の第2次オイルショックの後,日本経済は第9循環(1977年10月～83年2月:1980年2月ピークアウト)の不況過程に入ることとなった.ただ,この第2次オイルショックについては,日本経済は先進諸国のなかでもっとも良好なパフォーマンスで何とか乗り切ることに成功したが,その下降局面は戦後最長(1980年2月～1983年2月:36カ月)となった.この不況下では,かなり強い輸出ドライブがかかり,この輸出拡大が不況の深刻化を防ぎ,さらには不況脱出の原動力となったのである.

こうして1983年2月に底を打った景気は,増加する輸出に支えられて,従来ならばここから輸出主導型の好況過程を現出するはずであった.しかし,この時にはそうはならなかった.それにストップをかけたものが,1985年9月のG5プラザ合意をきっかけとした異常円高であった.円相場は,プラザ合意

表1-9 年別輸出入額の推移(1978-86年)

(単位:1億円(1億円未満四捨五入))

	1978	1979	1980	1981	1982	1983	1984	1985	1986
輸出	205,558	225,315	293,825	334,690	344,325	349,093	403,253	419,557	352,897
輸入	167,276	242,454	319,953	314,641	326,563	300,148	323,211	310,849	215,507

出所:財務省『貿易統計』「年別輸出入総額(確定値)」より.

表1-10 円相場(円/ドル)の推移(1980-89年)

(単位:円)

暦年	1980	1981	1982	1983	1984	1985	1986	1987	1988	1989
円/ドル	226	221	249	238	238	238	168	145	128	138

出所:内閣府『2008年度 経済財政白書』「長期経済統計」,通関輸出入/国際収支等統計より.

第1章　グローバル資本主義と景気循環　　　　　　　　　　33

直前の1ドル＝242円から1985年末には200円になり，その1年後には150円にまで急騰した．この超円高は，第10循環（1983年2月～1986年11月）の上昇局面で起こり，この為替ショックによって日本経済はいわゆる「円高不況」に陥っていくこととなったのである．ただし，その下降局面（円高不況：1985年6月～86年11月）は，第9循環から比べれば短いもので（その後退期間は17カ月，戦後の景気循環の平均より少し長いぐらいで）あった．

　プラザ合意による超円高によって，輸出主導での景気回復の道を遮断されると，日本経済は内需主導によって立て直しが図られることになった．円高によって外需依存が困難になることから内需拡大策に活路を求めたという点で，これはブレトンウッズ体制崩壊後に登場した田中角栄内閣による日本列島改造論とよく似ている．このプラザ合意後の回復局面も，中曽根康弘内閣による民活路線に主導された内需主導型経済だったからである．ただ類似していたのは，それだけではなかった．ブレトンウッズ体制崩壊後の内需拡大策は，列島改造ブームによって確かに景気回復を実現させたが，それはハイパー・インフレーション（狂乱物価）によって壊滅してしまった．他方，このプラザ合意後の民活路線による内需主導型経済も同じような運命をたどった．それは，円高を背景としていたためにインフレこそ生み出さなかったが，周知のように最終局面で猛烈な資産インフレ（バブル）を生みだし，このバブルの崩壊によって止めを刺されたのである．

(2)　二度目の超円高

　1990年代は，このバブル経済の崩壊から幕が開いた．最終段階でバブル経済をともなった第11循環は，1991年2月にピークアウトし，それ以降，後退局面に入って32カ月後の1993年10月に底を打っている．まずは，この間の政策当局の動きを確認しておこう．

　日本銀行が，バブル経済の一因ともなった超低金利を転換（2.50%→3.25%）したのは，1989年5月31日であった．その後，日銀は極めて性急な利上げに転じ，1989年10月11日に3.75%，同年12月25日には4.25%，1990年3月20日に5.25%，8月30日には6.00%の引き上げと，いわば大慌てでバブルつぶしに取りかかったわけである．

ところが，1991年の2月に第11循環がピークアウトすると，今度はまた慌てて利下げ（6.00 → 5.50）に転じている．同年7月である．そこから先は同年11月14日（5.00％），12月30日（4.50％），1992年には4月1日（3.75％）と7月27日（3.25％）に公定歩合を連続的に引き下げ，1993年には2月4日（2.50％），9月21日（1.75％），さらには1995年4月14日（1.00％），9月9日（0.50％）と矢継ぎ早の利下げ政策を展開している．バブル崩壊による景気の悪化がいかに深刻であったのかを示すものといえる．

一方，政府もまたこの間，大型の緊急経済対策を連続的に打ち出している．1992年4月に公共事業の前倒し執行等を柱とする緊急経済対策を打ち出したのを皮切りに，同年8月には過去最大規模の総額10兆7000億円とする総合経済対策を決定している．翌93年4月にも，事業規模約13兆2000億円（過去最大）という，公共事業の拡大等13項目からなる総合経済対策が続いている．

また，その年の5月に，いわゆる55年体制が崩壊して自民党政権に変わり非自民8派連立による細川護熙内閣が誕生したが，この新内閣も同年8月に事業規模約6兆1500億円（政策減税を除く）という緊急経済対策を決定している．このとき緊急経済対策のなかに盛り込まれた94項目の規制緩和策は，経済界からの強い要望を背景にしていたが，これはその後の日本経済立て直しの切り札とされた規制緩和（＝構造改革）路線の嚆矢となったものである．この種の緊急経済対策は，翌1994年2月にも続き，5兆4700億円の所得減税，住民減税を盛り込んだ総合経済対策として，総額15兆2500億円という，これもまた過去最大級のものとなった．

こうした懸命の景気浮揚策によって，日本経済は何とか1993年10月に底打ちをするが，ここから力強く回復軌道に乗っていくということはなかった．要するに，日本経済はある種のカンフル注射によって，それ以上の悪化を食い止められたというのに過ぎなかったのである．

では，この間，輸出の動きはどうであろうか．輸出主導型経済が健在であれば，この輸出に牽引されることで不況過程からの脱出が可能になったはずである．

輸出は，1985年の最初の超円高の直後はさすがに停滞したものの，1989年からは拡大傾向を見せており，1990年，91年，92年と増加し続けていた．こ

表1-11 年別輸出入額の推移（1985-95年）

(単位：1億円（1億円未満四捨五入））

暦年	1985	1986	1987	1988	1989	1990	1991	1992	1993	1994	1995
輸出	419,557	352,897	333,152	339,392	378,225	414,569	423,599	430,123	402,024	404,976	415,309
輸入	310,849	215,507	217,369	240,063	289,786	338,552	319,002	295,274	268,264	281,043	315,488

出所：財務省『貿易統計』「年別輸出入総額（確定値）」より．

表1-12 円相場（円／ドル）の推移（1990-99年）

(単位：円)

暦年	1990	1991	1992	1993	1994	1995	1996	1997	1998	1999
円／ドル	145	135	127	111	102	94	109	121	131	114

出所：内閣府『2008年度 経済財政白書』「長期経済統計」，通関輸出入／国際収支等統計より．

のまま続いていけば，バブル崩壊後の不況局面においても，かつてのような猛烈な輸出ドライブをかけることで何とか不況からの早期の脱出ができたのかも知れなかった．

ところが，1993-95年にかけて為替相場は再び円高局面を迎え，1995年には二度目の超円高といわれるような状況になった．輸出主導型で景気回復を実現できる環境ではなくなってしまった，ということである．円高は，1993年頃から続いていたが，これが超円高と呼ばれるような激しい上昇を見せるのは，1995年3月以降であり，4月15日には史上最高値1ドル＝79円75銭を記録するに至った．

要するに，ここにきて日本経済は内需依存でも外需依存でも立ち直りのきっかけをつかめない状態に陥ったというわけである．この超円高を受けて，政府は再び緊急経済対策を発動させ，日銀もまたさらに利下げに踏み切っている．

(3) 輸出主導型経済の変容

さて，この二度目の超円高の下で実施された内需拡大策や大型減税によって，1995年，96年と民間需要が拡大し，また95年夏以降には円安転換が行われたことや世界経済の好調さ（表1-13）にも助けられて1997年には輸出の拡大と設備投資の拡大が見られた．ここから日本経済は，1970年代後半～80年代前半にかけて見られたような外需依存型，輸出主導の回復過程に入る可能性を見

せたわけである．

　ところが，実際にはそうはならなかった．その理由の1つは，二度の超円高によって促迫された製造業の海外直接投資（生産拠点の海外移転）やそれを主因とする製品輸入比率の上昇あるいは逆輸入比率の上昇などによって，輸出がかつての力強さを失ってしまっていたということがある．

　さらに言えば，この景気回復過程の特徴は，輸出の拡大にともなって設備投資の拡大が見られたというところにあった[12]．かつての輸出主導型経済においてみられた好循環メカニズムにあっては，〈輸出増→生産増→雇用増→家計所得増→消費増→生産増〉という好循環メカニズムが，外需拡大から内需拡大へとつながり，そして最後の生産増が〈企業収益増→設備投資増→生産増〉というサイクルに連動することで，本格的な景気拡張過程へと結びつく可能性をもつものであった．

　ところが，1990年代後半の第12循環の景気拡大期ではそうでなく，輸出増から設備投資増へとつながっているにもかかわらず，それが内需の本格的拡大に結びついていかないのである．つまり，輸出増と設備投資増とが〈生産増→雇用増→家計所得増→消費増→生産増〉というサイクルに連動していかない，ということである．これは，景気回復過程にありながらも設備投資と並ぶもう一方の民需の柱である消費が拡大していない（したがってまた家計所得が増加していない）ということを意味している．これでは，何か起こればすぐに景気後退局面に転換してしまうような，極めて脆弱な再生産構造になっていると言わざるをえないであろう．

　実際，この1996年，97年の景気回復過程は，橋本内閣による消費税の3％から5％への引き上げや医療費の引き上げ，さらには特別減税の廃止等を含む，約9兆円の民需の削減（国民の負担増）というショックに耐えられず，消費の大幅な減退によって一挙に下降局面へと転換してしまっている．

　さらに，この第12循環に続く第13循環（1999年1月～2002年1月）の回復過程においても，同じように輸出増と設備投資増とが併走することで景気を主導するかたちが見られた（2000年の実質GDP成長率は2.8％，そのうち輸出のGDP寄与度は1.5，民間設備投資は1.3であった）．

　このような輸出拡大の背景にあるのは，この時期における世界経済の拡大で

表 1-13　OECD 諸国の GDP 成長率の推移（前年比）

(単位：％)

暦年	1994	1995	1996	1997	1998	1999	2000	2001	2002	2003	2004	2005	2006
アメリカ	4.0	2.5	3.7	4.5	4.2	4.4	3.7	0.8	1.6	2.5	3.6	3.1	2.9
ユーロ圏	2.5	2.5	1.4	2.6	2.7	2.9	4.0	1.9	0.9	0.8	1.8	1.6	2.9
OECD 合計	3.3	2.6	3.0	3.6	2.6	3.3	4.0	1.1	1.6	1.9	3.1	2.6	3.1

出所：財務省『財政金融統計月報』第 674 号より作成．
資料：OECD, *Economic Outlook* No. 82.

あった．この第 12 循環と第 13 循環が展開された 1990 年代は，日本経済の長期停滞期にあたるが，1990 年代後半にはアメリカのニューエコノミー的な長期繁栄に世界経済が牽引され，アジア通貨危機（1997 年）が欧米の経済にほとんど影響を与えなかったこともあって，この欧米を中心とした世界経済の拡大（表 1-13 参照）によって，日本はその輸出の拡大を図っていくことができたのである[13]．

ただし，この時の輸出の拡大は，かつてのような不況下に強烈な輸出ドライブをかけて景気回復を図っていくというような能動的かつ積極的なかたちにはなっていない．もっぱら外需の動きに依存した，いわば受動的で消極的な輸出になっているのである．

とはいえ，これはこの段階で日本製品の輸出競争力（市場開拓力）が落ちてきてしまったということを意味しないであろう．あとで確認するように，二度の超円高によって加速された日本企業の生産拠点の海外移転（海外生産比率の上昇）によって，日本国内からの輸出が海外生産基地からの輸出に代替されるようになってきた結果と見るべきである．つまり，強烈な輸出ドライブ力を行使できるのは最終財を供給する日本企業の海外生産拠点であり，日本国内はそのための中間財あるいは資本財の輸出基地として位置付けられるようになったことから，こうした間接的な影響を受ける構造になってきているということである．要するに，これは輸出主導型経済の変容を示すものであり，これはまた日本経済のグローバル資本主義への移行を示唆しているということでもある．この点については，第 14 循環の景気回復過程を検討するなかで再確認することとしたい．

5. 輸出主導型経済の最終的破綻

　世界経済の拡大を背景とした第 13 循環の回復過程も，2000 年 11 月にはアメリカの IT バブル崩壊の影響を受けて下降局面に転じたが，その後のアメリカ経済の急速な立ち直りを受けて，日本経済は 2002 年の初め頃から緩やかな回復過程に入っていった．

　しかしながら，景気回復感は当時ほとんど感じられることがなかった．2002 年の前半期には 1 万 1000 円～2000 円台で推移していた日経平均株価も，すでに不況の底を打ったとされる同年 8 月から 1 万円を割り込み始め，翌年の 03 年 4 月 28 日には 7607 円 88 銭というバブル後最安値を記録した．雇用関係の指標も悪かった．完全失業率は 2002 年 10 月と 03 年 1 月に 5.5％ という過去最悪を記録している．さらに，求職者 1 人あたりの求人件数の割合を示す有効求人倍率は 1993 年以降継続して 1.0 を割り込んでおり，1.0 以上に回復するのは 2006 年度で 13 年間連続 1.0 以下であった（その最低水準は，1999 年の 0.48）．こうした極めて不安定な経済環境を背景に，03 年 6 月には大手金融グループの一角を占めていた「りそな」に公的資金注入（事実上の国有化）が実施されている．実体経済の回復はその 1 年半も前には始まっていたのに，である．1990 年代以降の日本経済の停滞があまりにも長すぎて，人々の不安心理は極度に高められていたと言うほかはなかろう．

　日経平均株価がようやく 2002 年前半期以来の 1 万円台を回復するのは，2003 年 8 月中旬以降のことであった．また，日銀短観において主要な指標となる大企業・製造業の業況判断指数（DI）において「良い」が「悪い」を上回ってプラスの数値をつけるのは 2004 年 3 月の短観からで，このあたりまでは企業マインドも含めて人々の心理状況は 1990 年代以降の長期停滞の延長線上にあり，日本経済全体として自信を持ち得ないままにあったのである．

　とはいえ，総体としての日本経済は 2002 年 1 月から着実に回復軌道に乗っていた．この回復過程の特徴は基本的に輸出主導型であり，また輸出に誘発された設備投資も景気を牽引していた．この点では，1990 年代における 2 つの景気回復過程と似たようなパターンをもっていたのである．さらに言えば，こ

の輸出と設備投資とに主導された第14循環の回復過程も，それに引き続くはずの〈生産増→雇用増→家計所得増→消費増→生産増〉という，いわゆる好循環メカニズムを作動させないままに終わってしまっている．この点も，1990年代と似ていたが，違いはその持続性にあった．

第14循環の回復過程は，1990年代の2つの景気循環における回復過程とは違って，なかなか腰折れを見せなかったのである．これは，あとで明らかにするようにアメリカの住宅バブルにともなう過剰消費に牽引された世界経済の拡大が持続したためであり，また日本資本主義のグローバル化が進展して国内経済が世界経済の拡大に適応できるようになった結果でもある．

さらに，この段階では，かつて日本経済を牽引した輸出産業は完全にグローバル産業化して，世界最適地生産という視点から経営展開（グローバル経営を展開）することから，国内の景気過程も，このグローバル企業独自の運動を無視しては語りえないものとなっている．この意味で，日本経済のグローバル資本主義への移行を視野に入れなければ，問題の第14循環の回復過程の特徴は把握できなくなったとも言える．見方を変えれば，わが国経済のグローバル資本主義への移行期を特定するためにも，この第14循環における回復過程を分析する必要がある，ということである．

(1) 第14循環の回復過程を主導した諸要因

まず，この第14循環の回復過程が輸出と設備投資に主導されたことは，表1-14によって確認できる．輸出の増大が設備投資の拡大へと結びついている点は，先に見た90年代後半以降の景気循環と同じである．この意味で，それは輸出主導型ではあるが，問題はこれが内需の循環的拡大メカニズムに連動するかどうかであった．

外需寄与度（すなわち「財貨・サービスの純輸出」の寄与度）を見てみれば，この時期には1970年後半から80年代前半の輸出主導型経済と同じようにプラスの値を記録している（表1-15参照）．そして，この時期の外需寄与度の平均は0.73であり，かつての輸出主導型経済を構成した3つの景気循環（第8循環～第10循環）それぞれの上昇期間における外需寄与度の平均0.83とあまり大きくは変わらない[14]．これに対して，内需寄与度はかつての輸出主導型経済

表 1-14　国内総支出における各項目の寄与度：2002-07 年（第 14 循環の回復過程）

項目／暦年	2002	2003	2004	2005	2006	2007
1.　国内需要	-0.4	0.8	1.9	1.7	1.6	1.3
(1)　民間需要	-0.5	1	2.1	1.9	2.0	1.2
a.　民間最終消費支出	0.6	0.2	0.9	0.8	1.1	0.4
b.　民間住宅	-0.2	0	0.1	-0.1	0	-0.3
c.　民間企業設備	-0.7	0.6	0.8	1.3	0.6	0.9
d.　民間在庫品増加	-0.3	0.2	0.3	-0.1	0.2	0.3
(2)　公的需要	0.1	-0.3	-0.2	-0.2	-0.5	0.1
a.　政府最終消費支出	0.4	0.4	0.3	0.3	-0.1	0.4
b.　公的固定資本形成	-0.3	-0.7	-0.5	-0.5	-0.4	-0.3
c.　公的在庫品増加	0	0	0	0	0	0
（再掲）家計現実最終消費	0.9	0.4	1.2	1	1.2	0.6
政府現実最終消費	0.2	0.3	0.1	0	-0.1	0.1
2.　財貨・サービスの純輸出	0.7	0.7	0.8	0.3	0.8	1.1
(1)　財貨・サービスの輸出	0.8	1.0	1.7	0.9	1.4	1.4
(2)　(控除)財貨・サービスの輸入	-0.1	-0.4	-0.8	-0.7	-0.5	-0.2
国内総生産（支出側）	0.3	1.4	2.7	1.9	2.4	2.4

出所：内閣府『国民経済計算』より．

表 1-15　第 14 循環の回復過程の内需寄与度と外需寄与度

（単位：％）

暦年	2002	2003	2004	2005	2006	2007	平均
内需寄与度	-0.4	0.8	1.9	1.7	1.2	1.3	1.15
外需寄与度	0.7	0.7	0.8	0.3	0.8	1.1	0.73

出所：表 1-14 より作成．

では平均 4.67 であったのに，ここではわずかに 1.15 でしかない．これは輸出の拡大と設備投資の増大とがつぎの内需拡大に結びつかない，極めて弱々しい景気回復過程でしかなかったということを意味している．

　そこで，何故に今回の長期にわたる景気回復過程が可能になったのか？　とりわけ，それが輸出によって主導された背景に何があったのか？

　その理由は，いくつかあげることができる．第 1 には，まず 90 年代の長期停滞のなかで企業を苦しめていた 3 つの過剰（設備の過剰，負債の過剰，労働力の過剰）をこの時期に解消したことが大きい．1990 年代の後半から企業は

第1章　グローバル資本主義と景気循環　　　　　　　　41

かなり厳しいリストラを続けてきており，それがほぼ完了するのは2001年頃であった（不良債権処理の進展は，結局のところ景気回復の結果でしかない）．

　第2には，中国を始めとする東アジア経済圏の発展をあげなければならない．この地域に，日本，中国，アジアNIEs，そしてASEANからなる「東アジア生産ネットワーク」と呼ばれる独自の国際分業関係がこの時期に確立され，日本経済がそこでの中核的なポジションを獲得したことが重要である．この詳細については第2章で明らかにするが，2000年代以降の日本の景気回復の背景には，こうした「世界の工場」にのし上がってきた東アジア経済圏の発展があり，そこに日本産業が独自の経済的ポジションを築き上げたことが大きく寄与している．それと，もうひとつここには無視できない第3の要因がある．

　アメリカの過剰消費である．この点についても第2章で触れるが，この時期アメリカは，例の住宅バブルを背景とした景気上昇過程のなかで日本や東アジア諸国からの輸入を大幅に拡大している．そのおかげで，日本は東アジア諸国へ中間財や資本財の輸出を拡大できたばかりか，アメリカに対して自動車などの製品輸出も拡大することができたのであった．

　さらに言えば，この時期のアメリカ向けの輸出が拡大したのには実はもうひとつ別の背景がある．それは2003年の第1四半期あたりから始まる円安であった（表1-16）．最初これは政策によって誘導されたもので，そのことは表1-

表1-16　円相場（円／ドル）の推移（2001-07年）

暦年	2001	2002	2003	2004	2005	2006	2007
円／ドル	122	125	116	108	110	116	118

出所：内閣府『2008年度　経済財政白書』「長期経済統計」，通関輸出入／国際収支等統計より．

表1-17　外国為替平衡操作の実施状況

	2000年	2001年	2002年	2003年	2004年
1～3月	1兆6443億円		0	2兆3867億円	14兆8314億円
4～6月	1兆3854億円		4兆162億円	4兆6116億円	0
7～9月	1435億円	3兆2107億円	0	7兆5512億円	0
10～12月			0	5兆8755億円	0
総計	3兆1732億円	3兆2107億円	4兆162億円	20兆4250億円	14兆8314億円

出所：財務省・統計資料「外国為替平衡操作の実施状況」より作成．

17 を見れば一目瞭然である．

2000 年から 04 年までの 5 年間に，45 兆 6565 億円（ユーロ買いも含む）もの巨額の為替介入が実施されている．なお，04 年 3 月 16 日以降，確認されるかぎりで 6 年半以上にわたって為替介入は行われなかった[15]が，04 年 3 月以降は，日本の超低金利を利用する，いわゆる円キャリートレードの盛行により 2008 年後半あたりまで持続的な円安が続いたのである．

この円安によって日本の輸出は拡大したが，すでに見たように，これは内需に火をつけられない輸出主導型の回復過程を作り出しただけでしかなかった．比喩を使っていえば，それは車のエンジンをかけるために最初の必要なスパーク（点火）だけは連発するが肝心のエンジン本体に火がつかない，そんな状態なのである．エンジンが回らなくとも，エンジンキーを回してスパークだけを起こしても何とか車は前に進む（そのうちバッテリーが切れれば動かなくなるが）．極論すれば，そんな状態であった．では，何故そうなったのか？

(2) グローバル資本の確立

その最も大きな理由は，かつての輸出産業がグローバル産業に転換してしまったことである．グローバル産業の代表格としては，自動車産業や電機産業であり，他に一般機械，化学があげられる．この輸出産業のグローバル産業への転換のもつ意味については，第 2 章で改めて取り上げるが，ここで言いうることは，このようなグローバル資本が担っている日本の輸出はかってのような輸出ドライブをかけて日本の景気を引っ張っていくパワーをもはや持ちあわせていない，ということである．そのパワーを持ってはいても使うことはない，と言ってもよい．

理由は，日本の主力輸出商品は輸送機械，電気機械，一般機械だが，そのうち輸送機械と電気機械は代表的なグローバル産業であり，こうした産業はすでに世界最適地生産体制，つまり自分の企業にとってもっとも有利なところ，最大の利益をあげられるところで生産を行うグローバル経営を確立しているからである．したがって，円安のような有利な条件下では日本の生産拠点から輸出を拡大するが，円安でなくなれば海外生産拠点に移り，日本向けも含めてそこから輸出を行う．そういう企業行動をとるのである．そして，言うまでもなく，

この世界最適地生産体制とは，調達，生産，販売の国際化を特質とするグローバル資本に特有の生産体制なのである．

また，電気機械と一般機械に関して言えば，その日本からの輸出主力商品は現在では部品などの中間財や機械設備などの資本財になっている．こういう財の供給がどういう性格をもつかと言えば，基本的に受動的（いわば他力本願的）な性格である．自国以外にこれらの財の需要があり，その需要拡大があってはじめて生産の拡大につながるために，最終消費財などとは違って輸出ドライブをかけることができない．最終消費財を扱うからこそ輸出ドライブもかけられるわけで，中間財や資本財だけ本国から一方的に供給（輸出）されてもこれを輸入する海外生産拠点が困るだけの話しである．

もちろん，輸出ドライブということだけなら，日本企業の海外生産拠点からも行われうるが，これでは肝心の日本経済を回復軌道には乗せられない．しかも，そのさいつぎのことに注意しておく必要がある．先ほど述べた東アジア生産ネットワークのなかで，すでに日本のグローバル資本は，企業内国際分業（企業内部の工程間分業）を確立しているという点である．この場合，組み立て工程を担う中国をはじめとするアジア諸国からの輸出は，アメリカやヨーロッパだけではなく，日本国内もまた輸出先になっている（つまり逆輸入する）ということである（代表的な例としては，いわゆる「白物」家電製品など）．場合によっては，これらの企業の海外生産拠点は日本に対して輸出ドライブをかけることにもなりかねないのだ．

図1-4を見れば，1995年から日本企業による逆輸入比率は一貫して上昇を続けていることが見てとれる．2007年度になってその比率が下がっているが，これは主に原油価格の急騰の影響である（その背景には，サブプライム金融恐慌で金融市場から逃げ出した余剰資金が行き場を失って，原油や穀物などの国際商品市場になだれ込んだという事情があった）．それでも，アジアからの逆輸入は金額ベースで微増を記録しているのである．

問題はそれだけではない．日本企業のグローバル化，つまりグローバル産業化はもはや避けられない段階にきている，ということである．今後は，これまでのように主として輸出産業がグローバル産業化するというのではなく，いわゆる内需産業も（中小企業を含めて）グローバル化していく．その背景にある

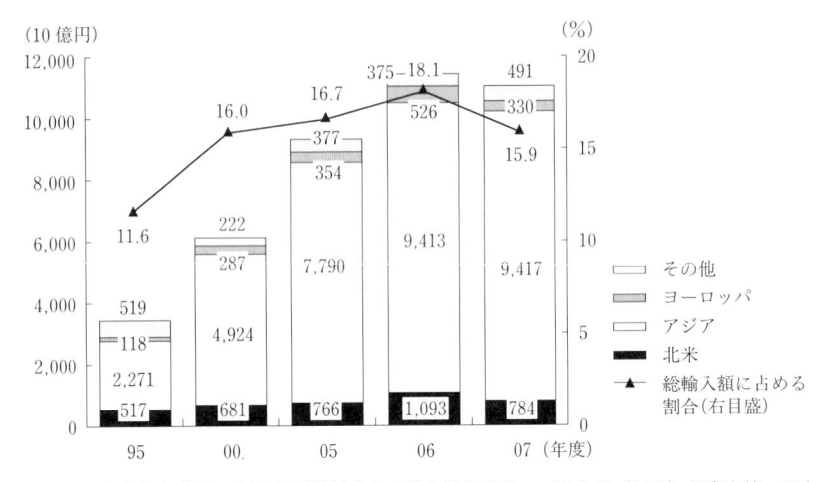

```
(10億円)                                                              (%)
12,000                                              375─18.1    491    20
                                        16.7              330
10,000                      16.0              526                     15.9
                                        377                           15
 8,000                  222
                                        354
                            287                                       10
 6,000        11.6                      7,790   9,413
        519                 4,924                         9,417
                                                                       5
 4,000  118
        2,271                                                    その他
 2,000                                                           ヨーロッパ
                                                                 アジア
        517     681         766       1,093      784             北米
    0                                                          ─▲─総輸入額に占める
         95     00          05          06         07(年度)         割合(右目盛)
```

出所：経済産業省『第38回海外事業活動基本調査結果概要——平成19（2007）年度実績』7頁（サムネール頁数）より．
(http://www.meti.go.jp/statistics/tyo/kaigaizi/result-1.html)

図 1-4　製造業現地法人の日本向け販売額および日本の総輸入に占める割合の推移

のは，少子化が続く「人口減少社会」では需要は縮小するばかりであり，企業はその生き残りのためにもグローバル化して行かざるをえないということである．

　このように，国内企業がグローバル化を推し進めると，輸出によって内需拡大につなげていくというやり方はますます使えないものとなる．グローバル化したかつての内需産業が海外生産拠点から日本に輸出する（つまり逆輸入する）ようになるからである．これは，1970年代後半から80年代前半にかけての輸出主導型経済の最盛期に，日本が欧米諸国に輸出攻勢をかけ各国の産業と雇用を空洞化させて，「日本は失業を輸出している」と非難された状況とまったく同じことが起こる，ということを意味している．ただ，この度は，それを仕掛けるのは外国企業ではなく，グローバル化した日本の企業だという点が違うのである．

(3) 雇用の質の悪化

　さて，第14循環の回復過程は基本的には輸出主導型で，この輸出の拡大と

それに誘発された設備投資が景気を引っ張った．ところが，これが内需拡大へとつながり景気全体を本格的に牽引するパワーを喪失していることについてはすでに確認してきた通りだが，ここで内需が拡大しなかった理由は実はそれだけではなかった．

第14循環の回復過程では，ともかくも輸出の拡大と設備投資の増大から生産の増大というところまでは行ったのである．これがつぎの〈生産増→雇用増→家計所得増→消費増→生産増〉という内需拡大に結びつく好循環メカニズムにリンクするためには，生産増から雇用増へとつながる必要があった．

そこで，実際これはどうだったのかというと，雇用も増加しているのである．雇用者数（男女計）は，2002年（平均）の5337万から07年（平均）の5561万人まで，この間に224万人増加しており[16]，完全失業率もまた02年の5.4％から3.9％にまで低下している[17]．

ところが，この雇用増加は家計所得の増大にはつながらなかった．国税庁『民間給与実態統計調査』（2008年9月）によると，2002年中に民間企業が支払った給与の総額は207兆9134億円であったのに対し，07年のそれは201兆2722億円に減少している[18]．これはまた，国民所得（要素費用表示）のなかに占める雇用者報酬にも反映され，02年の271兆750億円から07年の264兆6700億円へと減少しているのである[19]．

この背景にあるのは，2000年代に入ってから急速に進んだ雇用の質の悪化であった．詳細については第3章で検討するが，ひとまず表1-18「正社員・非正社員の比率の推移」を見れば，非正社員の比率は03年に30％台を超えて

表1-18 正社員・非正社員の比率の推移

暦年	1991	1992	1993	1994	1995	1996	1997	1998	1999
正社員	80.2	79.5	79.2	79.7	79.1	78.5	76.8	76.4	75.1
非正社員	19.8	20.5	20.8	20.3	20.9	21.5	23.2	23.6	24.9

暦年	2000	2001	2002	2003	2004	2005	2006	2007	2008
正社員	74.0	72.8	70.6	69.6	68.6	67.4	67.0	66.5	65.9
非正社員	26.0	27.2	29.4	30.4	31.4	32.6	33.0	33.5	34.1

出所：『労働力調査　長期時系列データ』「参考表9　雇用形態別雇用者数」．
備考：1991-2001年までは同年2月の数値，2002年以降は年平均値．

から 08 年には 34% 超にまで急激に上昇してきている．労働分配率（図 1-5 参照）を見ると，2002 年以降から低下傾向で推移している[20]が，これはそうした雇用の質の悪化を反映したものにほかならない（なお，2007 年第 4 四半期において労働分配率が上昇を見せているのは，第 14 循環のピークアウトによる景気悪化の影響である）．これでは，雇用の拡大は家計所得の増大につながっていけなかったわけである[21]．

ともあれ，かつての輸出主導型経済は，生産の拡大から雇用増へとつながり，そこから家計所得が増えて消費の拡大に向かうことで，外需拡大から内需拡大へとリンクしたが，今回はそうした好況過程への経済的連関（好循環メカニズム）が断ち切られてしまっているのである．言葉を換えるならば，かつての輸出は内需拡大を実現していくだけのパワーもそのルートも備えていたが，現在ではその両方とも失われてしまっている，ということである．

さて，これまでの議論を通して明らかになったことは，円安や非正規労働の利用によって販売価格や製造コストの切り下げが実現されたのは，確かに製造業が中心のグローバル資本にとっては都合の良いことであった，という点である．これは，日本の生産拠点から輸出した方がグローバル資本にとっても何かと有利だ——各種の優遇措置も受けられ，労資関係で苦労することもない——

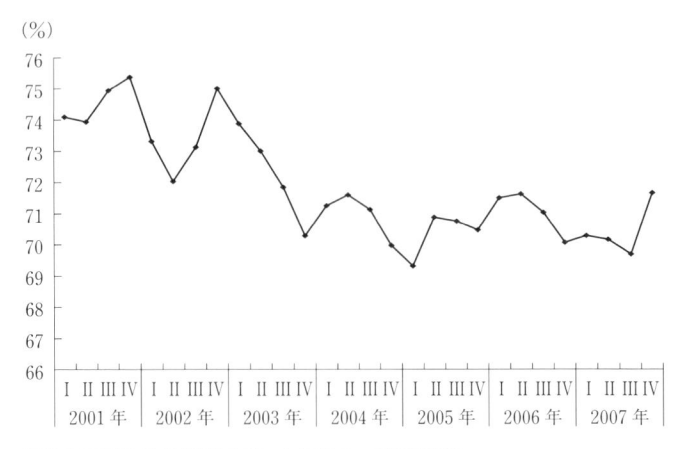

出所：内閣府『国民経済計算』より作成．季節調整値．
備考：労働分配率＝名目雇用者報酬／名目国民所得．

図 1-5　労働分配率の推移

ということで，一定程度グローバル資本の国内回帰を促すと同時に，日本の輸出を拡大させる効果をもったことも事実であった．

しかしながら，いまやグローバル資本による輸出は極めて脆弱な牽引力しかなく，内需拡大へのルートも各所で寸断されてしまっていることは明らかである．この現状を踏まえるかぎり，内需産業にとっては必ずしも有利とはいえぬ円高誘導策や，雇用の質を悪化させて好循環メカニズムを破壊してしまうような労働政策を強行したことは，国民経済全体にとって大きなマイナスをもたらした，ということもまた否定しえぬ事実なのである．

結果的に，第14循環の回復過程は非常に弱々しく，しかもダラダラとした足取りをとらざるえないものとなった．とはいえ，その拡張期間は「いざなぎ景気」を抜き戦後最長となったことも事実である．日本経済は，バブル経済となった第11循環の崩壊後，長期の経済停滞を余儀なくされ，1990年代には「失われた10年」と呼ばれるような事態に陥っていた．しかしながら，この2002年1月から始まった第14循環が戦後最長となったところから，この長期停滞に終止符が打たれたのかと問われるならば，やはり否と答えざるをえない．それは現在の第15循環の回復過程においてもなお，巷間「失われた20年」という言葉が流布しているところからも明らかであろう．では，なぜ日本経済の長期停滞は続いているのか？

6. グローバル資本主義への移行と長期停滞

この長期停滞を論ずるさいにまず注意しなければならないことは，1990年代以降の日本経済の長期停滞を一般的にバブル崩壊の後遺症として捉えるのは間違っている，ということである．

(1) バブルの後遺症と長期停滞

確かに，1991年にバブルが崩壊し景気が下降して総需要が収縮しはじめると，過剰資本が顕在化・拡大していったところから，企業は過剰設備，過剰在庫，過剰雇用の調整に追われることとなった．それは，バブル崩壊後の後退期間が32カ月というようにかなりの長期にわたっているところからも見て取れ

表 1-19　景気の基準日付（第 11 循環～第 15 循環）

	谷	山	谷	期間		
				拡張	後退	全循環
第 11 循環	1986 年 11 月	1991 年 2 月	1993 年 10 月	51 カ月	32 カ月	83 カ月
第 12 循環	1993 年 10 月	1997 年 5 月	1999 年 1 月	43 カ月	20 カ月	63 カ月
第 13 循環	1999 年 1 月	2000 年 11 月	2002 年 1 月	22 カ月	14 カ月	36 カ月
第 14 循環	2002 年 1 月	2007 年 10 月	2009 年 3 月	69 カ月	17 カ月	86 カ月
第 15 循環	2009 年 3 月					

出所：内閣府経済社会総合研究所「景気動向指数」．
備考：第 14 循環の山と谷，拡張および後退期間は暫定値．

る．しかも，それだけではなく，この後退局面が 1993 年 10 月に底を打って回復過程に入ったあとも，ちょっとした外生的なショック（「冷夏・長雨」とか「異常円高」など）によって景気の腰が折られ，本格的な回復にまで至らなかったことも事実である．その場合「山高ければ谷深し」のたとえ通りに，バブルとその崩壊の後遺症は通常以上に大きかったと言えるであろう．

　このようなバブル崩壊による後遺症は，少なくとも 4 年から 5 年，つまり 1995 年くらいまでは続いたと思われる．しかしながら，バブル崩壊後の景気循環である第 12 循環がピークに達する 1996 年の実質成長率は 3.4％ を記録しており（その後 15 年近くこれを超える GDP 成長率は達成されていない），ここから少なくともこの段階では直接的なかたちでのバブル崩壊の後遺症はすでに克服されている，と見ることができる．言い換えるなら，バブル崩壊による後遺症は，少なくとも景気の自律的メカニズムを生み出すストック調整（在庫，設備）に関するかぎり，1990 年代の前半（94 年，95 年頃）にはほぼ無視しうる程度になってきていた，ということである．

　要するに，2010 年代の景気循環とも言うべき第 15 循環に入った段階でなお「失われた 20 年」と称されるような長期停滞をバブル崩壊の後遺症と見るのは大いに無理がある，と言うことである．

(2)　長期停滞は長期不況ではない

　つぎに注意すべきは，長期停滞とは不況が長期にわたって続いたということを意味しない，ということである．1990 年代の長期停滞にかぎった場合でも，

そこにはいくつかの景気の波（谷－山－谷）すなわち景気循環が存在している．つまり，バブル崩壊後の不況（第11循環の下降局面：1991年2月〜93年10月）のあとには第12循環の景気回復・上昇過程（1993年10月〜97年5月）があり，それに続く後退局面（1997年5月〜99年1月）のあとは，第13循環の景気回復・上昇過程（1999年1月〜2000年11月）が存在している．

長期停滞というのは，不況が続いたということではなく，不況脱出後の景気回復過程がいずれも弱々しく，例の「内需の循環的拡大メカニズム」（生産増→雇用増→家計所得増→消費増→生産増）を動かして力強い拡張過程を実現できなかったところから，いつまでも不況が持続しているように思われたところに原因があったのである．

実際，第12循環の景気回復・上昇過程（1993年10月〜）では，バブル崩壊の影響（下押し圧力）を受けながらも，1993年，94年と行われた内需拡大策や大型減税等によって民間需要が95年，96年と拡大し，さらにはそれが95年8月以降の円安転換を追い風とした輸出増大と民間設備投資の拡大へと進んで，96年の実質GDP成長率は3％超となった．ところが，これも内需の循環的な拡大過程が本格的に展開される前に，橋本内閣による消費税の3％から5％への引き上げや医療保険の患者負担増，さらには特別減税の廃止等を含む約9兆円の民需の削減（国民の負担増）によって，その回復過程が頓挫させられてしまったのである．端的に言えば，それは家計所得を約9兆円も剥奪したことにより，好循環メカニズムの重要なリンクのひとつを直接的に断ち切ってしまったことが景気回復の足を引っ張った，ということである．

また，第13循環の回復過程は，欧米の好景気（とくに，アメリカの90年代の長期繁栄）を背景とした外需によって牽引されていたが，これも本格的な回復軌道に乗る前にアメリカのITバブルの崩壊によって景気後退局面への転換を余儀なくされている．確かに，それは輸出と設備投資が内需の循環的拡大メカニズムの入り口まで日本経済を導いていたのである．しかし，これもまた好循環メカニズムへと連動する前に外需が剥落してしまったことで景気回復の芽を途中で摘んでしまったわけである．

さらに言えば，1990年代の後半になればなるほど雇用の質が悪化し，雇用増が家計所得増につながりにくくなってきていること（内需の循環的拡大メカ

ニズムのパワーが減衰してきたこと）も注意しなければならない．2002年1月から始まる第14循環の回復過程では，そのことが明確に表れていたことはすでに見てきた通りである．

要するに，1990年代から日本経済が長期の停滞基調に陥ったのは，1990年代以降の3つの景気循環において，その回復過程が本格的な景気拡大過程（「内需の循環的拡大メカニズム」の作動）へと至る前にすべて頓挫させられてしまった，ということを通してであった．これでは，日本のように内需の割合が比較的大きな再生産構造をもつ経済の場合，停滞を脱して好況・拡張過程を実現できる条件はほとんど満たされることはない，と言うべきであろう．

むろん，ここでは不況過程を無視しているわけではない．停滞過程では不況の谷も深く長く，そしてその経済的損失も大規模になることは事実である．しかし，それがいかに深刻であっても，そこから反転した好況・拡張過程が力強く大規模なものであるなら，その景気循環は停滞過程にあるとは言わない．むしろ，それは資本主義の活力を示すものとなるからである．

ただし，ここでまた再確認しておくべきは，このように景気回復過程が内需の循環的拡大メカニズムに連動することなく途中で腰折れした現象自体を長期停滞の原因としているわけではないということである．長期停滞の原因は，この景気回復過程のなかで内需の循環的拡大メカニズムへの連動を不可能にした諸要因——輸出産業のグローバル産業への転換，雇用の質の悪化，家計所得・消費の低迷などの経済構造の変化——のなかに求められなければならない．

(3) デフレと長期停滞

ところで，こうした長期停滞の原因としては，不良債権を抱えたデフレ経済のもとでの銀行等の金融仲介機能の不全——具体的には金融機関による貸し渋りや貸し剝がし（＝クレジット・クランチ）——によって説明できるという考え方も存在している．

問題としている期間中，日本経済はデフレ傾向にあったことも確かである．デフレをGDPデフレーター（2000年＝100）で確認すると，2001年から2008年まで連続して100を割り込んでおり（それ以前の年は1996年から連続して100以上），デフレは2001年以降顕在化していることになる[22]．これを背景に，

政府は2000年代に入ってから二度にわたってデフレ宣言を出している（①2001年3月〔～06年6月〕，②2009年11月）．

　このデフレ（＝不況）とバブル崩壊の後遺症のひとつである不良債権との関連を説明できる理論として知られているのは，A. フィッシャーの唱えたデット・デフレーション仮説であろう．これによれば，デフレと不良債権との関係はつぎのように説明される．

　一般物価の持続的低下（デフレ）は，実質金利を引き上げ，債務者から債権者への思わぬ所得移転が生ずることから債務者の負担を重くする．その結果，債務者の消費（もしくは債務者が企業であれば投資や雇用）を減退させ，そのことがまたデフレ（不況）に拍車をかけて悪循環に陥る可能性をもつ．あるいは，このことは貸し手（銀行）の側から見れば，つぎのような問題を引き起こす．この不況過程で不良債権が増大していくことから，銀行はそのための引当金の積み増しを余儀なくされ，その結果として「貸し渋り」や「貸し剝がし」を促すことで，さらに景気を悪化させデフレを深刻化していくという悪循環に陥るということである．

　このようなデット・デフレーションの理論的メカニズムそれ自体には，さほど異論はない．状況如何によっては，そうしたことも起こりうるからである．しかしながら，このようなデット・デフレーションが作動する可能性があるのは，実体経済が不況に陥り，銀行の不良債権が拡大していくような状況下だという点に顧慮が必要である．1990年代にも二度あった景気回復期（第12循環と第13循環の回復過程）さらには2000年代に入っての第14循環の回復過程では，このようなデット・デフレーションを引き起こすような金融仲介機能の低下や信用創造機能の不全は問題にならなかったはずである．

　図1-6を見ると，90年代は小規模企業に対しては「貸し出し態度DI」が一貫して厳しいものの，中小企業や大企業に対するそれはバブル崩壊直後と98年頃を除いてプラスであり，不況期にだけそれが厳しくなることを如実に示している．つまり，それは好況過程で景気の腰を折るものとしては作用していないということである．あえて言えば，1997-98年の金融危機のさいにみられたクレジット・クランチも，デッド・デフレーションによって説明されるよりは，むしろ不況の深刻化によって貸し出しに対する慎重姿勢が強くでたこと，ある

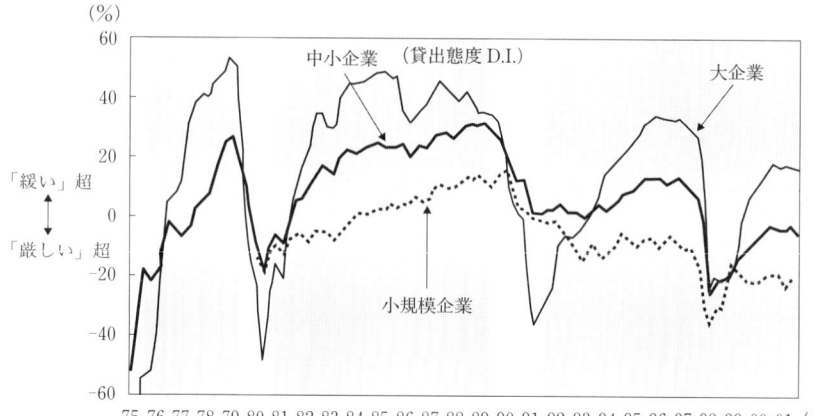

(%)

図1-6　企業から見た銀行の貸し出し姿勢

出所：2001年度『経済財政白書』第2章第2節「1　銀行収益圧迫による金融仲介機能の低下」より．
備考：1.　日本銀行「企業短期経済観測調査」，国民生活金融公庫「全国小企業動向調査」による．
　　　2.　シャドー期は公定歩合引き上げ局面以外．いずれも四半期データ．

いは当時の株価下落のなかで金融機関の自己資本比率が低下したことでBIS規制に抵触したことなどによって説明されるべきであろう．

また，2002年1月から始まる第14循環の回復過程はデフレ下の回復であったが，デフレ下にもかかわらず銀行の「貸し渋り」や「貸し剝がし」は起こっていない．しかも，このデフレが継続していた2005年には不良債権処理の終了宣言が行われているわけで，これはデフレによる債務者から債権者への所得移転がそのままクレジット・クランチの原因になるわけではない，ということを物語っている．

つまり，当たり前のことだが，クレジット・クランチは実体経済の悪化の下でのみ起こるということである．景気回復過程では不良債権は減少していくのであり，景気後退局面でこそ不良債権が積み上がり，クレジット・クランチも起こりがちになるのである．だから，景気回復過程でクレジット・クランチが発生しない以上，その景気の腰を折る原因にはなりえない．2000年代の景気回復過程で不良債権が減少したのは，まさしくそのことを教えていると言うべきであろう．

(4) 長期停滞から衰退へ

ところで，第14循環の回復過程はデフレ下の景気回復であったが，そのなかで雇用者数の増大や失業率の低下も見られた．むろん，家計所得水準は下がってしまったことから本格的な景気拡大につながらず弱々しい回復過程となったが，他方で物価も低下しており実質賃金レベルで見ると国民生活水準はさほど打撃を受けなかったのではないか，という考え方もありうるであろう．

ただし，このさい忘れるべきではないのは，ここでの物価下落は多くの場合グローバル市場の厳しい競争環境のなかで，最終的に共倒れしかねない激しいコスト競争の結果もたらされている，ということである．したがって，それは一時的に消費者を有利にさせても，やがては，この消費の担い手である労働者の賃金をさらに切り下げることにつながっていかざるをえない．それはまた，この労働者の購買力の低下（＝消費の萎縮）から販売価格の切り下げ・コスト競争を一層激化させ，国民生活をますますレベルダウンさせて国民経済の衰退（縮小均衡）を結果するものとならざるをえないのである．

したがって，このようなデフレ現象は，国民経済の衰退メカニズムを構成する基本的要素のひとつとして見なければならないということである．そのかぎりで，第14循環の回復過程で見られた雇用者総数の増加や失業率の低下とは，こうした国民経済の長期的な衰退過程における循環的な回復過程のなかの一時的な現象でしかなかった，と言わなければならない．それゆえ，ここでは一時的（循環的）な雇用増や失業率低下よりも，構造的な衰退要因にこそ目が向けられなければならなかったのである．

したがってまた，こうした衰退過程のなかで円安を誘導して輸出主導で景気回復をさせようとしても，結局は一時的かつカンフル剤的な効果しか持ちえなかったと言える．その第14循環が終わり第15循環に入った現在，結果的にそこに残されているのは，「失われた20年」と称せられるような長期停滞の継続であり，さらには国民経済の衰退兆候という厳然たる事実なのである．

(5) 日本経済におけるグローバル資本主義の確立

さて，日本経済においては，福祉国家体制の解体からグローバル資本主義への移行は，独特の輸出主導型経済を迂回する径路をとったことはすでに確認し

てきた通りである。本章ではまた，こうした確認作業のなかで，この輸出主導型経済の破綻プロセスと重ね合わせながらグローバル資本主義の移行問題を論じてきた。そこで，いまここに残されている問題は，その移行の時期はいつかということである。

輸出主導型経済が破綻した究極的な原因は，かつての輸出産業がグローバル産業へと転換したこと，すなわちグローバル資本が本格的に確立されたことにあった。そして，この輸出主導型経済の破綻は，輸出（さらにはそれに誘発された設備投資）をきっかけとした生産の拡大が内需の循環的拡大メカニズムへと連動できなかったことによって決定的なかたちで示されたが，そうした現象自体はすでに1990年代後半から現れていたのである。これをひとつのメルクマールとすれば，日本経済におけるグローバル資本主義への移行期は1990年代後半以降とすることができるであろう。

注
1) 貿易指数（輸出金額）を見ると，リーマンショックが起こった2008年9月から翌年の1月までの5カ月間で半分以下に減少している。とりわけ，かなり早い段階から低下し続けていたアメリカ向け輸出の落ち込みは激しく，またその回復も遅い。以下に「貿易指数（輸出金額）の推移」を示しておく。

表① 貿易指数（輸出金額）の推移（2005年＝100）

暦年	2008年					2009年						
月次	8月	9月	10月	11月	12月	1月	2月	3月	4月	5月	6月	7月
対世界	128.9	134.5	126.4	97.3	88.3	63.6	64.5	76.5	76.7	73.5	84.1	88.5
米国	88.1	102.5	97.8	75.7	73.0	46.3	45.1	54.0	53.0	52.2	62.1	62.6
EU	118.0	121.5	116.6	88.1	78.5	64.7	60.9	64.0	68.9	65.0	69.5	69.3
アジア	140.0	136.1	127.9	97.2	87.2	60.1	67.3	83.5	86.4	84.9	94.7	101.9

出所：財務省『貿易統計』（2009年7月分）より作成。

2) 1990年頃から，景気循環において最終的なピークアウトへといたる途中で踊り場が何度か現れるようになった。この点，水野和夫氏〔2007〕は，IT関連財の出荷と在庫の伸びに着目し，このIT循環が踊り場を作り出していると見る（同書167-179頁参照）。なお，このIT循環については，『2006年度 経済財政白書』でも詳しく分析されている。

3) 内閣府『日本経済 2008-2009』（2008年12月）では，この踊り場に関して「外需

依存で成長力が弱い回復のなかで，海外景気の減速や世界的なIT関連生産財の需給の軟化を背景に輸出が鈍化したこと」にその原因を求め，この「2007年後半からの横ばいの動きも，その後回復基調に復せば，景気の『踊り場』で終わった可能性もあった」（同書2-3頁）と指摘している．

4) 野口悠紀雄〔2008〕20-35頁参照．
5) ここで言う資本－賃労働関係とは，資本主義経済の存続と発展を支える基本的なフレームワーク（＝生産関係）であるが，それは，要するに序章で説明した賃金・利潤の分配関係の調整メカニズムに媒介されて，資本が資本（＝自己増殖する価値の運動体）として，賃労働者が賃労働者（＝二重の意味で自由な存在すなわち労働力商品）として不断に維持・再生産される関係である．その詳しい説明については，補論「資本主義の歴史区分とグローバル資本主義の特質」（「4. 資本－賃労働関係の再生産メカニズムとその歴史的変遷」）を参照されたい．
6) 日本の福祉元年は，1973年の田中角栄内閣（1972年7月～79年12月）の時代である．ここで，高額医療費制度，老人医療費無料化制度（患者の自己負担に上限を設定），家族給付割合の5割から7割への引き上げなどが行われ福祉国家体制が実質化した．なお，日本における国民皆保険，皆年金制度の導入は1961年である．
7) このような輸出主導型経済を作り出した諸要因について，井村喜代子氏〔1993〕は，その圧倒的な生産力を実現したものとして何よりもまずME技術革新・ME化（ME化設備投資）をあげ，ついで「減量経営」をあげている．減量経営は，「労働面のコスト削減」のための「企業内の労働者の生産協力体制」や「生産の効率化」のための「転籍出向，定年前退職勧奨等」として展開され，その柱は①労働面でのコスト削減，②生産の効率化，③金融費用の削減の3つであったこと．さらには，この減量経営を実現させた要素として「中小下請企業の効率的利用」があったことを指摘して，この時代の輸出主導型経済（井村氏の用語法では「輸出依存的成長」）の生産力的な基礎を包括的かつ詳細に分析している．（同書，第5章第5節参照）．ただし，氏の場合，こうした減量経営の基盤となった日本的経営システムについては「日本独特の労働者管理体制・下請け利用体制」と記すのみで，その言及は物足りないところがある．
8) この点については，本書の第3章，第4章，第5章で詳しく論じている．
9) 本文中の図1-2を見れば，輸出依存度は2000年代に入ってからまた上昇しているが，その比率は，次頁の表②を見れば先進資本主義諸国の中で比較してもアメリカに次いで低いことが分かる．
10) ここで論じた自律的循環メカニズムは，いわゆる中期循環――基本的にはストック調整メカニズムとしての設備投資循環――を想定している．そのほかにも，短期循環を生み出すストック調整メカニズムとしての在庫循環があり，長期循環としては建設循環などがある．ちなみに，内閣府が景気の基準日付として公表している景気循環は短期循環に相当する．
11) 景気対策としては投資を動かすのが一般的であるが，民需のなかでは最大の割合を示す消費を刺激する方法もある．この場合には，たとえば所得減税や消費補助金等の

表② 主要国の輸出依存度（2006年）

	輸出依存度 （財）	輸出依存度 （サービス）	輸出依存度 （財，サービス計）
ドイツ	38.1%	5.8%	43.9%
韓　国	36.6%	5.7%	42.3%
中　国	36.6%	3.5%	40.1%
カナダ	30.5%	4.5%	35.1%
英　国	18.7%	9.5%	28.1%
イタリア	22.1%	5.2%	27.3%
フランス	21.8%	5.1%	26.9%
日　本	14.8%	2.8%	17.6%
米　国	7.9%	2.9%	10.8%

出所：経済産業省『2008年度　通商白書』180頁．
資料：IMF, *World Economic Database.*, WTO, *Trade Statistics.*
備考：THLM版のエクセル形式のファイルから加工．

支給による消費の拡大から生産増へとつなげ，ここから〈生産増→雇用増→所得増→消費増→生産増〉という好循環メカニズムへとリンクさせられるかどうかがポイントである．この内需の拡大的循環を基礎に〈生産増→企業収益増→設備投資増→生産増〉というサイクルにつながって行けば，景気は本格的な拡張過程に入っていくことが可能になる．

12) このように，輸出の拡大から設備投資が拡大していく関係が見られるようになるのは，1990年代後半からである．この点，2007年版『経済財政白書』は「90年代前半までの時期においては，輸出が設備投資に先行する関係はみられなかった」とし，90年代後半以降「輸出の増加が国内民間需要や設備投資の増加を誘発する姿に変わりつつある」と指摘している（同書42-3頁参照）．

13) この点は，中国やASEAN，NIEsといった東アジア諸国も同様であった．アジア通貨危機の結果，東アジア地域は域内貿易を縮小させたが，東アジア各国はアメリカへの輸出シェアを上昇させることによってアメリカ（さらには日本）への依存度をさらに高めていった．この点の分析については，栗林世〔2004〕108-115頁参照．

14) 1970年代後半から80年代前半の輸出主導型経済においては，内需寄与度（消費および投資〔設備＋住宅＋在庫〕にかかわる民間需要と公的需要）は，3つの循環の平均で4.47%，外需寄与度は3つの循環の平均で0.83%であった（次頁の表③を参照されたい）．

15) 2010年9月15日に，およそ6年半ぶりに実施された為替介入は，約2兆1千億円という巨額介入であり，1日当たりの介入金額としては過去最大規模だった．それ以前の記録は2004年1月9日に行われた1兆6664億円．

16) 総務省『労働力調査　長期時系列データ』「参考表9　雇用形態別雇用者数」参照．

17) 2000年以降の完全失業率（年平均）の推移を次頁の表④に示す．なお，完全失業率は，2009年に入って再び上昇し始め，同年9月には最悪の5.5%を記録している．

表③　輸出主導型経済期の平均成長率・内需寄与度・外需寄与度

	第8循環	第9循環	第10循環	平均
平均成長率	5.7	5.4	5.0	5.37
内需寄与度	4.7	5.2	3.5	4.47
外需寄与度	1.0	0.1	1.4	0.83

出所：表1-6：「戦後景気上昇局面の期間一覧」から計算．

表④　完全失業率の推移　　　　　　　　　　　（単位：％）

暦年	2000	2001	2002	2003	2004	2005	2006	2007	2008
完全失業率	4.7	5.0	5.4	5.3	4.7	4.4	4.1	3.9	3.9

出所：総務省『労働力調査　長期時系列データ（基本集計）』表2【年平均結果－全国】「就業状態別15歳以上人口」より．

18) 国税庁『平成19年分　民間給与実態統計調査』（2008年9月）参照．
19) 「国民所得・国民可処分所得の分配」（2007年度『国民経済計算』）参照．
20) この労働分配率の推移に関しては，2008年『財政経済白書』第1章第3節（66-84頁）で詳細に分析されている．白書は，この間の労働分配率の低下の原因として賃金の伸び悩みをあげ，さらにその背景として非正規社員の増大のほかに団塊世代の退職などを指摘している．
21) その反面で，この間に資本側は大きな利益を引き出している．次の表⑤「2001年以降の当期純利益の推移」によると，2002年には全産業で6兆2230億1800万円であった当期純利益は，2007年には，全産業で25兆3728億3200万円に増大しているのである．また，この時期，賃金所得は減少する一方であったのに対して，役員報酬や配当収入は企業業績の好調さを反映して増え続けている．この点については，2007年度『経済財政白書』第1章第1節参照．要するに，この間の家計所得（とりわけ賃金所得）の減少は，決してデフレのせいにはできないということでもある．
22) 内閣府『平成19年度国民経済計算（平成12年基準・93SNA）』「3. 経済活動別国内総生産（デフレーター：連鎖方式）」を参照．また，デフレを消費者物価上昇率で見ると，1990年以降，消費者物価上昇率がマイナスになった年は，1995年0.1ポイント，1999年0.3

表⑤　2001年以降の当期純利益の推移
（単位：百万円）

	全産業	製造業	非製造業
2001年度	-465,634	367,793	-833,427
2002年度	6,223,018	3,316,984	2,906,034
2003年度	13,160,146	6,233,926	6,926,220
2004年度	16,821,010	8,935,627	7,885,383
2005年度	23,156,861	11,363,203	11,793,658
2006年度	28,165,005	12,961,482	15,203,523
2007年度	25,372,832	12,916,990	12,455,842

出所：「法人企業統計調査　時系列データ」より作成．
（http://www.fabnet2.mof.go.jp/fsc/index.htm；09/10/09）

ポイント，さらに 2000 年 0.8 ポイント，01 年 0.7 ポイント，02 年 0.9 ポイント，03 年 0.3 ポイントのマイナス，そして 04 年は ±0 で，05 年に 0.3 ポイントのマイナスになっている（総務省統計局『日本の長期統計系列』「第 22 章　物価」〔消費者物価〕参照．：http://www.stat.go.jp/data/chouki/22.htm）．

第2章
海外直接投資の展開とグローバル資本の確立

　すでに前章において明らかにしたように，日本資本主義においては，いわゆる輸出主導型経済が破綻し解体されていく過程がグローバル資本主義への移行期と重なっていた．そうしたなかで，海外直接投資の展開を通して輸出産業がグローバル産業へと変貌を遂げ，そこからまたグローバル資本主義が確立されたのである．

　本章の目的は，どのようにして輸出産業がグローバル産業に変身していったのか，さらには，そこからグローバル資本がどう確立され，それによってまたどのように日本経済がグローバル資本主義へと移行して行ったのか，こうした課題を海外直接投資の展開のなかから解明していくことにある．

1. その前史

　日本の海外直接投資が本格化していくのは，1980年代の中頃からである．これは，例のプラザ合意（1985年9月）以降の異常円高によって輸出主導型経済が行き詰まりを見せた時期にあたっている．もちろん，それ以前においても海外直接投資は行われており，戦後日本資本主義のそれぞれの時代に対応した意義をもっている．

　たとえば，輸出主導型経済が1980年代中頃に行き詰まりを見せる以前にも，海外直接投資の波は二度起こっている．①1972-74年（ブレトンウッズ体制崩壊の翌年から第1次オイルショックを挟む時期），②1970年代末～1981年（第2次オイルショック前後から1981年をピークとする時期）である．この2つは，いずれも後述する海外直接投資の自由化が実施されたあとの出来事であ

るが，実はそれ以前にも海外直接投資は展開されていた．そこで，まずはその前史から確認していくこととしよう．

　1960年代の高度経済成長期にあっては，のちにグローバルな企業活動を展開する自動車産業，電機産業，機械産業などの諸産業は基本的に輸出成長戦略を展開しており，海外進出はまださほど活発ではなかった．また，政府も国内の資本蓄積を政策的に優先して，1960年代末あたりまでは日本企業の海外直接投資にはかなり厳しい規制策がとられていた．それは当時，国内の資本蓄積が拡大すれば輸入の増大から，いわゆる国際収支の天井にぶつかり，そこから金融引き締め政策に転ずることで経済成長を減速せざるをえない状況下にあったからである．言うまでもなく，海外直接投資は国際収支の赤字要因であり，こうした規制対象のひとつでもあった．

　活発な内需とともに外需が経済成長の柱になり始めるのは，1960年代後半の高度成長（第2期）の頃からである．それはまた国際収支の天井に国内経済の発展が制約される懸念を解消し，海外直接投資に対する政策の変化にもつながっていった．そうしたなか，わが国における海外直接投資のひとつの転機となったのが，1964年のIMF8条国（OECD加盟国）への移行にともなって実施された対内直接投資ならびに対外直接投資の自由化であった．

　まず導入されたのは，1967年の対内直接投資の自由化（第1次自由化）であり，それ以降1976年までにはほとんどの業種が自由化されていった．対外直接投資については，これに若干遅れ，1969年10月に自由化が開始され，72年6月には原則自由化が実現されている．ポートフォリオ投資としての対外証券投資の自由化はこれよりも遅れて，70年4月にはじめて投資信託に対して外国証券の組み入れが許可されたのを皮切りに，70年半ばにかけて自由化の範囲が徐々に拡大されていった．

　なお，国内の投資家がすべて自由に（政府の許可なしに）対外投資を行えるようになったのは，1979年12月に「外国為替及び外国貿易管理法」が大幅に改正（1980年12月1日施行）されてからであった．

2. 海外直接投資の本格化

(1) 第1波

このような1960年代末から70年代において実施された投資の自由化を背景として，最初の海外直接投資の波が現れたのは，1971年のいわゆるニクソンショックによってブレトンウッズ体制が崩壊した翌年から第1次オイルショックを挟む時期である．

ここで海外直接投資の中心になったのは，石油精製やアルミ精錬等に代表される，いわゆる資源加工型産業や低付加価値製品を供給する産業であり，それも基本的に労働集約的工程に限定されていた．

またこの時期，製造業における海外直接投資は，低賃金労働の利用によって生産コストを低廉化できるアジアが中心であった．その傾向は1970年代半ば頃まで続いている．

むろん，この対外直接投資の対象とされた東南アジア諸国では，海外からの企業誘致を基礎に「輸出指向型経済開発政策」を展開してはいるものの，いわゆる「外資支配」に対する警戒を解いているわけではなかった．したがって，この段階では，外資100％が認められた「輸出加工区」を除けば，移転先の工業化政策の一環として合弁企業の形態を取らされることが多かったのである．

(2) 第2波

例の輸出主導型経済が展開されるようになった1970年代後半になると，日本の輸出産業は，欧米諸国との間で深刻な貿易摩擦を余儀なくされるようになった．この時期，日本企業は1979年の第2次オイルショックによる原油の値上がりによるコスト上昇圧力とオイルショック後の不況を乗り切るために，いわば集中豪雨的な輸出攻勢を欧米諸国に仕掛けていたからである．

海外直接投資の第2波は，この第2次オイルショックの前後から始まり1981年にピークを迎えたが，それはこうした欧米諸国との貿易摩擦の激化（および当時の円高）を背景とするものであった．とくにアメリカに対しては，貿易摩擦から輸出の自主規制（1977年カラーテレビ，82年自動車など）を余

儀なくされるに至り，やがて現地生産というかたちでの海外直接投資が拡大していった．

この第2波を境に，海外直接投資の流れはしばらくアジアを離れ欧米諸国への投資が中心となっていく．それ以前のアジア諸国への企業進出の場合，いわゆる投資摩擦はほとんど問題にならなかったが，日本と比較すればかなり厳しい労資関係をもつ欧米諸国への日本企業の進出は，様々な摩擦をともなわざるをえなかったことも追記しておく必要があろう[1]．

(3) 第3波

海外直接投資の第3の波は，1985年のプラザ合意後の激しい円高（最初の「超円高」）のもとで起こった．この時期，鉄・非鉄，化学等のほかに半導体や電気機械等を中心とした機械産業が，低廉な労働力の利用を目的として東アジアに生産拠点の移転を開始している．

ここで生産拠点を海外移転した日本企業は，高度な技術を必要とする部品，部材等の中間財については本国で生産し，これを海外の現地工場へ供給するという体制をとった．つまり，もっぱら労働集約的な組み立て工程を海外に移し，そこから完成品を欧米や日本などに輸出するというかたちをとったわけである．

そのかぎりで，欧米の生産拠点も含めて企業内国際分業の進展が見られたが，この段階で日本の輸出産業が本格的に多国籍化（あるいはグローバル産業化）していったということはできない．この1980年代後半の海外直接投資は，日本の輸出産業にとってそうしたグローバル化（調達・生産・販売の国際化）の端緒となった[2]ということであり，日本の輸出産業がグローバル産業に変身を遂げるのは，やはり1990年代（つまり海外直接投資の第4波）を待たなければならなかったのである．

また，この海外直接投資の第3の波（1985-90年）の場合，その前半はアジアNIEsへの投資が中心であった．後半になると，より低賃金で外国企業の直接投資規制を大幅に緩和したマレーシアやタイなどのASEAN諸国への投資が本格化していった．

こうした製造業のアジアシフトと海外生産拠点からの日本への輸出（逆輸入）の拡大は，製品輸入比率（輸入全体のなかで製品の占める割合）の上昇と

なって如実に示されている．ここで製品とは，粗原料と鉱物性燃料を除いた工業用原料および製品原材料，さらには資本財，非耐久消費財，耐久消費財を言うが，この製品輸入比率は1960年代，70年代は20％台で推移していた（1984年までは20％台）．それが30％台になり，そこから一挙に50％に跳ね上がっていったのは，プラザ合意後の最初の超円高が起こった1985年から89年までの4年間であった（図2-1参照）．

ただし，このさい注意しておくべきは，この段階の日本のアジア向け直接投資はヨーロッパ向けや中南米向けをも下回る水準でしかなかったということである．アジア向け海外直接投資が中南米向けを超えるのは1988年であり，ヨーロッパ向けを超えるのは1997年のことである．日本企業のアジアへの本格的進出は，これもまた1990年代以降を待たなければならなかったわけである．

最後に指摘すべきは，この1980年代における生産拠点の海外移転は，それによって雇用の空洞化や産業空洞化が懸念された90年代とは異なり，国内の生産や雇用に悪影響を及ぼすことはほとんどなかったという点である．80年代半ばまでは例の輸出主導型経済の後半期にあたり，また80年代後半は，最終的にバブルを生み出すことになったとはいえ，日本経済は内需主導型の成長

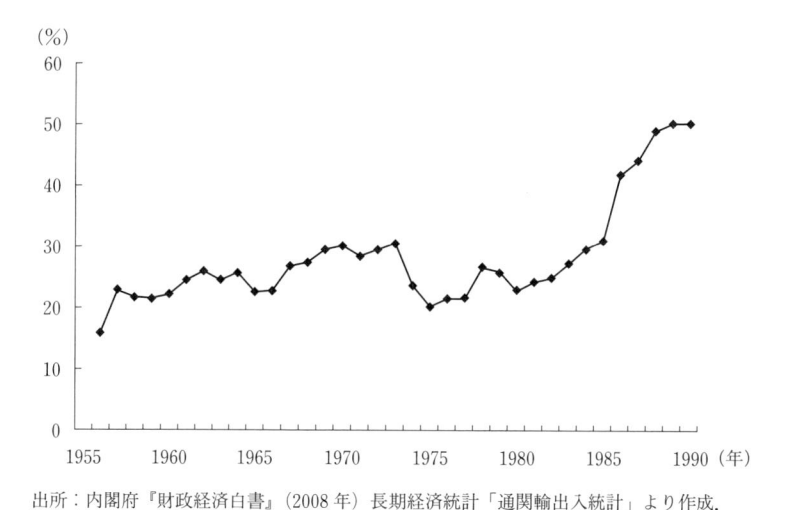

出所：内閣府『財政経済白書』（2008年）長期経済統計「通関輸出入統計」より作成．

図 2-1 製品輸入比率の推移（1956-90年）

軌道を保持していたからである．

むろん，ここにおいては，海外生産の拡大とともに日本からの中間財や資本財の輸出が増大していた（そのかぎりで国内生産や雇用の維持が可能であった）ということも無視できないであろう．いずれにせよ，この段階の日本企業にとって，欧米やアジアでの海外生産は，国内生産とそれによる輸出にとっての補完的な存在であり，日本の輸出産業は，国内製造拠点の強力な国際競争力をも維持しながら，同時に積極的な海外展開を推し進めていったと言える．

しかしながら，こうした特徴は1990年代にはいると徐々に変更され，それとともに日本の輸出産業はグローバル産業へと変貌を遂げていくこととなるのである．そこで，つぎに1990年代における海外直接投資の動向を見ていくこととしよう．

3. 1990年代：現地生産一貫体制の確立

バブル経済の絶頂期は1989年，1990年であったが，この時，日本は世界最大の直接投資国となっている（表2-1参照）．その投資の大半は先進国向けであり，それもM&A絡みの投資や商業・金融とりわけ不動産投資が大きかった[3]．そのなかでも，北米（その大半はアメリカ）向けは全体の50％前後を占めており，同じ時期のヨーロッパ向けは20％前半であり，アジア向けは12％強であった[4]．

1991年2月にバブル経済が崩壊すると，対外直接投資全体の大きさは，1991年，92年，93年と急減していった（表2-2参照）．この時期に海外直接

表2-1 日本および欧米主要国の対外直接投資の推移

（単位：百万ドル）

年	1980	1990	2000	2002	2003	2004	2005	2006
日本	2,385	48,024	31,558	32,281	28,800	30,951	45,781	50,266
アメリカ	19,230	30,982	142,626	134,946	129,352	257,967	-27,736	216,614
ドイツ	—	24,235	56,557	18,946	5,822	14,828	55,515	79,427
オランダ	5,918	13,660	75,635	32,019	44,034	26,571	142,925	22,692
イギリス	7,881	17,948	233,371	50,300	62,187	91,019	83,708	79,457

出所：UNCTAD Handbook of Statistics 2008, p. 347より作成．

表 2-2　日本の海外直接投資の推移（1989-98 年）

（単位：億円）

歴年	1989	1990	1991	1992	1993	1994	1995	1996	1997	1998
投資額	63,810	73,518	42,619	21,916	15,471	18,521	21,286	25,485	31,449	31,616

出所：財務省「国際収支状況（付表 2　対外・対内　直接投資）」「I.　対外直接投資総括表（居住者による対外直接投資）」より作成（実行ベース）．(http://www.mof.go.jp/bpoffice/bpdata/fdi/D-0-1.csv；09/12/15)

　投資が急減したのは，M&A 絡みの投資や不動産・サービス産業への投資が激減したためである．ただ，そうしたなかでもアジア向けの海外直接投資はほぼ現状維持（1990 年 1 兆 343 億円，91 年 8107 億円，92 年 8313 億円，93 年 7672 億円）を保っていた．したがって，ここでの海外直接投資の急減は欧米（とりわけアメリカ）向けの投資の減退に負うところが大きかったと言える[5]．

(1)　第 4 波

　この海外直接投資の流れは 1994 年になって増加に転じている．その後，全体としての海外直接投資は増加傾向をたどるが，この反転・増加のきっかけとなったのは 1993 年から 95 年まで続く異常円高，すなわち二度目の「超円高」であった．

　この時期の海外直接投資の増大は，主として製造業における生産拠点の海外移転によるもので，このあたりからアジア向けの直接投資が比重を増していくことになったのである．アジアへの直接投資の復活と言ってよい．ちなみに，アジア向け直接投資は，1994 年度 1 兆 84 億円，95 年度 1 兆 1921 億円，96 年度 1 兆 3083 億円，97 年度 1 兆 4954 億円と拡大していった[6]．ただし，それはアジア通貨危機の影響もあって 1998 年度に急減し，それが 1 兆円台を回復するのは 2004 年度であった．もっとも，その間にも中国向けは拡大しつづけているのであるが，この点はあとで確認したい．

　ここではまず，この二度目の超円高の影響を受けた海外直接投資・第 4 波の内容とそのインパクトについて分析してみる必要がある．それというのも，この時期に日本経済の再生産・蓄積過程に大きな影響力をもつ製造業，とりわけ輸出産業の生産拠点の海外移転が進展して，やがてそれが産業と雇用の空洞化懸念へとつながっていくこととなったからである．

表 2-3　製造業・非製造業の海外直接投資の推移（1991-2000 年）

年度	1991	1992	1993	1994	1995	1996	1997
製造業	1,691,866	1,303,786	1,276,578	1,442,583	1,823,568	2,282,095	2,373,094
	(1,338)	(1,318)	(1,390)	(1,233)	(1,589)	(1,229)	(1,079)
非製造業	3,930,706	3,080,967	2,844,922	2,797,846	3,039,472	3,012,410	4,179,322
	(3,201)	(2,397)	(2,065)	(1,206)	(1,241)	(1,253)	(1,399)
支店	63,590	46,511	29,864	40,394	93,760	114,878	70,476
	(25)	(26)	(33)	(39)	(33)	(19)	(11)
合計	5,686,163	4,431,265	4,151,365	4,280,824	4,956,800	5,409,383	6,622,893
	(4,564)	(3,741)	(3,488)	(2,478)	(2,863)	(2,501)	(2,489)

表 2-4　製造業の海外直接投資の推移（1991-2000 年）

年度	1991	1992	1993	1994	1995	1996	1997
製造業	1,691,866	1,303,786	1,276,578	1,442,583	1,823,568	2,282,095	2,373,094
	(1,338)	(1,318)	(1,390)	(1,233)	(1,589)	(1,229)	(1,079)
食料	87,187	67,060	97,273	133,418	81,102	82,161	70,168
	(113)	(99)	(106)	(76)	(82)	(62)	(52)
繊維	84,508	55,686	57,728	67,386	100,804	68,236	117,557
	(242)	(311)	(336)	(368)	(376)	(209)	(139)
木材・パルプ	42,972	55,856	40,564	14,817	35,095	69,768	43,134
	(44)	(66)	(56)	(29)	(38)	(43)	(32)
化学	220,212	258,389	204,236	271,526	207,921	231,991	369,751
	(115)	(123)	(95)	(84)	(107)	(93)	(139)
鉄・非鉄	123,855	107,241	88,501	107,110	149,809	275,573	173,423
	(124)	(115)	(106)	(109)	(168)	(171)	(149)
機械	175,320	142,800	136,348	169,652	180,987	161,982	157,548
	(129)	(129)	(149)	(79)	(163)	(131)	(114)
電機	314,654	235,690	313,250	273,421	518,999	733,740	820,764
	(209)	(179)	(187)	(207)	(297)	(222)	(187)
輸送機	271,329	155,815	109,772	213,637	193,930	436,279	356,855
	(60)	(60)	(82)	(121)	(136)	(121)	(111)
その他	371,825	225,245	228,903	191,612	354,917	222,362	263,891
	(302)	(236)	(273)	(160)	(222)	(177)	(156)

出所：表 2-3 および表 2-4 とも財務省『財政金融統計月報』548 号（1997 年 12 月）32-3 頁および 596

　そこで，まず確認しておくべきは，1990 年代における海外直接投資は，全体としてみれば金融・保険，商業，さらには不動産業やサービス業等を含む非製造業の方が製造業よりも大きかった（表 2-3 参照），という点である[7]。

表2-3を見ると，非製造業の海外直接投資は，1992年度から96年度まではほとんど横ばいで推移しているが，製造業は，超円高の影響が顕著に見られる1994年度からアジア通貨危機の影響が出た1998年度の前年まで非常に大きな伸びを見せている．

当時，製造業における生産拠点の海外移転が大きくクローズアップされ，それによる産業・雇用の空洞化が懸念されたのは，ここにおいて文字通り奔流のような日本企業の海外進出が見られ，親企業のみならず下請企業まで海外移転を行わざるをえないような状況になったからである．なかでも電機産業の海外直接投資は大規模であり，その他にも繊維，木材・パルプ，化学，鉄・非鉄金属，輸送機械等の日本の代表的な輸出産業がこの時期に生産拠点を海外に移転させていった（表2-4を見よ）．

1ドル＝79円75銭という史上最高値（1995年4月）を記録した，当時の異常円高のなかでは，もはや日本の輸出産業もかつてのように「円高の原因になったもの（すなわち高い生産力と輸出競争力）で円高を乗り切る」という余力は残されていなかったと言える．

日本経済は，1970年代初頭の前期IMF（ブレトンウッズ）体制の崩壊後，二度の「超円高」を含む持続的な円高に見舞われてきた．その根本原因は，高い労働生産性とそれに裏打ちされた輸出競争力による貿易収支の黒字基調にあった．通常，通貨価値の上昇は輸出商品価格の上昇を通して輸出減退・貿易黒字減少を導くことになるが，日本の輸出産業は円高（為替差損）をできるだけ商品価格に反映させずに，さらなる労働生産性の上昇とコストダウンによってこれを吸収し，輸出競

（単位：百万円，（ ）は件数）

	1998	1999	2000
	1,568,602	4,719,281	1,291,083
	(590)	(614)	(528)
	3,602,526	2,696,788	4,050,216
	(1,001)	(1,093)	(1,153)
	45,726	22,929	27,710
	(6)	(6)	(3)
	5,216,855	7,438,999	5,369,010
	(1,597)	(1,713)	(1,684)

（単位：百万円，（ ）は件数）

	1998	1999	2000
	1,568,602	4,719,281	1,291,083
	(590)	(614)	(528)
	162,648	1,662,814	28,400
	(45)	(59)	(35)
	43,666	28,993	24,571
	(30)	(15)	(11)
	86,706	12,878	16,267
	(16)	(16)	(7)
	287,613	188,941	211,728
	(91)	(94)	(68)
	156,576	162,604	78,081
	(51)	(64)	(47)
	101,800	110,975	155,918
	(85)	(74)	(52)
	437,660	1,823,719	336,804
	(126)	(140)	(167)
	205,724	533,255	346,782
	(89)	(85)	(79)
	86,204	195,098	92,529
	(57)	(67)	(62)

号（2001年12月）30-1頁より作成．

争力を一層強化することで円高を乗り切ってきた．要するに，「円高の原因になったもの（すなわち高い生産力と輸出競争力）で円高を乗り切る」のである．円高基調が収まらなかったのは当然と言うべきであろう．

そして，この悪循環メカニズムに終止符を打ったのが1990年代前半の二度目の「超円高」であった．このあまりにも過激な為替リスクを回避し，企業の存続を図っていくためにも，日本の輸出産業は海外生産に活路を求めざるをえなかったのである．

もっとも，1995年8月にはこの異常円高も修正局面に入って「円安転換」が行われている．しかし，この円高が収まっても日本企業の海外シフトの勢いはもはや止まることがなかった．そして，この段階から日本の輸出企業は，本国の生産拠点を中心として海外生産拠点をその補完的機能と位置付けることが困難になり，いわゆる「世界最適地生産」（もしくは「グローバル経営」）の方向へと大きく舵取りしていくこととなったのである．

このような日本企業の海外シフトの加速化は，逆輸入の拡大と製品輸入比率のさらに急激な上昇となって現れている．1991年には約50％であった製品輸入比率は，二度目の超円高の影響を受けた1995年以降は59.1％になり1998年には60％台の大台に乗っている（表2-5参照）．これは，「超円高」による製造業の海外移転の加速化とそれによる逆輸入拡大の影響を強く受けたものであろう．

ただし，この段階では，こうした旺盛な海外直接投資の反作用として輸出が減退することもなかったということは注意を要する．1994年以降，海外直接投資が増加していくテンポに合わせて輸出もまた増加していったのである（表2-6参照）．この理由は，海外直接投資とともに，それに関連した輸出（たとえば，海外での設備投資にかかわる資本財の輸出，あるいは部品，部材等の中間財の輸出）も増大したからであった．ただし，この時期の輸出は，もはやか

表2-5　製品輸入比率の推移（1991-2000年）

（単位：％）

暦年	1991	1992	1993	1994	1995	1996	1997	1998	1999	2000
製品輸入比率	50.8	50.2	52.0	55.2	59.1	59.4	59.3	62.1	62.5	61.1

出所：内閣府『財政経済白書』（2008年）長期経済統計「通関輸出入統計」より．

表 2-6 年別輸出入額の推移

(単位:1億円)

暦年	1991	1992	1993	1994	1995	1996	1997	1998	1999	2000
輸出	423,599	430,123	402,024	404,976	415,309	447,313	509,380	506,450	475,476	516,542
輸入	319,002	295,274	268,264	281,043	315,488	379,934	409,562	366,536	352,680	409,384

出所:財務省『貿易統計』「年別輸出入総額（1950～）」より．(http://www.customs.go.jp/toukei/info/index.htm)

つての1970年代後半から1980年代前半における輸出主導型経済のようなパワーを持ち合わせてはいなかった，という点も押さえておく必要があろう．

その後，海外直接投資はアジア通貨危機の影響を受けて1998年に一時的に減退するが，その基本的な流れは変わらず2000年代に入ると再びさらに大規模な波となって今日に及んでいるのである．

(2) アジア向け直接投資の動向

ここで，1990年代の海外直接投資の特徴を総括する前に，この時期におけるアジア向け直接投資の動向に注意を向けておこう．それというのも，この段階から多くの日本企業が海外の生産拠点として再びアジアに向かっていったからである．そして，このアジア向け直接投資（生産拠点のアジアシフト）が拡大していく過程で，東アジア諸国の経済発展とともにやがて後述する「東アジア生産ネットワーク」が形成されたのであり，それを基盤に日本の輸出産業は本格的なグローバル産業へと変身していったからである．表2-7は，中国およびアジア，そして世界全体への海外直接投資件数の推移を示したものである．

表2-7の海外直接投資の件数を見ると，1989年度に6,589件で全体として

表 2-7 海外直接投資件数の推移（1989-98年）

(単位:件)

年度	1989	1990	1991	1992	1993	1994	1995	1996	1997	1998
全体	6,589	5,863	4,564	3,741	3,488	2,478	2,863	2,501	2,495	1,637
アジア	1,707	1,499	1,277	1,269	1,478	1,305	1,629	1,233	1,157	550
中国	126	165	246	490	700	636	770	365	258	114

出所:財務省『対外及び対内直接投資状況』「参考資料（平成元年度～平成16年度）」「対外及び対内直接投資実績」より作成．(http://www.mof.go.jp/fdi/sankou01.xls:09/12/15)

表 2-8　業種別のアジア向け直接投資の推移（1990 年代）

年度	1991	1992	1993	1994	1995	1996	1997
製造業	400,850	399,506	417,800	539,626	781,363	746,634	897,848
食料	21,609	9,102	16,019	25,657	27,009	31,393	21,480
繊維	29,723	29,324	34,729	51,931	2,807	40,256	52,048
木材・パルプ	4,823	6,593	9,506	6,480	10,143	25,812	16,201
化学	79,157	134,504	46,435	96,307	61,488	100,378	161,912
鉄・非鉄	33,464	34,259	39,380	51,042	91,833	106,836	96,460
機械	34,828	27,875	50,293	41,007	77,057	62,483	64,690
電機	119,677	70,220	101,835	143,850	238,775	205,907	222,615
輸送機	25,958	22,068	30,406	41,605	82,170	89,654	104,710
その他	51,607	65,558	89,194	1,744	120,077	83,910	157,728
非製造業	393,823	410,093	335,706	438,970	357,444	475,495	563,972
農・林業	3,683	1,866	2,327	1,947	4,653	889	639
漁・水産業	3,137	8,694	2,593	16,844	2,993	9,275	11,682
鉱業	35,440	47,476	30,842	18,747	25,656	52,188	127,042
建設業	13,047	21,418	4,949	17,587	16,037	17,417	26,684
商業	96,950	99,362	82,343	62,978	78,706	89,443	95,710
金融・保険	108,829	88,664	79,606	121,112	73,819	89,126	70,595
サービス業	70,696	65,656	58,365	113,153	58,534	86,237	67,609
運輸業	13,168	43,201	32,881	33,995	31,398	30,233	48,610
不動産業	48,829	33,751	41,796	52,603	65,643	100,684	108,947
その他	40	—	—	—	—	—	6,450
支　店	16,036	22,031	13,712	29,777	53,327	86,213	32,950
不動産	—						
合計	810,711	831,631	767,219	1,008,374	1,192,136	1,308,344	1,494,771

出所：財務省『財政金融統計月報』572 号（1999 年 12 月）「2．地域別・年度別・業種別投資額」「(4)
　　　（2004 年 12 月）「2．地域別・年度別・業種別投資額」「(4)　アジア」34-5 頁より作成．

の対外直接投資全体のピークを迎えたあと 1990 年度から 1998 年度まで継続的に減少している[8]．これに対してアジア向けの対外直接投資の件数は，1989 年度のピーク時の件数 1,707 件から翌 1990 年度に 1,499 件に減退したあと，アジア通貨危機の前年の 1996 年度まで 1,400 件台から 1,200 件台の間を推移（その 8 月に円安転換が行われた 1995 年度には 1,629 件を記録）していることからも分かるように，さほど大幅な減少は起こらなかった．とりわけ中国向けは，1993 年度 700 件，1994 年度 636 件，1995 年度 770 件とこの 3 カ年で増勢を見せているのである．

		(単位：百万円)
1998	1999	2000
481,485	496,350	407,306
16,465	32,338	10,020
28,813	26,419	15,393
17,347	4,838	2,630
77,114	78,850	46,140
73,776	77,631	48,944
36,348	36,739	23,541
86,334	105,446	158,145
103,168	67,870	63,859
42,116	66,216	38,630
359,832	312,002	231,457
367	523	113
473	1,447	151
37,460	13,528	191
16,965	5,629	3,074
150,685	114,309	89,464
58,299	86,282	52,495
49,495	28,813	63,260
27,027	47,562	16,624
18,187	13,001	6,082
870	904	―
14,135	11,261	25,032
―	―	―
855,453	819,614	663,797

アジア」32-3頁，および同632号

このような動きを示すアジア向け直接投資は，世界全体向けと比べればすでに1990年代から製造業が非製造業を上回っていることが特徴である（とりわけ，1993年以降は継続的に製造業が非製造業を凌駕している）．この時期，アジア地域に積極的に海外投資を行ったのは，電機，化学，鉄・非鉄，輸送機（自動車など）の諸産業であった．こうした点は，表2-8「業種別のアジア向け直接投資」を見れば明らかである．

このような日本の代表的な製造業による大規模で持続的・累積的なアジア向け直接投資と，それにともなう技術の移転とその伝播・普及は，やがて「東アジア生産ネットワーク」と呼ばれる独自の多国間工程分業の形成に大きな役割を果たすことになるが，この問題については後述することとしたい．

(3) 1990年代の海外直接投資の特徴

1990年代における日本企業の海外生産の特徴のひとつは，現地調達を基本とする本格的な現地一貫生産の体制が構築されたことである．1980年代においては，海外進出した日本企業は部品や部材などの中間財を本国から調達していたが，90年代に入って部品メーカーそのものが海外に進出したことや，日本企業による現地部品メーカーの育成などにより現地産業が力をつけてくるに及んで，現地一貫生産体制が確立されたのである．

このことは，海外進出した日本企業の本国からの調達比率の低下となって現れている．この「日本からの調達比率」は，全地域においても（1986年56.2％→1995年39.1％），各地域——すなわち北米（65.6％→35.1％），アジア（48.4％→41.9％），ヨーロッパ（50.1％→43.9％）——においても減少傾向にある[9]．つまり，これは，この間（1980年代後半から2000年代）を通じて現

表 2-9　日本の海外直接投資の推移（1997-2008 年）

歴年	1997	1998	1999	2000	2001	2002	2003	2004	2005
投資額	31,449	31,616	25,906	34,008	46,586	40,476	33,389	33,487	50,459

出所：財務省「国際収支状況（付表 2　対外・対内　直接投資）」「I.　対外直接投資総括表（居住者作成（実行ベース）．(http://www.mof.go.jp/bpoffice/bpdata/fdi/D-0-1.csv ; 09/12/15)

地調達が増えてきたことを示している．

ところで，1980 年代における生産拠点の海外移転は国内生産や雇用に悪影響を及ぼすことはなかった点はすでに指摘したが，1990 年代になるとそうはいかなくなっている．理由のひとつは，1990 年代の海外直接投資が，日本の再生産・蓄積過程に大きな影響力をもつ製造業の生産拠点の海外移転として大規模に行われたということがある．

さらに，この段階から日本の輸出産業は，海外生産拠点を本国の補完的機能に止めるのではなく，本国の生産拠点も含めて世界最適地生産（グローバル経営）を目指すようになったという事情も無視できない．この場合には，特に設備投資の展開が大きく変更されることになるのである．設備投資は，国民経済全体としては景気を牽引する重要な機能をもつが，一企業単位でみれば必ずしもそれは国内生産拠点の生産力増強のために実施されなくともよいということになるからだ．その上に，現地一貫生産体制を確立した海外進出企業による自国への輸出（逆輸入）が拡大の一途をたどったのである．1990 年代に国内生産が極度の不振に陥ったのは当然のことだった，と言うべきであろう．

4.　2000 年代：東アジア経済圏の形成

アメリカの IT バブル崩壊の影響を受けた不況（第 13 循環の下降局面）が底打ちをして景気回復過程に入っていったのは，2002 年 1 月以降のことであった．ただし，すでに指摘した通り景気回復感は当初ほとんどなく，02 年 11 月に発行された 2002 年版『経済財政白書』では，産業空洞化に対する懸念がテーマのひとつに取り上げられて，日本経済の先行きに不安要素が大きいことが示されていた．

海外直接投資も，2000年代以降，2004年度までは1990年代後半と同じような傾向で推移しているのが見て取れる．この海外直接投資が急拡大を見せるのは，2005年度以降のことである（表2-9を参照）．

(単位：億円)

2006	2007	2008
58,459	86,607	132,320

による対外直接投資)」より

(1) アジア向け海外直接投資の拡大

この05年度以降の海外直接投資の拡大のなかで目立つのはやはりアジア向けである．海外直接投資全体のなかでアジア向けが占める割合（構成比）は，2000年で12.2％，01年19.5％，02年15.4％，03年17.7％であったが，04年に26.4％と20％台後半を記録（ただし04年までは届け出ベース），ここからさらに05年35.6％（投資額1兆7980億円），06年34.2％（2兆5億円）と増大テンポを一段と拡大している（05年以降は実行ベース）[10]．ただ07年度になると26.4％（2兆2826億円）と，アジア向けの構成比が前年度より低下しているが，これはアジア以外（特に北米）への直接投資が倍増したためで，アジアへの投資額そのものは前年度の約10％増になっている[11]．

また，このアジアの中でも急拡大を示したのは中国向けの直接投資であった．表2-10を見ると，その投資額，構成比ともに，2000年代に入ってうなぎ登りの勢いで増大している．なお，2007年にはその構成比が低下しているが，投資金額は増加して2005年度以来の高水準を維持していることが見て取れる[12]．この構成比の低下は，同年に北米向け（特にその9割を占めるアメリカ向け）がほぼ倍増したことの影響である[13]．

以上の動きをストック（直接投資残高）レベルで確認しておこう（表2-11

表2-10 中国への直接投資額とその構成比（対全世界）

(単位：億円，％)

歴年	2000	2001	2002	2003	2004	2005	2006	2007	2008
投資額	1,099	1,808	2,152	3,553	4,909	7,262	7,172	7,305	6,700
構成比	2.0	4.5	4.8	8.7	12.8	14.4	12.3	8.4	5.09

出所：財務省『財政金融統計月報』608号（2002年12月）「対内外直接投資の動向」5頁，645号（2006年1月）5頁および657号（2007年1月）5頁，668号（2007年12月）5頁，680号（2008年12月）5頁より作成．

備考：2004年までは報告・届出ベース，2005年以降，実行ベース（08年は速報値）．

表 2-11　直接投資（資産）残高の推移

歴年	1997年	1998年	1999年	2000年	2001年	2002年	2003年	2004年	2005年
投資額	353,340	312,164	254,252	319,933	395,551	364,776	359,324	385,808	456,054

出所：日本銀行『国際収支統計』「直接投資・証券投資残高地域別統計」（平成9年末から平成20年成．(http://www.boj.or.jp/type/stat/boj_stat/bop/rdip/index.htm ; 09/12/15)

参照）．日本の海外直接投資残高は，2004年に前年比7.4％増，05年に18.2％増，06年に17.3％増と拡大し続け，07年には前年比15.7％増の61兆8584億円にのぼっている．これは2003年の海外直接投資残高の1.72倍の大きさである．なお，リーマンショックの起こった2008年にはさすがに減少に転じ，前年比マイナス0.2となっている．

とくにアジア向け投資残高の伸びは顕著であり，2004年に前年比15.4％増，05年30.6％増，06年23.6％増，07年に17.7％増となっている（ただし08年は前年比マイナス4.2）．中国向けはさらに大きく，2004年に前年比28.2％増，05年38.1％増，06年24.5％増，07年18.6％増で，08年も3.5％増であった．その結果，2008年のアジア向けならびに中国向け海外直接投資残高は，アジア向けが2003年残高の約210％増（14兆4060億円），中国向けが同じく03年残高の約270％増（4兆4239億円）になっている[14]．いずれにしても，2004年，05年あたりが大きな起点となって海外直接投資の急拡大が見られるのである．では，2004年から05年にかけて海外直接投資が拡大した背景には何があったのであろうか？

ひとつは，国内経済の回復が進んで企業マインドが改善していったことがあるだろう．すでに第1章で触れたように，日銀短観において大企業・製造業の業況判断指数（DI）が大きく改善されたのは2004年3月の短観からであった．また，1990年代から日本経済のアキレス腱になってきた銀行の不良債権問題に出口が見えるようになるのは，2005年になってからである[15]．

(2)　アメリカ経済の立ち直り

しかし，そのもっとも大きな要因はアメリカ経済の立ち直りである．2001年3月のITバブルの崩壊後，アメリカ経済は後退局面に入ったが，同年11

	(単位：億円)	
2006年	2007年	2008年
534,760	618,584	617,400

末までの各年データ）より作

月には早くも底を打ち，極めて短期間のうちに回復過程に入っていった．ただし，この底入れがNBER（National Bureau of Economic Research）によって確定されたのは，2003年7月17日のこと[16]であり，それだけ回復の足取りは微妙なものがあったことを示している．

もっとも，それ以降アメリカの景気ははっきりとした足取りで上昇軌道に乗っていった．とくに2003年の第3四半期における実質GDP成長率は年率換算7.5%という極めて高いものであり，それは旺盛な個人消費支出（前期比年率5.8%）や民間住宅投資（前期比年率22.28%），民間設備投資（前期比年率13.6%）に支えられたものであった．こうした内需の急激な盛り上がりを受けて，輸入も同年第4四半期に急拡大（前期比年率17.6%）をみせ，翌2004年全体の輸入は前年比11.3%に増大している．その後も個人消費は2005年，06年と前年比3%で成長を続け，輸入もまた両年とも前年比6%前後で拡大していったのである（表2-12参照）．

このようなアメリカの旺盛な消費と輸入を支えていたのは，例のサブプライムローン[17]をテコとした住宅バブルであった．この時期のアメリカはいわば世界中から借金[18]をして消費を増やし，日本や東アジア諸国からの輸入を大幅に拡大していたのである．とりわけ，そのことは「世界の工場」に変貌しつつあ

表2-12 アメリカにおける実質GDPの推移

（単位：%）

暦年	2001	2002	2003	2004	2005	2006	2007	2008
国内総生産	0.8	1.6	2.5	3.6	2.9	2.8	2.0	1.1
個人消費支出	2.5	2.7	2.8	3.6	3.0	3.0	2.8	0.2
民間設備投資	-4.2	-9.2	1.0	5.8	7.2	7.5	4.9	1.6
民間住宅投資	0.4	4.8	8.4	10	6.3	-7.1	-17.9	-20.8
民間在庫投資								
政府支出	3.2	3.1	0.2	-0.2	-0.1	1.3	2.3	1.1
純輸出								
輸出	-5.4	-2.3	1.3	9.7	7.0	9.1	8.4	6.2
輸入	-2.7	3.4	4.1	11.3	5.9	6.0	2.2	-3.5

出所：U.S. Department of Commerce: Bureau of Economic Analysis; National Economic Accounts, Table 1.1.1. Percent Change From Preceding Period in Real Gross Domestic Product.
　　（http://www.bea.gov/national/nipaweb/SelectTable.asp：09/4/8）

った中国を始めとする東アジア諸国の輸出拡大をもたらすこととなった．

　そこでアジアに目を転ずると，そこには多国間工程分業が進展しており，アジア地域全体で企業間の緊密な生産・物流のネットワークが形成され，さらに高次元の分業ネットワークをもった「世界の工場」がすでに確立されつつあった[19]のである．

（3）　東アジア生産ネットワーク

　このアジア地域に形成された独自の工程間分業は，「東アジア生産ネットワーク」[20]と呼ばれている．その中核部分を構成しているのは，日本や NIEs 諸国と中国・ASEAN 諸国，そしてアメリカ・EU 諸国を結ぶ「三角貿易」と名付けられた独特の貿易形態である．それは，資本集約的な生産工程を必要とする付加価値の高い部品や加工品等を日本・NIEs で生産し，これらを組立・加工する労働集約的な工程は中国・ASEAN で行い，そこからアメリカ・EU（さらには日本）に輸出するという貿易構造からなっている[21]．

　この東アジア生産ネットワークは，当初，中国や ASEAN が日本やアジア NIEs から資本集約型の高機能部品や素材といった中間財を輸入し，これを加工・組立して欧米諸国および日本に輸出する（日本の場合は逆輸入）という「三角貿易」の形態をとった．この三角貿易によって中国や ASEAN の生産が拡大すれば，当然に機械設備等の資本財の需要も拡大するが，これも日本および NIEs から輸出されたわけである．

　やがて，中国，ASEAN 諸国が技術力をつけてくると，この三角貿易だけではなく，中間財を中国・ASEAN 諸国および日本・NIEs で相互供給するといった，より発達した多国間工程分業が進展してきた．これが，今日の東アジア経済圏の発展を支え，この地域を世界の工場へと押し上げたのである．

　さらに言えば，この地域の特徴は各国の発展段階に対応した多様性にあり，異なった賃金水準，異なった所得水準，さらには異なった技術水準の国々がひとつの生産ネットワークに編成されているところにある[22]．これを実現したのは，各国にまたがって工程間分業を展開する多国籍企業であり，この面においてはとりわけ日本のグローバル産業の果たした役割は大きかったと言わなければならないであろう[23]．

さて,この「世界の工場」としての東アジア生産ネットワークが,2003年第3四半期に明確になった,アメリカの景気拡大にともなう消費と輸入の増大に対応してフル稼働したことは言うまでもない.そして,実のところ,2004年から05年にかけて急拡大した日本のアジア向けの海外直接投資は,この時期のアメリカの過剰消費と輸入の急拡大,さらには上述の三角貿易構造を中核とした東アジア生産ネットワークの存在とを抜きには語りえないものとなっているのである.

すでに述べたように,この東アジア生産ネットワークは,日本・NIEs企業の中国・ASEAN諸国への進出の拡大と現地企業の生産・技術レベルの向上にともない,中国・ASEAN諸国内での汎用性部品・素材の供給を可能にし,さらには日本・NIEsが資本集約的な高機能部品・素材を供給するようになって,各国間の工程分業をいっそう高度化していった.そうしたなかで,中国・ASEANからは,アメリカ・EUのみならず日本への輸出(逆輸入を含む)も拡大すると同時に,多種多様な中間財の相互供給体制も確立されるにいたったのであるが,そこに起こったことはたんにそれだけではなかった.

この東アジア生産ネットワーク形成の過程では,低賃金を武器に国際的分業関係のなかで労働集約的工程を担い,それを基礎に経済的「離陸」と国民所得増大(賃金上昇)を実現した地域から,さらに低賃金の地域へとこの労働集約

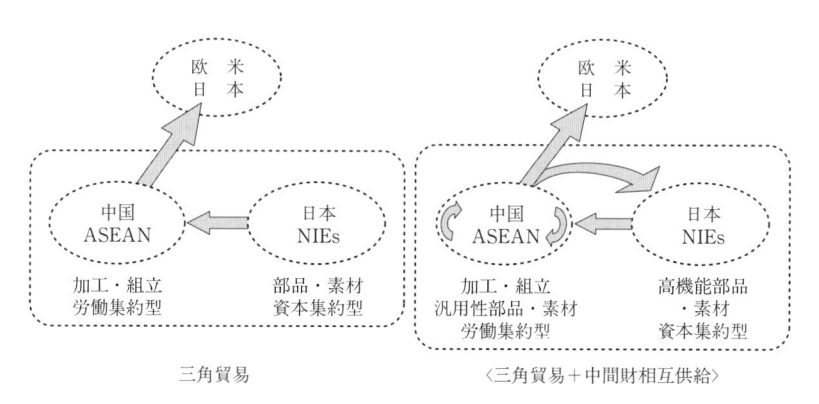

出所:経済産業省『通商白書』(2007年)113頁.

図 2-2 東アジア生産ネットワークと三角貿易

的工程が移転してきている．これによって，また東アジアの多国間工程分業そのものが一層の拡大・深化を遂げているのである．さらには，この地域でのFTAの進展（とりわけASEAN 6からASEAN 10へと範囲を広げたAFTAの拡大等）と，それに伴う関税障壁の除去・市場開放等によって，東アジア域内市場の一体化が進展してきていることも重要である．ここには，こうした多国間工程分業を高度化しつつ，経済発展を持続させている，現在の東アジア経済圏の大きな特徴が現れていると言うべきであろう．

2000年代に入ってからの日本のアジア向け直接投資は，当然のことながら，このような独自の発展段階に到達した東アジア経済圏の存在を踏まえたものになっている．たとえば，ASEAN地域では近年，日本企業による東アジア域内の生産・供給機能の再編・集約化が進められており，その背景にはAFTA等による市場の一体化がこの地域で進展しているということがある．また，東アジア地域の多国間工程分業の展開そのものが東アジア各国の経済発展を生みだしたことで，それを基礎に拡大していく需要を取り込むための直接投資，すなわち現地生産拠点の拡充という側面も大きくなってきている．

いずれにしても，この段階の日本企業の海外直接投資の目的は，各企業，各産業において独自のものがあると見なければならない．が，ここで言いうることは，それぞれの企業が東アジア経済圏の形成とその発展を踏まえて，独自の経営戦略のなかでそれぞれの事業ネットワークの再編・効率化に取り組みはじめている[24]ということであり，近年の海外直接投資の展開はこうした動向を踏まえることで，より一層明確なものになるということである．

5. グローバル資本主義下の日本経済

以上の議論を踏まえて，わが国のグローバル資本主義への移行を示すメルクマールとして，ここではつぎの2点を指摘することができるであろう．①近年東アジアに形成された多国間工程分業からなる「生産ネットワーク」において，日本産業が中間財・資本財の供給拠点としての中核的な役割と位置付けを確保していること．さらには，②そこに形成された東アジア経済圏を基盤に，かつての輸出産業がグローバル産業へと決定的な変貌を遂げたこと，である．

（1） グローバル資本の確立

このグローバル産業の担い手は言うまでもなくグローバル資本である．その運動の理論的特質は，本書の序章においてすでに確認しているように，調達，生産，販売という3つの資本の活動領域における国際化にあった．そこで，この点をまずは原理論レベルで再確認しておこう．資本の運動は，理論的には貨幣資本から始まって貨幣資本に還流する循環運動として，つぎのようにあらわすことができる．

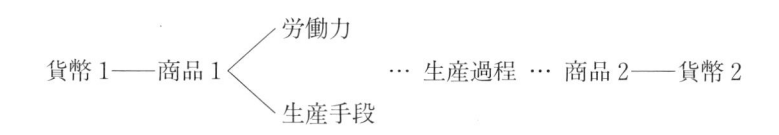

$$
貨幣1 \text{——} 商品1 \Big\langle \begin{array}{l} 労働力 \\ 生産手段 \end{array} \cdots 生産過程 \cdots 商品2 \text{——} 貨幣2
$$

こうした資本の循環運動のなかでは，グローバル資本の運動の理論的特質は，まず①最初の流通過程「貨幣1－商品1」のプロセスにおいて「経営資源調達の国際化」であり，ついで②その生産過程において「生産の国際化」，そして③最終段階の流通過程「商品2－貨幣2」における「商品販売の国際化」として捉えられた．つまり，この調達，生産，販売という3つの資本の活動領域における国際化がグローバル資本の特質なのである．

そのようなグローバル資本から構成されるグローバル産業は，わが国においては自動車産業や電機産業であり，他に一般機械，化学などの産業がある．もちろん，それらの産業以外にも様々な産業でグローバル資本は存在している[25]．そこで，日本企業のグローバル化を示す指標として海外生産比率の推移を見れば，それは海外進出企業（製造業）で近年3割を超える水準にまで上昇してきている[26]．

このうち海外生産比率が高い産業としては，輸送機械つまり自動車等（42.0％），そして情報通信機械（32.2％），これはかつて2000年まで同じカテゴリーに入っていた電気機械（11.5％）と合わせると，その44％近くが海外生産されていることになる．その他のものとしては，化学（16.6％），一般機械（14.4％）の海外生産比率が高い[27]．これらの産業は，また代表的な輸出産業でもある[28]．かくして，日本の輸出産業は同時に海外生産比率も高い，いわゆ

るグローバル産業とも重なっている[29]．このうち，鉄鋼と化学は輸出も多いが，実は輸入も多い．したがって，日本の純輸出を支えているのは，電気機械と自動車そして一般機械だということになろう．

さらに重要な点は，これらのグローバル資本は，実は3方向の生産・輸出をしているということである．図2-3に示されている通り，①グローバル資本が日本から輸出する，②現地生産・販売する，そして③海外にある日本のグローバル資本が第三国へ輸出する，という3つの方向である．このうち日本からの財・サービスの輸出額は2005年段階で31.6％と全体の3分の1以下でしかなく，7割近くが海外で生産されていることが分かる[30]．これがグローバル資本といわれているものの実態なのである[31]．

ここで重要なことは，このように輸出産業がグローバル産業化した段階で，かつての輸出立国モデルはもはや成り立たなくなった，ということである．言い換えるなら，このようなグローバル産業もしくはグローバル資本が担う日本の輸出は，以前のような国内景気を引っ張っていくパワーをもちあわせてはいない．いや，そのパワーはあっても，それを国民経済のために使うことはないのである．

その理由は，すでに第1章で指摘しておいたように，日本の主力輸出商品は輸送機械，電気機械，一般機械だが，そのうち輸送機械と電気機械は代表的なグローバル産業であり，こうした産業はすでに世界最適地生産体制，つまり自分の企業にとってもっとも有利なところ，最大の利益をあげられるところで生産を行うグローバル経営を確立しているからである．そして，言うまでもなく，この世界最適地生産体制とは，調達，生産，販売の国際化を特質とするグローバル資本に特有の生産体制にほかならない．

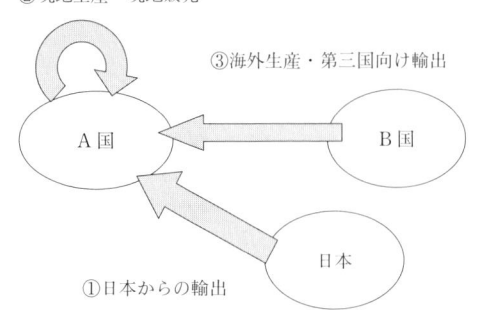

出所：経済産業省『通商白書』(2008年) 116頁より．

図2-3 グローバル企業の海外販売形態の類型化

それから，ここには生産構造上あるいは産業構造上の問題があることも考慮しておかなければならないであろう．かつての日本経済，たとえば1970年代後半から80年代前半の，いわゆる輸出主導型経済の時代には，1次産品としての原燃料以外の加工製品はかなりの部分を日本で製造していた．つまり，機械設備などの資本財や部品・部材といった中間財の大半は日本国内で生産し，それを基礎に最終財（完成品）を加工して，それらの製品を海外に輸出していた．いわば本国一貫生産体制でやっていたわけである．この場合，輸出の国内経済への波及効果は，現在よりもずっと大きかったと言わなければならないであろう．

　ところが，世界最適地生産を確立しているグローバル資本の場合，国内生産拠点では，どちらかというと資本集約的な中間財や資本財の生産に特化する傾向がある．と同時に，海外生産拠点から日本に製品を輸出もする（逆輸入）するということで，輸出の国内経済への波及効果はますます小さくなってきているのである．

　こうして，かつての輸出立国モデルはもはや成立しえないということが理解されるはずである．すでに第1章で確認しているように，2002年1月から始まった第14循環の回復過程が輸出と設備投資に主導されながら極めて弱々しい回復しか示しえなかった理由の大半は，かつての輸出産業がグローバル産業に変身してしまったこと，この点に求めることができる．

　さらに言えば，第14循環の回復過程の特徴は，雇用の質の悪化をともなう労働賃金の低下とそれによる給与所得の減退によって消費が低迷したところにあった．そして，実のところここに見られた特徴こそ，グローバル資本主義に固有の現象なのである．以下において，その理由を明らかにしよう．

(2)　グローバル資本主義への移行

　グローバル資本の運動の理論的特質は，調達，生産，販売の国際化にあった．そのさい，このグローバル資本の確立以前，かつての福祉国家体制の時代には資本の蓄積・再生産運動が国内の労働者の消費に条件付けられていたが，グローバル資本はそうした制約をもたなくなっているという点に注意しなければならない．

つまり，グローバル資本は最大の利潤率を実現できるところで，調達，生産，販売の拠点を決定するからであり，その本国（つまり，その本社機能や生産拠点が設置されている国）における労働者の消費に自らの資本蓄積・再生産運動が条件付けられることはほとんどない，ということである．国民経済のあり方やその景気循環過程を考えるさい，こうしたグローバル資本の再生産・蓄積運動の特質を考慮に入れることは極めて重要である．

そこで，こうした観点から資本の蓄積・再生産運動と景気循環との理論的関連を捉え直してみよう．たとえば，19世紀の確立期の資本主義においては，労働者の消費はもっぱら資本の再生産・蓄積運動によって規定されていた．そのことは，以下の資本の循環運動もしくはその再生産過程と労働者の生活再生産過程との理論的関連のなかに示されている．

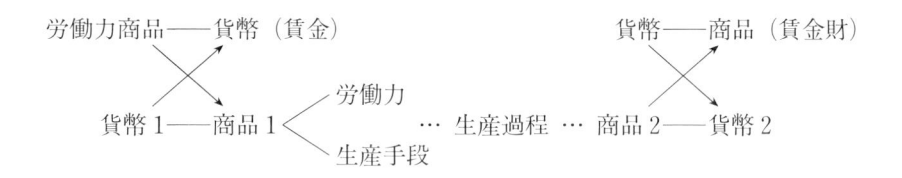

労働力商品――貨幣（賃金）　　　　　　　　　貨幣――商品（賃金財）

貨幣1――商品1〈労働力／生産手段〉 … 生産過程 … 商品2――貨幣2

簡単に解説しよう．ここでは，1国1資本モデル（国内に資本がひとつしかなく，この資本が国内のすべての労働者を雇用し，あらゆる種類の商品を生産している状態にある仮設的モデル）が想定されている．この場合，当該国のすべての労働者はこの資本と雇用契約を結び，そこで働いて賃金を手に入れることになる．これを示すのが，資本の循環・再生産運動における第1段階の流通過程での取引――労働者の側からは〔労働力商品－貨幣（賃金）〕という取引――である．むろん，通常はこのような前払い賃金ではなく後払いであるが，その前後の違いは，資本の循環・再生産運動を連続性の位相で捉えれば無視することができる．

また，資本の再生産運動における第2段階の流通過程における商品2は，いわゆる社会的総生産物のバスケットを示すものと見ればよく，このバスケット（商品2）のなかには件の1国1資本の下で編成された分業・協業連関のなかから生み出されてくるすべての商品（＝社会的総生産物）が収められている．

そして，これを生産したのはこの国のすべての労働者である．彼らは，そのバスケットのなかから一定部分（賃金財）を資本から与えられた賃金（所得分配分）で買い戻す〔すなわち，貨幣－商品（賃金財）〕．そして，こうして買い戻した商品（賃金財）を消費することで家族とともに自らを再生産していくことになるわけだ．ここにおいては，労働者の消費とその生活再生産〔すなわち，労働力商品－貨幣（賃金）・貨幣－商品（賃金財）…消費…〕とが資本の運動に媒介されていること，資本の存在なしには労働者の消費（生活再生産）そのものが成り立たないことは一目瞭然であろう．

さらに，このさい重要なことは，資本主義の発展とともにこの両者の関係が変化していったということである．つまり，20世紀の大量生産の時代になると，労働者の消費が資本の循環・再生産運動に媒介されるだけではなく，逆に資本の再生産・蓄積運動が消費（それも大量消費）の実現によって条件付けられるようになった，ということである．この点は序章ですでに確認済みだが，19世紀の段階では，まだそこまでは行かず，そこではもっぱら労働者の狭隘な消費限界に規定された恐慌・景気循環が展開されていたと言える．

そこで，たとえばマルクスはこうした時代的制約のもとで独自の恐慌・景気循環論を展開したのであり，その「絶対的窮乏化論」はそうした時代背景をもっていたと考えることもできる．そして，彼がまたその時代的制約によって知りえなかったものは，大量生産方式の導入によって飛躍的に増大した現代資本主義の生産力のもとで，資本の再生産・蓄積運動そのものが国内の労働者の消費（すなわち大量生産に対する大量消費）に条件付けられるようになった，ということである[32]．

むろん，この大量生産に大量消費がリンクして社会的再生産過程を支えるサイクルとして確立されるためには，この大量消費を支える所得すなわち労働者の賃金がある程度高い水準に維持されること，それによってまた大量の中間層が形成されることが不可欠であった．そして，このことは第2次世界大戦後の先進資本主義諸国における高度経済成長によって実現されたのである．こうして，この段階の資本主義（いわゆる福祉国家体制の時代の資本主義）にあっては，労働者の消費が資本の再生産運動によって媒介されているだけではなく，逆に資本の再生産運動がその消費によって条件付けられることとなったのであ

った．

　しかし，先進資本主義国における福祉国家体制が持続不可能になり，やがてグローバル資本主義の時代になると，この関係はまた大きく変更されることになった．というのも，調達，生産，販売という3つの活動領域の国際化を特質とするグローバル資本にとっては，自らの再生産・蓄積運動がその本国における労働者の消費に条件付けられるということがなくなるからである．つまり，その生産過程を担う労働者がそうして供給される商品の消費者でなくとも，この販路が国外に確保されているならグローバル資本にとっては何の問題もない，ということである．

　であれば，その消費を支える賃金水準，所得水準が低下しても，あるいはこの大量消費の担い手である中間層の解体が進んだとしても，また何らの問題もないということになる．極端なことを言えば，グローバル資本にとっては，それが生産拠点をおく国の経済がどんなに窮乏化し疲弊しようとも，自らの発展を図ることが可能だということである．今次のリーマンショック以降の世界的同時不況のなかで，グローバル資本がその本質を垣間見せたことは記憶に新しいところであろう．ここに，グローバル資本主義下の社会的再生産過程の重要な特質が見出されなければならないのである．

　さて，第14循環の回復過程において，雇用の質の悪化をともなう労働賃金の低下とそれによる給与所得の減退が見られ消費が低迷した背景には，こうした輸出産業のグローバル産業への転換，すなわちグローバル資本の確立があった．そして，そのことを基礎にして日本経済はグローバル資本主義への大きな歴史的移行を果たしたと言ってもよい．それはまた同時に，資本の再生産運動が労働者の消費によって条件付けられた，かつての福祉国家体制の時代の社会的再生産過程が大きな変容を被り，社会の安定をもたらしてきた大量の中間層の解体過程がはじまった，ということを意味するのである．

　注
1)　この点の指摘については，藤原貞雄〔1989〕参照．なお，1980年代前半までの日本海外直接投資の諸特徴については，上掲の藤原論文の他に，小島清〔1984〕参照．
2)　青木健氏は，この海外直接投資の第3波の，過去の2つの波との重要な相違点（特

徴）として，これが日本企業にとって生産拠点のリロケーションであったこと（日本にあった生産工程の一部ないし全部を海外にシフトすることを意味する）を指摘し，「これにより，日本企業はこれまで内部に蓄積してきた生産，経営，技術，マーケティング，資本蓄積などのノウハウである経営資源を，速いテンポで，ホスト国に移転させている」ことを論じている（青木〔1994〕58頁，60-1頁参照）．こうした経営資源の海外移転もまた，グローバル資本への第一歩と言うべきであろう．

3) この時代の海外直接投資の中心が先進国向けであったということ，さらにはそのかなりの部分が「先進国向けのクロスボーダーM&A」であったことについては，手島茂樹，小川直子〔2001〕が詳しく分析している（41頁参照）．

4) 財務省『財政金融統計月報』第476号（1991年12月）「対内外直接投資統計の動向」（「地域別対外投資届出実績」）9頁参照．

5) 財務省『対外及び対内直接投資状況』参考資料（平成元年度～平成16年度）「国別・地域別対外直接投資実績」参照．(http://www.mof.go.jp/fdi/sankou01.xls；09/12/15)

6) 財務省『財政金融統計月報』572号（1999年12月）「2．地域別・年度別・業種別投資額」「(4)アジア」32-3頁参照．なお本文中の表2-8も参照のこと．

7) ちなみに，製造業の海外直接投資額が非製造業のそれを上回るのは，2005年以降である（06年についても同様）．この逆転は，2000年代に入って製造業の海外直接投資がまた急拡大したことを原因としているが，この点についてもあとで確認することにしたい．

8) 本文中の表2-7を見れば分かるように，全体としての海外進出件数は，1995年にいったん持ち直し円安転換の影響が出る1996年以降再び減少に転じている．その後どうなったかだが，届け出ベースで集計されていた2004年度までは海外進出件数が『財政金融統計月報』によって把握可能であるので，以下そこまでをフォローしておきたい（表①）．全体としての海外進出件数は，2000年代からはまた増加に転じているが，この段階では北米および大洋州への進出件数は低落傾向を見せているのに対して，ヨーロッパへの進出件数は1997年以降大幅に増加し続けている（EUの成立が大きな要因だろう）．また，アジアへの進出は，1995年以降低落し続けていたが，2001年以降は再び上昇に転じている．

9) 本文中の日本からの調達比率に関する数値データは，青木健〔2005〕107-8頁の表6-1「日本の『逆輸入』と日本からの『仕入額』の推移」を参照した．なお，この表は経済産業省『わが国企業の海外事業活動』各年版より作成されたものである．

表① 海外直接投資件数の推移（1999-2004年）

（単位：件）

年度	1999	2000	2001	2002	2003	2004
全体	1,744	1,717	1,786	2,164	2,411	2,733
アジア	538	464	511	538	607	662
中国	79	106	189	263	332	361

出所：財務省『財政金融統計月報』第645号（2006年1月）「2　地域別・年度別・業種別投資額」32-3頁（世界計），34-5頁（アジア），60-1頁（中国）より作成．

10) かつて対外直接投資の統計には2種類存在した．「対外直接投資実績」と「国際収支統計」である．前者は，投資時に提出された届出等をもとにグロス・ベースで集計した統計であり，後者の統計は，実際に行われた直接投資にかかわる居住者・非居住者間の受払等をネット・ベースで集計したものである．前者は報告・届出ベース，後者は実行ベースである．「対外直接投資実績」は，財務省によって「対外及び対内直接投資状況」として毎年公表されていたが，2005年以降「国際比較を可能にする」という理由で廃止され現在では「国際収支統計」に統一されている．
11) これらの割合及び投資額については，財務省『財政金融統計月報』「対内外直接投資の動向」の608号（2002年12月）4頁，632号（2004年12月）4頁，645号（2006年12月）5頁，657号（2007年1月）3頁，668号（2007年12月）5頁，680号（2008年12月）5頁における「主要国別・地域別対外投資実績」を参照．
12) ただし，製造業の直接投資は前年比13.8%減になっている．2008年版『ジェトロ貿易投資白書』(2008年9月), 27頁参照．
13) これはクロスボーダーM&Aの影響が大きい．日本企業の対外M&Aは，2004年以降，前年比でほぼ倍々ゲームの伸び率で拡大を続け，07年も前年比93.7%増となっている．そのなかでも「日本企業による米国企業のM&Aは82件で，国別では最高であった」(2008年版『ジェトロ貿易投資白書』, 26頁)．
14) 本文中の世界およびアジアへの直接投資（残高）の伸び率，さらには中国への直接投資の推移（投資額，伸び率）については以下の表②③の通りである．

表② 世界およびアジアへの直接投資（資産）残高の伸び率

(単位：%)

暦年	1997	1998	1999	2000	2001	2002	2003	2004	2005	2006	2007	2008
世界計	17.8	-11.7	-18.6	25.8	23.6	-7.8	-1.5	7.4	18.2	17.3	15.7	-0.2
アジア	9.3	-18.4	-43.7	23	23.5	-0.3	-1.4	15.4	30.6	23.6	17.5	-4.2

出所：日本銀行『国際収支統計』「直接投資・証券投資残高地域別統計」（平成9年末から平成20年末までの各年データ）より作成．

表③ 中国への直接投資残高の推移

(単位：億円，%)

暦年	2003年	2004年	2005年	2006年	2007年	2008年
投資額	16,362	20,972	28,965	36,052	42,756	44,239
伸び率	—	28.2	38.1	24.5	18.6	3.5

出所：上の表と同じ．

15) 銀行の不良債権比率は，2002年3月末では8.4%だったが，これが05年の3月決算時点で2～3%程度にまで引き下げるめどがついた．
16) 米国NBER (National Bureau of Economic Research) のホーム・ページにおいて，"Business Cycle Expansions and Contractions"を参照．ちなみに，これがピ

クアウトした日付（2007年12月）については，2008年12月1日に発表されている．
(http://www.nber.org/cycles/cyclesmain.html: 09/04/07)

17) サブプライムローンの問題点については，高田太久吉〔2008〕，井村喜代子〔2008〕が詳しく論じている．また，このサブプライム金融恐慌が今回「世界恐慌」へとつながった諸要因，またこれと1929年恐慌との比較分析については伊藤誠〔2009〕を参照．

18) アメリカは，実は「世界中から借金をした」だけではない．こうして流入させた資金をさらに世界中に投資していったのである．この点については，補論「資本主義の歴史区分とグローバル資本主義の特質」（6節の「(1)アメリカ資本主義の黄昏」）を参照されたい．なお，河村哲二氏によれば，このような「アメリカを焦点とする新たな世界的な資金循環構造」（＝「新帝国循環」）を可能ならしめたものは，「ドルの基軸通貨性とグローバル金融センターニューヨークの金融ファシリティを結節点・媒介とした『グローバル・シティ機能』」（河村哲二〔2009〕5頁）であるとされる．

19) アジアは，2002年に製造業の実質付加価値でEUを上回って世界1位になり，それ以降EUやNAFTAを大きく引き離している．この点については，2008年版『通商白書』（経済産業省），第2章参照．

20) 通商白書が，いくつかの先行研究を踏まえて「東アジア生産ネットワーク」について自覚的に分析しはじめるのは，2004年版白書からである（当時は「東アジア分業ネットワーク」）．それまでは，『財政経済白書』も同様であったが，日本経済の先行きに確固たる自信が持てないまま，日本企業の海外展開によってもたらされるものに対しても確信を持てない（産業空洞化への懸念を捨てきれない）ままであった．2005年版『通商白書』には，「三角貿易」という概念が登場し，06年版「国際事業ネットワーク」，07年版「アジア事業ネットワーク」「生産ネットワーク」「多国間工程分業」そして08年版には「グローバル・バリュー・チェーン」（イノベーションに結びつくような国際的な分業関係を言う）といったかたちで，年々分析が進められてきている．

21) 三角貿易を形成する貿易関係の1つである日本・NIEsから中国・ASEANへの中間財貿易については，前者における中間財輸出額に占める後者の割合の推移として次頁の図①のグラフに示されている通りである．また，もうひとつ別の貿易関係である中国・ASEANから欧米（EU25＋米国）への最終財貿易については，前者の最終財輸出額に占める後者向け割合の推移として図②のグラフに示されている．2000年代に入って急増していることがわかる．なお，同図①②のグラフは，2007年版『通商白書』（THLM版）の「第2-2-17図　東アジアが関係する三角貿易の動向」のエクセル形式のファイルから加工したものである．

22) 同じような生産ネットワークは，「米国とメキシコの間，西洋諸国と中東欧諸国の間」にも見られるが，東アジア生産ネットワークの特徴は，それが「所得水準の異なる国を数多く巻き込む形で展開されている」ところにある．この点の指摘は，安藤光代，S・W・アーント，木村福成〔2007〕8頁参照．

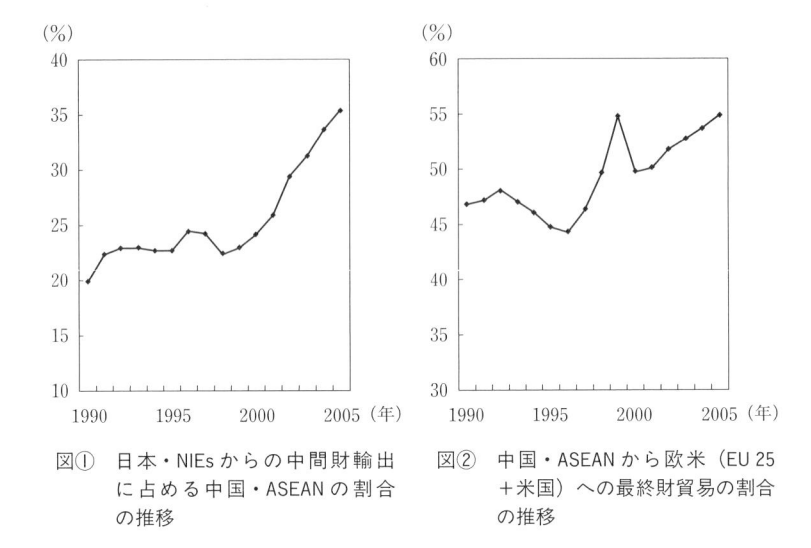

図① 日本・NIEs からの中間財輸出に占める中国・ASEAN の割合の推移

図② 中国・ASEAN から欧米（EU 25 ＋米国）への最終財貿易の割合の推移

23) この点に関連して，安藤光代，S・W・アーント，木村福成〔2007〕は，つぎのように指摘している．「日本の製造業親会社が東アジアに保有する子会社の 75% は製造子会社であり，この比率は他の地域より高い．これを中小企業に限ってみれば，その割合は 87% と一段と高くなり，部品・中間財の供給を目的とした『垂直的な直接投資』が多いものと推測される．日本企業，とりわけ日本の中小企業による活発な製造業活動が，東アジアにおける生産ネットワークを構築するうえで，不可欠な要素の一つになっている」（前掲書 30-1 頁）．
24) 近年，日本企業が「東アジア生産ネットワークの発展を前提に事業ネットワークの再編・効率化を目指した海外直接投資の展開」を実施していることについては 2007 年版『通商白書』第 2 章が詳しく論じている．
25) 2009 年 2 月 21 日付『日本経済新聞』は，海外生産比率 25% 以下を内需企業，25% 以上を外需企業として分析している．それによると，外需企業は，調査対象とした上場企業 1,688 社（金融を除く）のうち 464 社であり，内需企業は，その約 3 倍の 1,224 社であった．このうち外需企業は，製造業でトヨタ，ソニー，新日鉄など 414 社，非製造業で任天堂，郵船，石油資源など 50 社であり，内需企業は，製造業で田辺三菱，日ハム，住生活 G など 584 社，非製造業で NTT，三菱商事，JR 東日本など 640 社である．
26) わが国の海外生産比率の推移（1998-2007 年）は，次頁の表④の通りである．
27) 経済産業省『海外事業活動基本調査（2007 年度実績）』「表 10：業種別海外生産比率の推移（国内全法人ベース〔製造業〕）」6 頁（サムネール頁数）参照．
28) 最近 5 カ年間（2004-08 年）の日本の輸出商品のベスト 5 は，表⑤の通り．

表④　海外生産比率の推移

(単位：%)

年度	1998	1999	2000	2001	2002	2003	2004	2005	2006	2007
海外進出企業ベース	24.5	23.0	24.2	29.0	29.1	29.7	29.9	30.6	31.2	33.2
国内全法人企業ベース	11.6	11.4	11.8	14.3	14.6	15.6	16.2	16.7	18.1	19.1

出所：経済産業省『第38回海外事業活動基本調査結果概要——平成19（2007）年度実績——』6頁（サムネール頁数）より作成．

表⑤　輸出総額のなかに占める主要輸出品目の割合

(単位：%)

暦年	一般機械	電気機器	輸送用機器	化学製品	鉄鋼	その他
2004年	20.61	23.5	23.06	8.54	4.12	20.17
2005年	20.34	22.16	23.15	8.91	4.63	20.81
2006年	19.67	21.36	24.25	9.03	4.63	21.06
2007年	19.82	20.19	24.83	9.23	4.82	21.11
2008年	19.66	18.97	24.77	8.97	5.65	21.98

出所：財務省『貿易統計』「輸出入額の推移（地域（国）別・主要商品別）」より作成．

29) 日本の輸出はまた，少数のグローバル企業によってその大半が支えられている．この点，2008年版『通商白書』はこう指摘する．「直接輸出額の上位10社及び30社の輸出額が，我が国の輸出総額に占める割合は，それぞれ29.3%，44.2%となっている（2006年）．また，海外投融資残高の上位10社，30社の割合も，それぞれ28.9%，48.1%となっている．このように，我が国の貿易投資は，ごく一部の大企業に集中している」（同書，180頁）．

30) 日本企業の販売形態別海外売上高の構成比は，以下の表⑥の通りである．

表⑥　日本企業の販売形態別海外売上高（2005年，構成比）

(単位：%)

	北米	アジア	欧州	全地域
①日本からの財・サービスの輸出額	22.5	41.1	27.9	31.6
②現地子会社の現地販売額	65.8	36.0	36.4	46.2
③第3国からの輸出額	11.8	22.9	35.7	22.2
合計＝(a)＋(b)＋(c)	100	100	100	100

出所：経済産業省『通商白書』(2008年)，116頁．
備考：THLM版のエクセル形式のファイルから加工．

31) ちなみに，製造業における外国人従業員比率は，1990年代半ばから約10年の間に倍以上に上昇して2005年には30%に達している．次頁の表⑦を見よ．
32) ガルブレイスの「依存効果」は，大量生産－大量消費を基本とした現代資本主義経済においては，消費者の欲望や欲求が「生産に依存する」ということを明らかにした

表⑦ 製造業の外国人従業者数の推移

	役員・従業員数	外国人従業者数(国内)	外国人従業者数(海外)	外国人従業者数比率
1994年度	14,020,011	130,030	2,193,781	14%
1995年度	13,602,438	139,861	2,328,235	15%
1996年度	12,404,321	154,783	2,744,937	19%
1997年度	12,841,633	185,214	2,834,910	19%
1998年度	12,610,699	189,814	2,749,434	19%
1999年度	12,989,743	191,472	3,160,750	21%
2000年度	12,856,423	207,093	3,452,868	22%
2001年度	11,676,955	221,807	3,175,400	23%
2002年度	11,525,581	227,984	3,407,919	24%
2003年度	11,414,312	274,145	3,766,179	26%
2004年度	11,130,072	312,402	4,036,177	28%
2005年度	11,129,036	343,271	4,360,523	30%

出所：経済産業省『通商白書』(2008年), 168頁.
資料：経済産業省「海外事業活動基本調査」, 財務省「法人企業統計」, 厚生労働省「外国人雇用状況報告」.
備考：THLM版のエクセル形式のファイルから加工.

ものである．見方を変えれば，これは資本の再生産・蓄積運動そのものが消費（それも大量消費）の実現によって条件付けられているということであり，現代資本主義における社会的再生産の基本的性格を言い表すものである．この点に関しては，飯田和人〔2006〕174-7頁参照．

第3章
グローバル資本主義への移行と労働市場

　グローバル資本主義下の労働市場の特徴は，第1に正規雇用の縮小と非正規雇用の拡大（つまり，パートタイム労働や派遣社員などのフレキシブルワーカーの増大）に見られる．この背景には，グローバル市場の競争激化やその変化の速さがあり，これに資本側が対応するなかでいわゆる「ジャスト・イン・タイム」型雇用と呼ばれる「人材の部品化」が実現されたことに特徴をもつ．第2には，労働力の国際的移動である．とりわけ低賃金製造業種や低賃金サービス業種といった最下層の労働力需要を外国人単純労働者の流入によって満たすことで，国内の労働市場に一定の供給圧力を与え，それによって一般的な賃金上昇を抑制できるかどうかが重要になる．

　第1の特徴は，わが国においてはすでに顕著に表れている．ただし，第2の特徴については，日本は建前として外国人労働者の単純労働力としての受け入れを認めていないということ，さらに外国人労働者の流出入が日本経済の衰退兆候とも関連してくるところから，その現状認識についてはある程度踏み込んだ検討を必要とする．以下では，この問題を取り上げていくことで，日本経済におけるグローバル資本主義への移行問題を論じていくこととしたい．

1. 構造改革としての労働市場の規制緩和

　1990年代前半，バブル崩壊から数年がたち日本経済の不調が尋常ではないことが理解されはじめると，日本経済の改革の必要性が，それも規制緩和による「構造改革」の必要性が叫ばれるようになった．とりわけ，1990年代半ば以降，経済界からは労働市場の規制緩和に関する要望が堰を切ったように出さ

れてきた．

　労働市場の規制緩和の動きは，1994年あたりから表面化してくる．おそらくは，同年7月14日の東京商工会議所による「労働政策に関する要望」が，「裁量労働制の対象業務の拡大」を主張した，最も早い段階での経済団体の意思表示であったろう．それ以前の動きとしては，1993年10月に「規制を実質的に半減するよう提言」した第3次行革審の最終答申がなされており，翌年7月にはこれに関連した閣議決定（「今後における規制緩和の推進等について」）が行われている．

　こうした動きを踏まえて，1994年の11月までにアメリカ商工会議所を含む経済諸団体から様々な規制緩和要求が出されることとなり[1]，労働市場に関する「改革」要求もこのような状況のなかから出されてきたのである．このとき経済界から提出された労働市場「改革」要求は，有料職業紹介事業の規制緩和，労働者派遣事業の規制緩和，裁量労働の規制緩和，労働契約期間の規制緩和，女性の雇用に関する規制緩和，等々．この狙いは，言うまでもなく労働コストの削減であり，その背景には当時の異常円高に対する産業界の強い危機感があった．円高は1993年頃から続き，これが「超円高」と呼ばれるような異常な水準に達するのは95年3月以降であり，4月15日には史上最高値1ドル＝79円75銭を記録した．

　こうした異常円高は80年代半ばにも起こったが，この最初の超円高とそれによる輸出主導型経済の行き詰まりに対応するための内需拡大策は，例のバブル経済を生みだしてしまっていた．そして，このバブル崩壊後の経済停滞が，いわゆる「構造改革」による日本経済の立て直しの必要性を人々に感じさせるようになったのである．外需産業である大企業製造業が主導権を握る経済界にとっては，当面の異常円高にも対応できる大幅な労働コストの削減が喫緊の課題であり，そのためには何よりもまず規制緩和による労働市場の「改革」[2]が必要であると考えられたのである．

　ただし，この時期に経済界が強く要望していた労働市場の規制緩和は，実はこれまでの日本企業の強さの一環であった日本的経営もしくはその独自的な雇用システムを掘り崩していくような内容をもっていたことに注意しなければならない．

(1) 日本型雇用システムの変容

言うまでもなく,日本的経営は,第2次世界大戦後の高度経済成長を支え,また1970年代前半のブレトンウッズ体制崩壊や変動相場制移行後に起こった円高危機を輸出主導型経済の構築によって乗り切るための強力な基盤となったものである.つまり,日本産業は当時,省エネ努力,ME革命の活用などを通して円高を克服し,その成果として1970年代後半から80年代前半にかけての輸出主導型経済(=平均成長率4％前後の中成長過程)を実現していったが,この時にもそれを基礎で支えたのは日本的経営(とりわけ日本型雇用)システムにほかならなかった.

しかしながら,1990年代前半の経済危機に際して,経済界はコスト削減のために労働市場の規制緩和を強く要求し,結果的に日本的経営とりわけ日本型雇用システムを解体していくこととなった.それによって,また結果的に日本的雇用システムが解体されていったというだけではない.経済界そのものも,1990年代後半からはその内部から日本型雇用システムに変革を加えるべく,新しい雇用の体系を前面に打ち出してくるのである.その具体的提言が,1995年に日本経団連が発表した『新時代の「日本的経営」』であった.

これは,企業で働く労働者を3つのグループ——①「長期蓄積能力活用型グループ」,②「高度専門能力活用型グループ」,③「雇用柔軟型グループ」——に分け,その雇用形態や処遇に区別を設けることを提言したものである.要するに,それは従来の日本型雇用の中心であった,長期継続雇用で主に職能給で処遇されていた正社員を①長期蓄積能力活用型とし,これについては管理職・総合職・技能部門の基幹職にのみ適用する.あとは有期雇用契約とし,そのなかでも企業の抱える問題解決に専門的熟練・能力をもって応える労働者に対しては②高度専門能力活用型[3]として職務給で処遇し,それ以外の技能職のブルーカラー,一般職および販売職のホワイトカラーについては③雇用柔軟型(派遣や契約社員,あるいはパート,アルバイトといった非正規社員)として職務給か時間給で処遇するという内容である.

これは,日本的経営の基本的な要素であった終身雇用制と年功序列賃金に対する積極的な見直しを主張するものであり,簡単に言えば,従来型の日本的雇用の領域を縮小し,それにかわって有期雇用契約の非正規社員を拡充していく

ことによって労働コストを削減していこうというものである．

これを，いわば日本的経営という名の日本型雇用システムの解体宣言と見るか，あるいは日本的経営の中核ともいうべき終身雇用制を長期蓄積能力活用型グループとして温存しようとしたものと理解するか，議論の分かれるところではある[4]．が，企業内部にかなり大きな割合で非正規雇用が組み込まれていくことについては，やはり従来の日本的経営に重大な影響を与えるものと考えなければならないであろう．

では，それは何をもたらしたのか．結果を見てみれば，それが会社に対する帰属意識を基礎にした労働者の側の一体性を分断すると同時に，日本的な労資協調体制（日本型ミクロ・コーポラティズム）を掘り崩していくものとなったことは確かであろう．それは，いわば労働の総合性・統合性の解体と固定化を促すものであり，それに基礎付けられた日本的経営――すなわち，ジョブ・ローテーションやゼネラリストの養成あるいは現場主義＝OJT等々に特徴付けられる終身雇用制を前提とした日本型雇用システム――からの決別を意味しているからである．

これによって人材の部品化が進められ，あとで確認するように部品化された人材として非正規労働者（大量の女性労働力を含む）と外国人労働者が利用されるようになり，後者はまたグローバル資本の特質である調達の国際化と生産の国際化とを色濃く反映するものとなったのである．

(2) 労働法制の改訂プロセス

労働市場「改革」（＝規制緩和）に対する経済界の強い要求を背景として，1990年代後半から労働法制の改訂が矢継ぎ早に行われるようになった．まず1997年6月の労働基準法の改訂（99年4月施行）では，裁量労働制の対象業務が研究開発業務や情報処理システムなど5業務からコピーライター等を含む11業務に拡大されている．裁量労働制そのものは1987年に導入されており，その適用業務は「研究開発業務などの当該業務の性質上その遂行方法を大幅に労働者の裁量にゆだねる必要のある業務」とだけ規定されていた．実際，そのような業務として具体的に先の5業種が列挙されたのは1993年の改訂からであった．これが1997年にはさらに6業種追加されたわけである．

また，この労働基準法の改訂では，18歳以上の女性の残業規制等が撤廃されている．これは，このときに行われた「男女雇用機会均等法」の改訂（99年4月施行，女子保護規定の撤廃）に対応するものである．と同時に，従来からの経済団体の強い要望に応えたものでもあった．資本側にとって，女子労働力のメリットは低賃金ということであるが，そのデメリットは女性の保護規定（深夜残業禁止等）の存在によって使いづらい，ということであったからである．

また1998年9月の労働基準法改訂では，従来の専門業務型裁量労働制に加えて，新たに企画業務型裁量労働制が導入されている．これは2000年の4月から施行されたが，これによって裁量労働制はホワイトカラーにも拡大されることとなった．さらに，このときの改訂では，1年変形労働制の要件緩和，また一部に限られたとはいえ有期雇用契約（期間の定めのある雇用契約）の期間を1年から上限3年への緩和が実施されている．

2003年6月の労働基準法の改訂（04年1月施行）では，企画業務型裁量労働制の手続き要件の緩和，そして一部に限られていた有期労働契約期間の上限が1年から3年に一般化され，さらに専門知識等を有する労働者との契約および満60歳以上の労働者との契約期間の上限については3年から5年に緩和されている．なお，この改訂を決めた国会では，地方公共団体に無料職業紹介事業を解禁する職業安定法の改訂も行われている．

このような労働基準法の改訂に並行して，労働者派遣の規制緩和も進められていった．労働者派遣は，人権侵害や中間搾取（ピンハネ）が横行していた第2次世界大戦前までの間接雇用にあたるものとして，戦後かなりの期間にわたって原則禁止とされていたものである．労働者派遣法が最初に制定された1985年には，専門性が強く一時的に人材が必要となるような13業種だけ（ソフトウェア開発，通訳・翻訳・速記など）にこれが認められたが，1995年の改訂では，これが26業種に拡大されている．

その後1999年の改訂では，派遣の対象を指定するポジティブリスト方式から除外業務以外は派遣の対象にできるネガティブリスト方式に切り替えられ，労働者派遣が「原則自由化」（港湾輸送，建設，製造現場等は禁止）された．このときにはまた職業安定法も改訂され，民間職業紹介が自由化されている

(99年12月施行).

　さらに，2004年の改訂では，労働者派遣が製造業現場，医療とも解禁され，派遣期間も原則1年から3年へと延長された．製造現場に労働者派遣が開放されたということは，文字通り，部品を扱う製造業において人材を部品化（＝ジャスト・イン・タイム化）するシステムが実現されたということで，日本経済における製造業の影響力の大きさから言って決定的な変化が生み出されたと考えることができる[5]．

　こうして，1990年代の後半から約10年の間に労働法制は大幅に改編されてきたのであるが，重要なことは，その一方で労働者（とりわけ非正規労働者）の労働条件を保護する法規制（あるいはセーフティネット）の整備にはほとんど手をつけないままに，こうした労働市場「改革」が強行されてきたということである[6]．そのうえに，政府はさらに一層の規制改革を推し進めるべく，2004年3月には「規制改革，民間開放3カ年計画」を閣議決定している．そこでは，裁量労働制のさらなる拡大，解雇の金銭的解決，ホワイトカラー・エグゼンプション制度の導入，職業紹介制度の緩和，労働者派遣事前面接の解禁などが提示されていた．

　こうした労働市場の規制緩和策のなかで，とりわけ経済界が強い期待を寄せたのはホワイトカラー・エグゼンプション制度の導入であった．日本経団連は，2005年6月，年収400万円以上の労働者を対象にした「ホワイトカラー・エグゼンプションに関する提言」を発表している．さらに経済財政諮問会議（2006年10月）においても，このホワイトカラー・エグゼンプション制も含めて労働市場の規制緩和を一挙に成し遂げようとする「労働ビッグバン」が民間4議員によって提唱されている[7]．

　1990年代後半からの労働基準法の改訂を通してその適用範囲の拡大が進められてきた裁量労働制は，すでに一般のホワイトカラーにも適用可能であったが，経団連は資本側にとってさらに使い勝手の良い（かなりの範囲におよぶホワイトカラーの残業手当を一挙にゼロできる）ホワイトカラー・エグゼンプション制の導入を主張してきたわけである．その背景には，裁量労働制が，労働時間の適用除外でない（「見なし労働時間」制で，そのかぎりで労働基準法の守備範囲内におかれている）こと，ホワイトカラー一般に適用できず，その導

入要件が厳格であること等々の「制約」をもっていたためであったろう[8]．

このホワイトカラー・エグゼンプション法案は，2007年における第166通常国会への上程が予定されていたが，「残業代ゼロ法案」との厳しい批判が労働界，マスコミ等を通じて展開され，またその年に実施された参議院選挙で与党（自公政権）が惨敗したという影響もあって，結局はその上程が見送られたまま今日に及んでいる[9]．

このような「人材の部品化」を促進する労働法制の改訂と並んで，1990年代には長期停滞のなかで失業率が徐々に上昇し始め，それによって産業予備軍効果の再確立という，福祉国家体制からグローバル資本主義への移行期に特徴的な事態が進行しつつあった．そこで次節では，この産業予備軍効果の再確立と，それに必然的に付随する国内労働市場の変容過程を見ていくことで，日本経済においてグローバル資本主義に固有の資本−賃労働関係の再生産メカニズムがどのようにして再構築されていったのかを確認していくこととしよう．

2. グローバル資本主義への移行と産業予備軍効果の再確立

(1) 産業予備軍効果の再確立

1990年代の前半に起こった二度目の超円高は，日本の経済力の中核とも言うべき製造業における激しい生産拠点の海外移転を引き起こしたが，そのころから日本の失業率は趨勢的に上昇し始めていった（図3-1参照）．

完全失業率は，1990年代半ば以降3％の大台を超えて，もはやかつての2％台に戻ることはなくなった．この間，年率3.4％のGDP成長率（1996年）を記録した第12循環（97年5月ピークアウト）があったが，この景気上昇過程でも失業率は改善しなかった．むしろ，その後の景気下降局面で4％台へと悪化し，さらに2001年には5％台に突入したあと，04年になるまで4％台に回復することはなかったのである．その後，失業率は2007年，08年と3％台に回復するが，09年にはふたたび4％台から5％台へと悪化している．

この間，資本側は中高年層のリストラと新規雇用の抑制によって雇用調整を進めていったことから，いわゆる就職氷河期の長期化とともに若年労働力の失業率が急激に上昇していった．特に問題は，25〜34歳の年齢階級の失業率で，

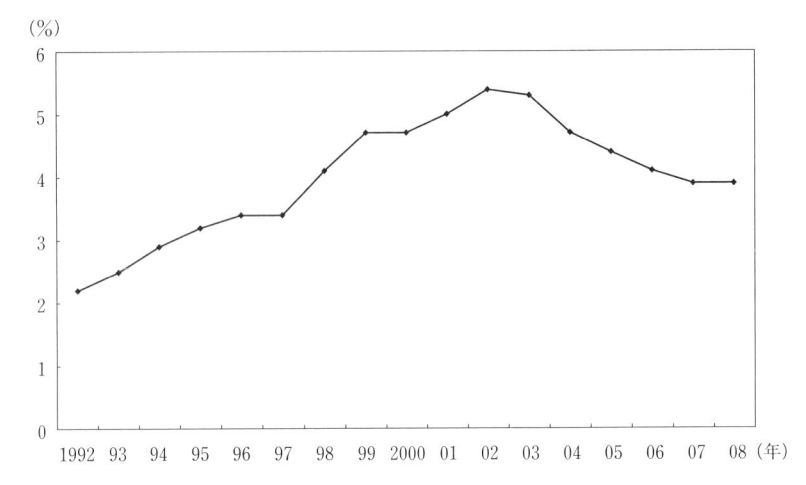

出所：総務省『労働力調査　長期時系列データ（基本集計）』表2【年平均結果－全国】「就業状態別15歳以上人口」より作成．(http://www.stat.go.jp/data/roudou/longtime/zuhyou/lt02.xls ; 09/10/09)

図3-1　1990年代以降の完全失業率の推移

表3-1　若年齢階級の完全失業率の推移

暦年	1997	1998	1999	2000	2001	2002	2003	2004	2005	2006	2007	2008
15～24歳	6.7	7.7	9.1	9.1	9.6	9.9	10.1	9.5	8.7	8.0	7.7	7.2
25～34歳	4.2	4.9	5.5	5.6	6.0	6.4	6.3	5.7	5.6	5.2	4.9	5.2

出所：総務省「労働力調査　長期時系列データ」表3【年平均結果－全国】(8)「年齢階級（10歳階級）別完全失業者数及び完全失業率」より．(http://www.stat.go.jp/data/roudou/longtime/zuhyou/lt03-08.xls ; 09/10/09)

かつてはこれが全体の失業率と大きな差をもたなかったが，1990年代から差が開きはじめ，2000年代以降は1.0ポイント以上の差がつくようになってしまっている．ここには，卒業時に就職氷河期にかかっていた年齢層が含まれていることもその一因であろう（表3-1）[10]．

このような失業率の推移は，日本における産業予備軍効果の再確立の動きとして捉えることが可能である．ここでいう産業予備軍効果とは，景気循環過程のなかで増減運動を繰り返す失業者（産業予備軍）の存在によって賃金水準を資本にとっての許容範囲（すなわち資本－賃労働関係を安定的に再生産できる水準）内に押さえ込む効果をいう．そして，この段階でこうした産業予備軍効

果が再確立されたとすれば，これは間違いなく労働賃金に影響を及ぼすことになるのである．

　この影響がどのように現れたかについて，民間企業が1年間に支払った給与総額によって確認すると，1997年においてはこの給与総額は222兆8375億円であったが，10年後の2008年には201兆3177億円へと減少してしまっている．また，1年を通じて勤務した給与所得者に支払われた給与総額は，1997年には211兆2088億円であったものが2008年には197兆670億円と減少し，この1人あたり平均給与もまた1998年の464万8千円から10年後の2008年には429万6千円へと減少している[11]．これは，この間の失業率の推移を合わせて考えれば，間違いなく産業予備軍効果の顕在化と見るべきであろう．

　さらに注意すべきは，景気回復過程における労働者の所得水準の推移である．すでに第1章において確認してきた通り，2002年から2007年までは第14循環の回復過程にあり，この間1年を通じて勤務した給与所得者の人数は4472万3千人（02年）から4542万5千人（07年）へと増加している．にもかかわらず，その給与総額は200兆2590億円（02年）から198兆5896億円（07年）へと減少していた（表3-2参照）．さらに付け加えるなら，当然のことながら，ここでは1人あたり平均給与もまた447万8千円から437万2千円に減少しているのである[12]．この事実は極めて重要である．それは，ここにおいて雇用の量の問題だけでなく同時に雇用の質においても大きな問題が生じたということを示唆しているからである．そこでつぎには，この間に生じた雇用の質的悪化の内容について検討していくことが必要となる．

表3-2　家計所得の推移

項目／暦年		2002年	2007年
(1)	民間企業が支払った給与総額	207兆9134億円	201兆2722億円
(2)	1年を通じて勤務した給与所得者数	4472万3千人	4542万5千人
(3)	上記の(2)に対して支払われた給与総額	200兆2590億円	198兆5896億円
(4)	国民所得に占める雇用者報酬	271兆750億円	264兆6700億円

出所：(1)～(3)は，国税庁『民間給与実態統計調査』（2008年9月）より．(4)は「国民所得・国民可処分所得の分配」（2007年度『国民経済計算』）より．

表 3-3　雇用者数及び正社員数の推移

(単位：万人)

暦年	1997	1998	1999	2000	2001	2002	2003	2004	2005	2006	2007	2008
雇用者数	5,349	5,338	5,277	5,267	5,342	5,337	5,343	5,372	5,407	5,481	5,561	5,539
正社員	3,812	3,794	3,688	3,630	3,640	3,489	3,444	3,410	3,374	3,411	3,441	3,399

出所：総務省「労働力調査　長期時系列データ（詳細集計）」表9【全国】「雇用形態別雇用者数」より．
(http://www.stat.go.jp/data/roudou/longtime/03roudou.htm ; 09/10/09)

(2) 非正規雇用の増大：雇用の質の悪化

正社員の数は，1990年代後半までは雇用量の増大とともに増えていく傾向があった．そして，1997年に3812万人という正社員数を記録して以降，正社員数は減少に転じて2008年には正社員数が1997年と比較して413万人もの減少を見せている．(表3-3参照)．そこで1997年以降，景気変動のなかで正規雇用がどのようなかたちで減少していったのか，また，非正規雇用がどのようにして増加していったのか，そのプロセスを確認しておこう．

表3-3は，1997年（平成9年）から2008年までの雇用者数と正社員数の推移を示している．第12循環の下降局面にあたる1998年以降，3年間にわたって雇用者数，正社員数ともに減少しているが，2001年だけは雇用者数と正社員数とがともに前年比で増加している．ただし，それも2002年になると雇用者数，正社員数ともに減少に転じている．

その後，第14循環の回復過程にあたる2003年，2004年，2005年の3年間では，景気の回復につれて雇用者数が増加していったにもかかわらず，正社員数は減少し続けるという現象が見られる．正社員数が増加に転ずるのは，2006年，2007年だが，翌2008年には雇用者数の減少とともに再び減少に転じている．

ここから分かることは，かつて企業は景気変動に合わせて雇用者数，正社員数をともに増減させてきたが，第14循環以降になると，景気が上向いても正社員を増加させるのではなく，とりあえずは非正社員を増加させるようになった，ということである．とりわけ注目すべきは，雇用者のうち正社員が大半を占めると思われる「管理職業従事者」が1997年の224万8千人から07年の175万9千人とおよそ50万人が削減されていることである[13]．これはいわゆ

第3章　グローバル資本主義への移行と労働市場　　　101

る「中抜き」と言われる現象だが，残された中間管理職の負担は「中抜き」された分だけ（あるいはそれ以上に）重くなったということは言うまでもなかろう．

　そこで，第14循環の回復過程が始まってから，各産業，各職業において雇用者数ならびに正社員数・非正社員数はどのように推移していったのか，以下ではこの点について多少立ち入って検討していこう．

　この期間中（2003-08年），建設業，製造業，運輸業では雇用者数そのものが減少している．そのうち建設業は，正規・非正規の社員（「職員・従業員」）がこの間ともに減少し，製造業と運輸業は，正社員が減少するなかで非正社員が微増している（建設業は正社員が46万人減，非正規社員9万人減，製造業は正社員が29万人減，非正規社員6万人増，運輸業は正社員13万人減，非正規4万人増）．

　卸売・小売業，飲食店・宿泊業，医療・福祉，サービス業は，この期間中いずれも雇用者数を増加させているが，卸売・小売業および飲食店・宿泊業では正社員が減少し非正規が増加している（卸売・小売業は正社員が21万人減少して，非正規が27万人増加．飲食店・宿泊業は正社員が9万人減少して，非正規が15万人増加）．

　また，医療・福祉およびサービス業は，この間に正社員と非正規社員の両方を増加させ，とりわけ医療・福祉は正社員47万人増，非正規49万人増を記録している．サービス業は正社員が2万人の微増だが，非正規は131万人増加している[14]．

　さらに付言すれば，2008年時点で，非正社員率（非正規率）がもっとも高い産業は飲食店・宿泊業（67.9％）で，ついでサービス業（同50.8％），卸売・小売業（同44.7％），医療福祉（同34.4％）の順となっている．要するに，第14循環の回復過程においては，正社員率の高い運輸業（同23.9％），製造業（同22.2％），建設業（同17.9％）が雇用者数を減少させると同時に正社員数も減少させ，代わりに非正社員率の高い上記の諸産業が雇用者数を増加させたということである[15]．

　つぎに，職業別に非正社員の割合を見てみよう．まず「生産工程・労務作業者」のうちの非正社員の割合は，2008年においては2002年よりも6.2ポイン

ト上昇している (30.5% → 36.7%).「事務従事者」では,これが5.6ポイント上昇 (27.7% → 33.3%) し,「保安職業・サービス職業従事者」では3.0ポイントの上昇 (50.2% → 53.2%) となっている.また,「販売従事者」では3.6ポイント (27.7% → 31.3%),さらには非正社員の割合の最も低い「専門的・技術的職業従事者」でも3.1ポイント (18.1% → 21.2%) の上昇となって,この期間中 (2002-08年) あらゆる職業で非正社員が増大している[16].

このような非正社員の増大が雇用の質の悪化をもたらすことは言うまでもないが,そのことはまた,年収200万円未満という低所得労働者の増大となって現れている.表3-4を見れば分かるように,年収200万円以下の低所得労働者は,1997年には雇用者総数の27.3%とすでにかなり高い水準にあったが,約10年の間にさらに5.6ポイント上昇して32.9% (1881万7千人) になっている.2007年には女子の雇用者の実に56.3%が年収200万円以下である (詳細については後述).

ところで,表3-5からも確認できるように,雇用者全体の非正社員 (男女) の割合が30%を超えていくのは2003年からであるが,ちょうどこの頃から,それまで正社員の割合が高かった女子の雇用者における非正規社員と正社員との割合が拮抗し始め,やがて逆転して非正社員の割合が大きくなっていく.それと同時に,この頃からかなり多くの女子労働力が労働市場に入ってくることに注意しておきたい.この間 (2002-08年),女子の雇用者数は2172万人から2331万人へと159万人増加するのである (男子の雇用者数は43万人増).

雇用者数が増加しながらも正社員が減少していった2003年,04年,05年の3年間も,男子について言えば,雇用者数はほとんど

表3-4 年収200万円未満の雇用者の割合 (1997, 2002, 2007年)

	歴年	割合
男女	1997年	27.3
	2002年	31.2
	2007年	32.9
男	1997年	10.6
	2002年	13.8
	2007年	15.4
女	1997年	52.6
	2002年	56.2
	2007年	56.3

出所:総務省『平成19年 就業構造基本調査』(2008年7月3日),時系列統計表「第9表 男女,雇用形態,所得別雇用者数」より作成. (http://www.stat.go.jp/data/shugyou/2007/zuhyou/jikei_09.xls;09/10/09)

変わらない中で正社員は減少し続けている（2003年：2410万人→04年：2385万人→05年：2357万人：前掲「労働力調査　長期時系列データ（詳細集計）」表9【全国】「雇用形態別雇用者数」参照）．これは，この間の雇用者数の増加が女子の労働市場への流入に多く依存していることを物語るものである．そして，そのかなりの部分が医療・福祉産業ならびにサービス業で雇用されている[17]．

表3-5　非正規雇用比率の推移

(単位：%)

暦年	2002	2003	2004	2005	2006	2007	2008
男子	15.0	15.6	16.3	17.7	17.9	18.3	19.2
女子	49.3	50.6	51.7	52.5	52.8	53.5	53.6
男女	29.4	30.4	31.4	32.6	33.0	33.5	34.1

出所：総務省「労働力調査　長期時系列データ（詳細集計）」表9【全国】「雇用形態別雇用者数」より作成．(http://www.stat.go.jp/data/roudou/longtime/03roudou.htm；09/10/09)

(3)　正規・非正規間の賃金格差

そこで，この正社員と非正社員の間の賃金格差を見てみよう．『平成20年賃金構造基本統計調査（全国）結果の概要』（厚生労働省，2009年3月）によれば，正社員（正職員）の賃金は316万5千円（平均所定内給与額：平均40.4歳，勤続12.5年）であり，正社員（正職員）以外では194万8千円（平均43.8歳，勤続6.3年）であった[18]．

ここには，正社員の賃金を100とすると非正社員の賃金は男子で65，女子で70という雇用形態間の賃金格差がついている．また，大企業正社員の賃金を100とした場合，その非正社員は55という格差がある．中企業におけるこの格差は63，小企業では67である．つまり大企業になるほど正社員と非正社員との賃金格差が大きいということになる．さらに，産業別で雇用形態別の賃金格差を見れば，最も格差が大きいのは「卸売り・小売業」で，正社員100に対して非正社員54という格差がついている（最も格差が小さいのは建設業の非正社員で80である）．

さらに非正社員について，その年間収入を見ていけば，2008年においては，年間収入200万円未満の低所得労働者の割合は男子で54.7%（このうち100〜199万円が28.4%，100万円未満が26.3%），女子では85.8%（このうち100〜199万円が37.2%，100万円未満が48.6%）を数えている[19]．また，この年間収入200万円未満の非正社員の数（2008年）を2002年と比較すると，

男子は 54 万人増加して 297 万人，女性は 127 万人増加して 1007 万人となっている[20]．

この非正社員のうちもっとも大きな割合を占めるのはアルバイトとパートであり，前者は非正社員全体の 46.6%，後者は 21.6%（この両者で非正社員全体の 68.3%）を占めている．男子の場合，アルバイトよりもパートのほうが多くなっているが，男子の非正社員全体の 50% を両者で占め，このうちアルバイトは非正社員（男子）全体の 15.5%，パートが 34.5% である．女子は，このアルバイトとパートで非正社員全体の 76.5% を占め，このうちアルバイトは非正社員（女子）全体の 60.9%，パートが 15.6% を占めている[21]．

このアルバイトとパートの所得（主な仕事からの年間収入）階級別の割合を見ると，男子の場合，パートでは 200 万円未満が男子のパート全体の 79.3% を占め，アルバイトは全体の 82.9% である．女子の場合，パートでは 200 万円未満が全体の 93.7% を占め，アルバイトでは 92.6% である．特に，女子の場合，パートもアルバイトも「100 万円未満」がもっとも高い割合を占め，前者では 53.5%，後者では 66.4% を占めている（男子ではアルバイトで「100 万円未満」がもっとも高く，男子アルバイト全体の 49.1% である）[22]．

こうして，増加し続けていく低所得の非正規労働力が，その割合を高めれば高めるほど国内全体の賃金水準は低下していく．さらには，以上見てきたような雇用の質の悪化をともなう非正規労働力の増大とその低賃金は，結果的に正規労働力を含む雇用者全体の労働条件を悪化させると同時に，その賃金水準に対する低下圧力として作用する．図 3-2 を見れば，男・女・男女計の賃金の対前年増減率が 90 年代以降，長期的に低落傾向にあることは一目瞭然であろう．とりわけ，第 14 循環の回復過程が始まる 2002 年以降は，対前年増減率が 2005 年（0.1% 上昇）を除いていずれもマイナスで推移していることは重要である．これは，この間に雇用の質の悪化が同時進行していたということを意味している．

(4) 流動的有期労働市場の拡大

さて，すでに確認したように，非正規・低賃金労働者のかなり大きな割合を占めるのは女子労働力であった[23]．これに加えてフリーター等の非正規若年労

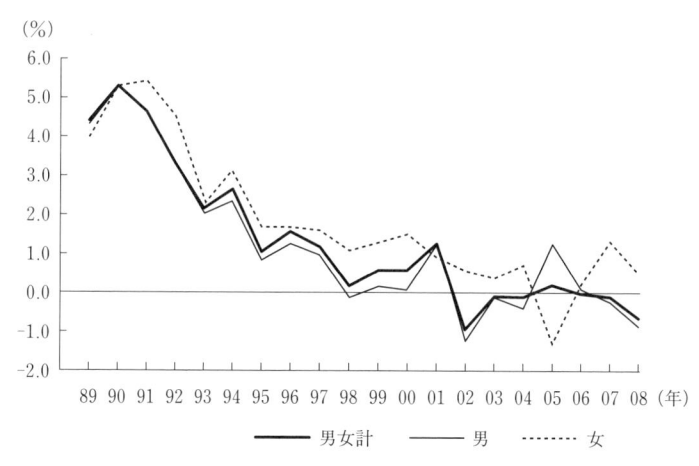

第3章 グローバル資本主義への移行と労働市場

(%)

89 90 91 92 93 94 95 96 97 98 99 00 01 02 03 04 05 06 07 08 (年)
—— 男女計　　—— 男　　…… 女

出所：厚生労働省「平成20年　賃金構造基本統計調査（全国）結果の概要」4頁．
備考：このデータは，短時間労働者以外の正社員・正職員および非正社員・非正職員の賃金（月額）である．

図3-2　性別賃金の対前年増減率の推移

働者や定年によって正社員の地位を離れた高齢労働者[24]が，いわゆる働き盛りの壮年男子の非正規労働者とともに現在の日本における流動的な有期（非正規）労働市場を形成している．そして，このような非正規雇用の増大とその低賃金は，結果的に正規社員を含む雇用者全体の労働条件の悪化へとつながり，その賃金水準に対する低下圧力として機能するのである．

これと同じように，外国人労働力の国内労働市場への流入もまた，雇用者全体の労働条件をさらに一層引き下げ，国内全体の賃金水準の低下圧力として作用しうる．さらに言えば，これらの外国人労働者は，国内労働市場のなかで最も条件の悪い単純労働の領域（低賃金製造業種や低賃金サービス業種）を担わせられる傾向があり，それがまた日本人（とりわけ女性）の非正規・低賃金労働者とともに流動性の高い有期労働市場を形成することで，景気循環にともなって変動する雇用の調節弁としても機能させられる可能性をもっているのである．

そこで，つぎには外国人労働者の問題を取り上げ，これが日本の労働市場にいかなる影響を与えるのか，その現状と可能性について検討していこう．この

問題を検討していくことによって，日本経済のグローバル資本主義への移行と国民経済の衰退兆候という問題に対して，問題解明のための何らかの糸口が見えてくるはずである．

3. わが国における外国人労働者の動向

グローバル資本主義の特質は，資本と労働力の国際的移動にある．ただし，日本資本主義の場合，資本と労働力の国際的移動は同時進行的に達成されたわけではない．日本の場合には，資本の移動（海外直接投資の展開）が圧倒的に先行し，労働力の国際的移動（すなわち外国人労働者の国内労働市場への流入）は，単純労働の受け入れを原則禁止していたということもあって，変則的な形態をとることになるのである．そして，そのかぎりで資本と労働力の国際的移動を通しての資本－賃労働関係の維持・再生産メカニズムという，グローバル資本主義の特質をそれなりに備えてくることになるのであるが，以下ではこの実情を解明していきたい．

(1) 外国人労働者と単純労働力

ここでまず，外国人労働者に対する統計が，わが国においては極めて不十分であるということに注意しておかなければならない．日本の外国人労働者の動向を知ることができるデータとして，厚生労働省が毎年発表する「外国人雇用状況報告」（正式には「外国人雇用状況の届出状況の結果について」）がある．これは外国人労働者を雇用している事業所によって届け出られたものを基礎にしているが，この届出は2007年までは義務化されていなかったことから，実情を完全に把握できていないという問題点を抱えている．

たとえば，2007年3月に発表された「外国人雇用状況報告」では，2006年における直接雇用の外国人労働者数が222,929人，間接雇用の外国人労働者数167,291人で合計390,220人という数字になっている．これに対して，2008年5月30日厚生労働省発表の「6月の外国人労働者問題啓発月間の実施について」の付属資料「わが国で就労する外国人労働者の推移」では，1996年には65万人（合法的就労者数37万人，不法残留者28万人）だった外国人労働者

が2006年には92万5千人（合法的就労者数75万5千人，不法残留者17万人）になったことが示されている．同じ2006年についてみても，両者の間には実に50〜60万人の差がある．

ここから言えることは，少なくとも2008年以前の「外国人雇用状況報告」の数字は，時系列データとして傾向を見るか，あるいは在留資格別，産業別，職種別等々での外国人労働者の分布割合を見るか，そのような使い方に限定されざるをえない，ということである．

この他には，法務省入国管理局が発表している出入国管理関係のデータ（在留外国人統計）があり，厚生労働省ではこの外国人登録者数に関する統計をもとに外国人労働者の動向を推計している．この推計（「法務省入国管理局発表資料に基づく厚生労働省推計」）は厚生労働省が適宜実施しているが，継続的な公表を目的としたデータではないため，最新の状況をも含めた時系列データの入手は非常に困難である．

そこで，まずは厚生労働省の「外国人労働者の雇用管理のあり方に関する研究会」で用いられた資料「外国人労働者の現状と対策」のなかに示された「法務省入国管理局発表資料に基づく厚生労働省推計」を見てみよう．表3-6を参照されたい．

また，この表3-6の「法務省入国管理局発表資料に基づく厚生労働省推計」における外国人労働者の増加率の推移と先に見た「外国人雇用状況報告」におけるそれとを並べたものが表3-7である．この2つの統計データにおける外国人労働者の増加率の推移を比較してみると，両者の増加率の数値の大きさは異なってはいるものの，その変化方向は一致していることが分かる．つまり，一方の増加率が上昇したときには他方も上昇し，逆の場合には逆になるということである．

さらに，表3-7においてはこれにGDP成長率（実質）の推移を並べているが，このなかには3つの短期循環過程が含まれている．すなわち，第12循環（拡張過程：1993-97年），第13循環（拡張過程：1999-2000年）そして第14循環（拡張過程：2002-07年）である．これと外国人労働者数の動向を比較してみると，つぎの傾向が見て取れる．外国人労働者数は，景気がピークを迎える数年前から大きな増加率を示し，景気がピークアウトした翌年以降（1, 2

表3-6　外国人労働者数の推移

暦年	1990	1992	1993	1994	1995	1996	1997	1998
外国人労働者(A)	26	58	61	62	61	63	66	67
不法残留者	11	29	30	29	29	28	28	27
労働力人口(B)	6,384	6,578	6,615	6,645	6,666	6,711	6,787	6,793
雇用者(C)	4,835	5,119	5,202	5,236	5,263	5,322	5,391	5,368
外国人労働者比率(A)/(B)	0.40%	0.90%	0.90%	0.90%	0.90%	0.90%	1.00%	1.00%
(A)/(C)	0.50%	1.10%	1.20%	1.20%	1.20%	1.20%	1.20%	1.20%

出所:「法務省入国管理局発表資料に基づく厚生労働省推計」(http://www.mhlw.go.jp/shingi/2004/
備考:1991年のデータは存在していない.

表3-7　GDP成長率と外国人労働者の増加率の推移

(単位:%)

暦年	1993	1994	1995	1996	1997	1998	1999	2000	2001	2002	2003	2004	2005	2006
外国人雇用状況報告	—	34.7	7.6	10.7	19.7	2.5	0.9	8.2	7.1	2.8	20.2	14	9.9	13.7
厚生労働省推計	5.2	1.6	-1.6	3.3	4.8	1.5	0	6	4.2	2.7	—	—	—	—
実質GDP成長率	0.2	1.1	1.9	3.4	1.9	-1.1	0.1	2.9	0.2	0.3	1.4	2.7	1.9	2.4

出所:外国人雇用状況報告の外国人労働者の増加率は「外国人雇用状況報告の結果について　集計表」の各年版のデータから算出.厚生労働省推計の増加率は,表6のデータから算出.また実質GDP成長率は内閣府「国民経済計算(SNA)関連統計」より.
備考:1.　外国人雇用状況報告の増加率は,1994-97年までは「外国人雇用状況報告(平成14年6月1日現在)の結果について　集計表」の表16に記された外国人労働者数をもとに算出.
　　　2.　1998-2006年までは,「外国人雇用状況報告(平成18年6月1日現在)の結果について　集計表」の表17に記された外国人労働者数をもとに算出.
　　　3.　実質GDP成長率は,1993-99年については平成7年(1995年)基準,2000年以降は平成12年(2000年)基準.

年間)その増加率の低下が見られるということである.これは,外国人労働者が景気変動に連動して国内労働市場への流出入を繰り返していることを示すと同時に,それが雇用の調節弁になりうることを示している.

ただし表3-6を見れば分かるように,外国人労働者比率は,年々上昇傾向にあるとはいえ国内の労働力人口の1%前後でしかない(雇用者数を分母にもってきた場合でも1.1%から10年間で0.4ポイント上昇したにすぎない)ことに注意しておく必要があろう.

ところで,景気循環にともなって変動する雇用(労働需要)の調節弁として機能させられるという意味で重要な意味をもつのは,低賃金製造業種や低賃金

	(推計，単位：万人)			
	1999	2000	2001	2002
	67	71	74	76
	25	23	22	22
	6,779	6,766	6,752	6,689
	5,331	5,356	5,369	5,331
	1.00%	1.10%	1.10%	1.10%
	1.30%	1.30%	1.40%	1.40%

01/s0116-5c.html；2009/10/09）

サービス業種で雇用される単純労働市場（労働力供給構造の最下層領域）への流出入であるが，すでに指摘したようにわが国においては原則的に単純労働の受け入れを認めていないという事情がある．とはいえ，単純労働の担い手となる外国人労働者は国内に存在していないのか，といえば事実はそうではない．したがって，この事実上の単純労働の担い手となっている外国人労働者の動向こそがここで取り上げるべき問題なのであるが，その前に，この単純労働とは対極にある高度専門労働者としての外国人労働者の動向について確認しておこう．

現在，就労を目的とした在留資格には16種類ある．すなわち「外交」「公用」「教授」「芸術」「宗教」「報道」「投資・経営」「法律・会計業務」「医療」「研究」「教育」「技術」「人文知識・国際業務」「企業内転勤」「興業」「技能」である．このうち「外交」「公用」を除く14種類が「専門的・技術的分野の在留資格」とされるが，この部分は2008年10月現在で在留資格にもとづいて就労する外国人労働者全体の17.5％を占めている[25]．

このうち高度専門労働者とされるのは，先の14種類のなかから「宗教」「興業」を除いた12種類の在留資格によって就労する者で，そのなかでも高度専門労働者のコア部分を形成するのは「技術」と「人文知識・国際業務」である．ちなみに，先の「外国人雇用状況の届出状況（平成20年10月末現在）の結果について」によれば，「専門的・技術的分野の在留資格」の84,878人のうち「技術」は27,303人，「人文知識・国際業務」は32,422人で，この2つで「専門的・技術的分野の在留資格」にもとづいて就労している労働者の約70％を占めている[26]．

なお，この「専門的・技術的分野の在留資格」に関しては，外国人雇用状況の届出制度が発足する以前の「外国人雇用状況報告」においても把握されており，これによって1998年からの時系列データが利用可能である．それによると「専門的・技術的分野の在留資格」にもとづいて就労する労働者は人数的には増大傾向を示すが，その外国人労働者のなかに占める構成比は年々低下して

きている．たとえば1998年には「専門的・技術的分野の在留資格」の人数は29,169人でその構成比は25.4％であり，2002年は32,533人で23.0％，そして06年には41,826人で18.8％と逓減的に推移してきている．これに代わって，その構成比の増加傾向を見せているのは，資格外活動の「留学・就学」（アルバイト），「その他」（ここには，あとで取り上げる技能実習生の在留資格である特定活動等が含まれる）である．これらの大半が基本的に単純労働として就労していると見てまず間違いないはずである[27]．

そこで，つぎに単純労働として就労する外国人労働者の問題に移ろう．すでに述べたように，わが国では原則として単純労働は受け入れないことになっているが，事実上は単純労働に就く外国人労働者は存在する．留学・就学などの在留資格で入国している者の資格外活動[28]（アルバイト）の他に，不法残留者による不法就労，さらには研修生・技能実習生，そして日系人労働者などである．

単純労働として就労する外国人労働者がどのような職種に就いているのかについては，直接雇用の外国人労働者に関するデータ（それも厚生労働省に届け出られたかぎりでの人数だが）が存在する．2007年まで発表されていた「外国人雇用状況報告」のなかに職種別の外国人労働者数の推移（直接雇用）が示されており，これによって外国人労働者の就いている職種のおおよその傾向を把握することができる（ただし，不法残留者と研修生についてはこの範囲外）．

この「外国人雇用状況報告」では，つぎの7分類の職種——「専門・技術・管理職」「営業・事務職」「販売・調理・給仕・接客員」「生産工程作業員」「建設土木作業員」「運搬労務作業員」「その他」——があげられており，このうち単純労働力によって担われるのは「専門・技術・管理職」「営業・事務職」以外の職種であろう．そのうち「建設土木作業員」「運搬労務作業員」は全体の構成比のなかでは1％程度で推移しているので，ここで取り上げるべきは「販売・調理・給仕・接客員」「生産工程作業員」の構成比とその推移だということになる．両者はいずれも，低賃金サービス業種や低賃金製造業種のなかに多く含まれる職種であり，外国人の単純労働力によって担われやすいものと言えよう．

時系列的に見ると，直接雇用外国人労働者のなかの「生産工程作業員」は，

1997年において71,747人で構成比63.0%であったが,2006年には125,921人で構成比は56.5%になっている.人数的には増加しているが,その構成比は趨勢的に低下を見せている.この間,その構成比を増加させたのは,低賃金サービス業種のなかに多く含まれている「販売・調理・給仕・接客員」で,その構成比は1997年における5.6%(6,421人)から13.4%(29,838人)に増加している[29].ただ,これはあくまで,届け出られたかぎりで(その意味では合法的就労者)の直接雇用の外国人労働者であるので,不法残留者による不法就労を加えれば,かなり違った数字が出るはずである.

つぎに,その多くが単純労働の担い手となっていると考えられる不法残留者,研修・技能実習生,そして日系人労働者の実情について見ていこう.

(2) 不法残留者

法務省入国管理局の不法残留者に関する統計によれば,不法残留者は1990年には106,497人いたが,その後3カ年の間に約20万人近く増加し,1993年には298,646人にまでふくれあがって,これが不法残留者数のピークとなっている(図3-3参照).その後,バブル崩壊後の経済停滞が深刻化し,やがて取

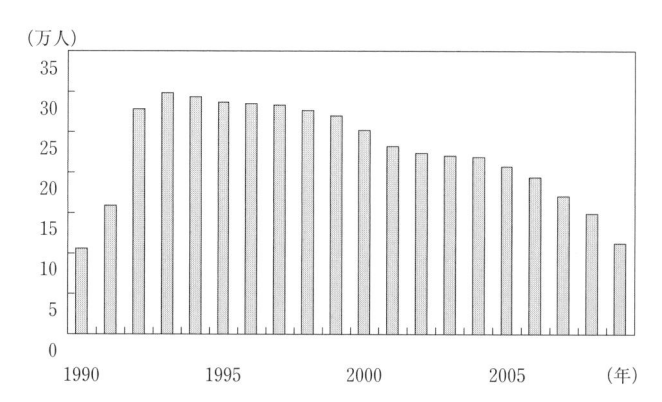

出所:法務省入国管理局「本邦における不法残留者数について(平成13年1月1日現在)」,「本邦における不法残留者数について(平成17年1月1日現在)」,「本邦における不法残留者数について(平成21年1月1日現在)」より作成.(http://www.immi-moj.go.jp/toukei/index.html;09/10/09)

図3-3 不法残留者の推移

り締まりも強化されるとともに不法残留者の数は減少に転じて，2009年1月1日現在では113,072人にまで縮小してきている[30]．

これらの不法残留者は，日本で生きていくためには当然に何らかの仕事に就いているはずである．そして，その大半は低賃金製造業種や低賃金サービス業種において使い捨て同様に働かされており，最劣悪な労働条件のもとでの就労であることは想像に難くない．かれらは，日本における労働力供給構造の最下層に位置する存在と言うことができるであろう．

(3) 研修生・技能実習生

つぎに，研修生・実習生の存在とその実態について見ていこう．外国人研修制度は，海外に進出した日本企業が現地の従業員を日本で研修させるシステムとしてかなり以前から存在していたが，現在のようなかたちの在留資格が制度化されたのは1990年のことである．その目的は「日本が技術移転により開発途上国における人材育成に貢献することを目指して，より幅広い分野における研修生受入れを可能とする」[31]ためであるとされている．他方，技能実習制度は，研修制度を拡充するものとして1993年に創設されたが，その目的は「研修を修了し所定の要件を充足した研修生に，雇用関係の下でより実践的な技術，技能等を修得させ，その技能等の諸外国への移転を図り，それぞれの国の経済発展を担う『人づくり』に一層協力すること」[32]にある，とされている．

研修生の滞在期間は1年以内であり，労働者ではない（その在留資格は研修である）という建前から報酬を受け取る活動は禁止されているが，生活実費としての研修手当が支給されることになっている．これに対して，技能実習制度は，所定の条件を満たした（在留状況が良好で技能実習計画が適正であると認められた）研修生に対してさらに2年以内の技能実習期間を与える制度である．技能実習生の在留資格は，「研修」から「特定活動」に変更され，研修生とは異なり労働基準法上の「労働者」として扱われることになる．つまり，技能実習生は労働関係法令や労働・社会保険関係法令の適用を受けることになるわけである．

こうして，1990年代の初頭に創設された外国人研修生・実習生制度は，単純労働者の受け入れを容認しないという従来の建前を護持しているかのように

も見える．とはいえ，実態的には研修制度と実習制度の一体的運用や，実習制度における対象職種の大幅な拡大（創設当初は 17 種類であった対象職種が 2009 年 7 月 1 日現在では 64 職種 120 作業に拡大されている）などによって，単純労働者のなし崩し的な受け入れが進行しているのが実状である．

では，研修生・実習生の受け入れ状況はどのようであったろうか．「研修」が独立した在留資格になったのは 1990 年であったが，この年に研修生として入国してきた外国人は 37,566 人（法務省『出入国管理統計年報　平成 2 年』49 頁）で，2008 年にはそれが 101,879 人を数えている．また，法務省入国管理局による「外国人登録者統計」にもとづいて，1996 年以降の研修生数の推移を示せば表 3-8 の通りである．

これを見れば，研修生数が対前年比で減少したのは 1999 年と 2004 年だけで，あとは一貫して上昇していることが分かる．1999 年から 2008 年までの 10 年間で，研修生の数は約 3 倍に増加しているのである．

また，技能実習生数の推移については，表 3-9 に示されるとおりであるが，この制度の発足した当初（1993 年）は研修から技能実習への移行者数はわずかに 160 人であったが，2007 年には優に 5 万人を超える数にまで増大している．なお，国内で現に就労する技能実習生については，1996 年の約 6 千人から 2006 年には約 7 万人に増加しているという推計も存在する[33]．

また，このさい注意すべきは，技能実習生の失踪者が毎年 3〜5% 存在するという事実である．失踪した技能実習生が何らかの仕事を自分で見つけることになれば，いうまでもなくそれは不法就労者ということになる．表 3-10 は，国際研修協力機構が把握している実習生とそのうちの失踪者の人数と割合である（研修生については届け出が義務づけられていないところから失踪者のデータは存在していない）．

さて，わが国における外国人研修生・技能実習生制度が，単純労働力の受け皿の役割を果たしてきたことは紛れもない事実である．そして，この単純労働力の利用という実態と研修・技能実習制度の本来の目的とが大きく乖離しているということが，多くの問題を発生させてきたのである．

これに関して，第一東京弁護士会（村越進会長）は，2009 年 3 月 10 日付で「外国人研修生・技能実習生制度に対する意見書」[34]を公表している．「意見書」

表 3-8　研修生数の推移

暦年	1996	1997	1998	1999	2000	2001	2002	2003	2004	2005	2006
研修生	20,883	25,806	27,108	26,630	36,199	38,169	39,067	44,464	54,317	54,107	70,519

出所：法務省入国管理局「平成12年末現在における外国人登録者統計について」「平成17年末現在における計について」「平成20年末現在における外国人登録者統計について」より作成．(http://www.toukei/index.html ; 09/10/09)

表 3-9　技能実習への移行者数

歴年	1993	1994	1995	1996	1997	1998	1999	2000	2001	2002	2003
合計	160	1,861	2,296	3,624	6,339	13,066	11,032	12,395	16,113	19,225	20,822

出所：平成20年版『厚生労働白書』（資料編）「6　職業能力開発」「技能実習制度」より．
資料：法務省

表 3-10　実習生とその失踪者数及び割合
（単位：人，％）

	2003年	2004年	2005年	2006年
実習生	27,233	34,816	40,993	51,016
失踪者	1539	1216	1524	2138
割合	5.7	3.5	3.7	4.2

出所：国際研修協力機構「技能実習生の失踪者の推移」より．(http://www.jitco.or.jp/about/data/disap.xls ; 09/10/09)

は，研修生や技能実習生が「事実上，国内における最低賃金を下回る低賃金労働者として活用される傾向」があることを指摘した，経済財政諮問会議・労働市場改革専門調査会の報告（2007年9月21日）や，受け入れ企業が制度を悪用して「研修生を実質的に低賃金労働者として扱い，残業（研修時間以外の活動）までさせている」ことを指摘した，厚生労働省の研修・技能実習制度研究会中間報告などを引用しつつ，そのなかで外国人研修生・技能実習生がおかれている極めて劣悪な労働条件，作業内容，そして人権侵害的状況などについて，研修生・実習生からのヒアリングにもとづいて報告している．

　たとえば，所定労働時間を上回る過酷な長時間労働の強制，研修生・技能実習生の本来の受け入れ先と異なる企業への派遣，あるいはパスポートの取り上げ，強制的な貯金や預金通帳の預かりなどの不正行為のほか，「受け入れ企業が，退職や帰国を怖れる研修生・技能実習生に対し，労働関係上のみならず，私生活を含めた全人格的な支配従属関係を作り，かつ自らの意に沿わない研修生や技能実習生を安易に解雇しもしくは強制的に帰国させようとするケース」

や「研修生・実習生の受け入れによる営利のみを目的として事業協同組合を設立し，ブローカー的に高額な管理費等を徴収しているケース」，さらには現地の送り出し機関による様々な不正行為（不当に高額な仲介手数料の徴収や研修生・実習生にとり極めて不利な保証金をめぐる取り決めなど）の存在等々，過酷な現状の数々が報告されている．

こうした実情を踏まえて，第一東京弁護士会は，その「意見書」において，研修生の実務研修に対して労働関係法令を適用することや技能実習制度の廃止をも含めた，人権侵害防止のための抜本的な制度改正を提言している．

ところで，わが国における労働力供給構造の最下層に位置付けられるべきものとしては，すでに指摘したように不法残留者による不法就労の存在があった．そして，この人数は1993年をピークに減少傾向を見せていったのであるが，これとは逆に90年代初頭における制度発足とともに増加の一途をたどっていったのが研修生・技能実習生であった．その人数は，これを中小企業にも利用しやすくするなど外国人研修・技能実習制度の拡充とともに一層の拡大を見せていったが，このことは逆に不法就労者の働ける仕事をますます限定し少なくしていったはずである．要するに，このことはわが国における労働力供給構造の最下層の担い手が不法就労者から研修生・技能実習生へと移し替えられてきたということを意味するのである．

(4) 日系人労働者

最後に，日系人労働者の問題について見ていこう．日系人は，1990年に施行された改正入管法により，原則として3世までは身分に基づく在留資格（「日本人の配偶者等，永住者の配偶者等，定住者」）が与えられることになった．これによって日系人は「定住者」（いずれは永住者資格も取得可能）として扱われることになったわけだが，この「日本人の配偶者等，永住者の配偶者等，定住者」という在留資格には就労制限がないところから，いわば完全な職

表 3-11　日系人の就労者数

(単位：万人)

暦年	1990	1992	1993	1994	1995	1996	1997	1998	1999	2000	2001	2002	2003
就労者数	7.18	16.59	17.49	18.15	19.37	21.12	23.41	22.08	22.05	23.32	23.97	23.39	23.09

出所：経済産業省『通商白書』2005年版より．なお1991年は存在していない．
備考：上記の表は，『通商白書』2005年版の「第3-2-17図　我が国で就労する外国人数の推移」から日系人等の就労者数に関するものを取り出して作成した．この原データの出所は，法務省入国管理局「外国人登録者統計」から厚生労働省が推計したものである．

業選択の自由が認められた（同時に生活保護等の社会扶助を受ける権利をもつ）存在である．

　日系人労働者は，改正入管法が施行された1990年から92年までの間に約7万人から17万人へと一挙にふくれあがったが，その大半は——日本語が不十分なままに来日した人々が多かったということもあって——製造業部門の単純労働力として吸収されていくこととなった[35]．1990年以降の日系人の就労者数の推移は，表3-11の通りである．この日系人の就労者数の推移を見れば，日系人労働者は1997年にピークをつけて以降，22〜23万人台で頭打ちになっているということが分かるであろう．これは，増加の一途をたどった研修生・技能実習生数の趨勢と比べたさいには1つの留意点をなす．

　なお，「外国人雇用状況の届出状況（平成18年6月1日現在）の結果について」（「表19　出身地別，在留し格別及び職種別・外国人労働者の推移（直接雇用）」）を見ると，かつて出身地域別の外国人労働者としては，その大半が日系人からなる「中南米」が最も大きな構成比を占めていた．ところが，2003年には「東アジア」に抜かれ（東アジア38.4％，中南米35.8％），2008年10月末時点では中国が国籍別では最大の構成比（43.3％）を占め，ブラジル人（20.4％），ペルー人（3.1％）を凌駕するにいたっている．

　また，新しい届出制の下で作成された「外国人雇用状況の届出状況（平成20年10月末現在）の結果について」（「表1　国籍別・在留資格別外国人労働者数」）によれば，ブラジル人およびペルー人の在留資格は，身分に基づく在留資格（「日本人の配偶者等，永住者の配偶者等，定住者」）の割合が最も高く，ブラジル人で99.5％，ペルー人で98.9％となっている．つまり，かれらの大半が日系人労働者に分類されるということである．さらに，これらのブラジル

人のうち53.6％が製造業（「サービス業（他に分類されないもの）」で37.3％）で就労し，ペルー人の52.6％が製造業（次いで「サービス業（他に分類されないもの）」で34.3％）に就労している．ちなみに，国籍別で最大の外国人労働者数を占めることになった中国人の場合，製造業で39.7％（次いで飲食店・宿泊業17.5％，卸売・小売業13.3％）が就業している．

4．グローバル資本主義下の資本－賃労働関係の再生産メカニズム

(1) 不況下における外国人労働者の動向

　2008年9月のいわゆるリーマンショック以降，国内の雇用状況は世界経済の同時不況過程への突入の影響を受けて急速に悪化したが，このなかで非正規労働者に対しての，いわゆる「派遣切り」「雇い止め」が問題になると同時に，日本の各地方都市で就労していた，かなりの数の日系人労働者の解雇とその生活困窮問題がマスコミ等で大きく取り上げられた．そうしたなかで，仕事を失った日系人労働者に対しては，再入国禁止条件をつけての「帰国支援事業」——「必要がなくなったから日本に留まらずに自分の国へ帰れ」と言わぬばかりの施策——までが実施されたことは記憶に新しい．

　ところが，一方で同じような単純労働力として就労していた研修生・技能実習生については，そのような問題はほとんど聞くことがなかった．たとえば，彼らの帰国を強制的に促すような企業側や行政側の動きはまったくと言っていいほど見られなかったのである．そして，実は技能実習生に関するつぎのデータはかなり注目に値する．

　表3-12および表3-13は，財団法人国際研修支援機構の支援によって入国した研修生が，技能実習生に移行申請した人数および研修・実習先企業の数を年度別月別に示したものである．むろん，これは技能実習移行申請者の全体の数を表すものではないが，これによってある程度の傾向をつかむことは可能である．

　まず，表3-12で技能実習申請者の年度別推移を見れば，この人数が年々増加してきていることが見て取れる．さらに，表3-13の月別推移を見れば，例のリーマンショックが起こった2008年9月以降も，企業者数・申請者数の動

表 3-12 技能実習移行申請者数の推移（年度別）

(単位：人)

年度	2004	2005	2006	2007	2008	2009/4-6月
企業	10,310	12,230	15,091	17,711	19,268	7,321
人数	34,816	40,993	51,016	60,177	63,747	20,979

出所：国際研修支援機構，業務統計速報「技能実習移行申請者」より．
(http://www.jitco.or.jp/about/data/statistics‐st.xls ; 09/10/10)

表 3-13 技能実習移行申請者数の推移（月別）

(単位：人)

年	2008年							2009						
月	6月	7月	8月	9月	10月	11月	12月	1月	2月	3月	4月	5月	6月	7月
企業	1,814	2,294	1,875	1,750	1,724	1,637	2,287	1,939	1,514	2,012	1,681	1,845	2,034	1,761
人数	5,260	6,533	5,267	4,869	5,160	4,668	6,360	5,511	4,469	5,821	4,880	5,151	5,973	4,975

出所：表 3-12 と同じ．

向はそれ以前とほとんど変わらずに推移しているということが分かる．

これは，今回の不況のなかで大量に解雇された日本人の非正規労働者や日系人労働者とはまったく違った動きである．むしろ，それは，研修・技能実習生が日本人の非正規労働者や日系人労働者によって担われた単純労働の部分を穴埋めするものとして活用される可能性を示唆している．つまり，資本の側は日本人の非正規労働者や日系人労働者を必要以上に解雇したうえで，不足分をよりコストの安い研修・技能実習生で代替・補充できる，ということである．

とはいえ，この可能性については，今後の傾向をもう少し時間をおいて観察してからでないと確たる結論を出すべきではないであろう．データの制約があまりにもおおき過ぎるからである．そこで，ここではさらにもう1つ別の可能性に論究したうえで，全体の結論へと進むこととしよう．

(2) 単純労働力としての外国人労働者と景気変動

表 3-14 は，不法残留者，研修生，技能実習生そして日系人労働者という，主に単純労働として就労している4種類の外国人労働者の人数とその10年間の推移を示したものである．

この不法残留者，実習生・技能研修生・日系人労働者の合計は，わが国にお

表 3-14 不法残留者・実習生・技能研修生・日系人等の推移

(単位：万人)

暦年	1994	1995	1996	1997	1998	1999	2000	2001	2002	2003
不法残留者の推移	29.38	28.67	28.45	28.3	27.68	27.1	25.17	23.21	22.41	22.06
研修生	1.73	1.77	2.09	2.58	2.71	2.66	3.62	3.82	3.91	4.45
実習生	0.19	0.23	0.36	0.63	1.31	1.1	1.24	1.61	1.92	2.08
日系人の就労者数	18.15	19.37	21.12	23.41	22.08	22.05	23.32	23.97	23.39	23.09
合　計	49.45	50.04	52.02	54.92	53.78	52.91	53.35	52.61	51.63	51.68

出所：不法残留者については，本章脚注30の表「不法残留者の推移（1990-2009年）」と同一データであり，研修生については表3-8，実習生は表3-9，さらに日系人については表3-11と同じである．

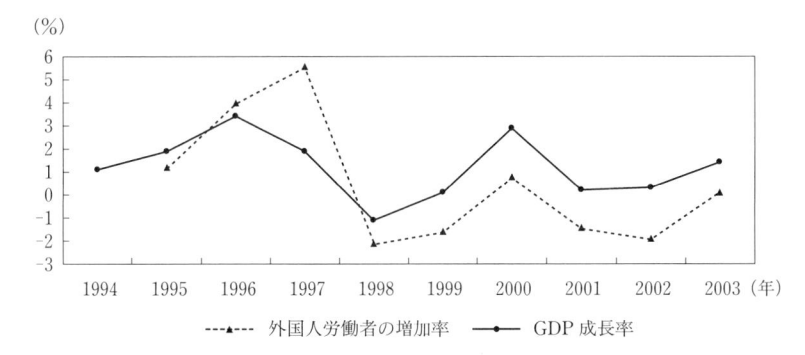

出所：GDPの増加率は表3-7より，外国人労働者によって担われる単純労働力の増加率は，表3-14から算出．

図 3-4 外国人労働者（単純労働力）の増減とGDP成長率の推移

ける外国人労働者によって担われる単純労働力の数を示すものといって間違いはなかろう．この増加率（変化率）の推移と実質GDPの増加率（成長率）の推移を重ねてグラフとして示したものが図3-4である．これを見ると，一時的なタイムラグをともないつつ，ほぼ同じような動きをしていることが分かる．

外国人労働者が景気変動に連動して国内労働市場への流出入を繰り返していることについてはすでに確認したが，これはその事実をより明確に示すと同時に，単純労働力の担い手としての外国人労働者が日本国内の雇用の調節弁として機能していることを如実に物語るものである．

このような国内の労働力供給構造の最下層に位置する単純労働力が雇用の調節弁の機能を果たすことによって，国内の賃金水準全体に影響を及ぼすことが

可能になる．すでに指摘したように，非正規社員の増大とその低賃金は正規社員の労働条件を悪化させ，その賃金水準に対する低下圧力として機能する．これと同じように，外国人労働者の流入による単純労働力の拡充は，日本人の周辺部労働力と競合しつつ非正規労働者の労働条件をさらに一層引き下げるべく機能できるのであり，それはまた国内全体の賃金水準の低下圧力としても機能しうるからである．

　もちろん，いつ如何なる状況下でも，外国人労働力の流入による単純労働力の拡充が国内の周辺部労働力の労働条件を悪化させ賃金の低下圧力として作用するわけではない．たとえば，景気拡張期に，低賃金単純労働力への需要が拡大していくなか，外国人単純労働力の流入がその需要増大に追いつかないようなケースでは，国内の周辺部労働力の賃金も低下せずにむしろ上昇していくであろう．ただし，この場合でも外国人労働力の流入がなければ，この賃金上昇率はさらに大きくなるのは避けられないわけで，この場合も外国人労働力の流入はこの賃金上昇への低下圧力として機能しているのである[36]．

　あるいはまた，次のようなケースも考えられる．外国人単純労働力の国内流入が刺激になって省力化投資（労働節約的な設備投資）拡大の誘因を低下させ――資本の有機的構成高度化を阻害することで――かえって低賃金単純労働力に対する需要を拡大するような場合（ある種のリカード効果が作用するケース）である．そこでも，外国人労働者の流入は国内の労働者の賃金低下につながらない（むしろ上昇させる）可能性がある．そうした意味において，ここで定式化したような労働市場の賃金決定メカニズムはあくまでも原理論的規定だということである．

　いずれにせよ，この原理論的規定は景気循環の各局面においてより具体的なかたちで展開していくことも可能である．そこで，たとえば好況過程とりわけ労働需要が大きく増加する活況期においては，日本人労働者の嫌がる，いわゆる３Ｋ職場，あるいは労働条件の最も悪い単純労働の領域（低賃金製造業種や低賃金サービス業種）が人手不足になる傾向が見られる．しかし，この領域に外国人労働力が流入すれば，活況期における一般的な賃金上昇をある程度は抑制することができるであろう．要するに，これは最下層の低賃金製造業種や低賃金サービス業種における需要を労働力の国際的移動を通して満たすことで，

第3章　グローバル資本主義への移行と労働市場　　　　　　　121

　国内の相対的過剰人口減少や下層部門から上層部門への労働力移動による賃金水準への影響を打ち消し，それによって一般的な賃金上昇を抑制するということである．

　逆に，不況過程やその末期（＝好況初期）において，労働需要が大きく改善されない時期には，日本人の失業者がこれまで働いてきた職場よりも悪い条件の部門に職を求めざるをえなくなり，活況期とは逆の流れの労働力の部門間移動（上層部門から下層部門へのシフト）が起こることになる．先に述べた外国人の単純労働力と日本人の周辺部労働力との競合の問題はこうしたケースで具体的に現れるわけである．さらに言えば，何らかの事情で（たとえば会社のリストラによって）安定雇用から不安定雇用へとシフトさせられた日本人の労働者やその家族（例えば主婦）が，その収入の確保のために外国人労働者と同じ職場に流入していく場合にも，同じような競合が発生することになるであろう[37]．

　このような競合は，労働力の国際的移動が行われるグローバル資本主義の下では不可避であり，こうした労働力の国際的移動と労働市場の作用とによって資本－賃労働関係の維持・再生産が行われること，これがグローバル資本主義の特質なのである．

　とはいえ，これもすでに指摘しているように，外国人労働者の国内の労働力人口に占める割合は現在1％程度であって，その意味ではこの雇用の調節弁としての機能も限られたものでしかないことは注意を要する．

　ただし，不十分にしか機能しないとはいえ，すでにそのような雇用の調節弁が出来上がっていることは無視するべきではない．そして，それがグローバル資本主義のもとでの新しい資本－賃労働関係の再生産メカニズムとして機能するために必要な国内労働市場の流動化や流動的有期労働力の増大は，一連の労働法制の改訂（規制緩和）――たとえば，すでに見た労働者派遣法，労基法（変形労働時間制，裁量労働制など）の改訂プロセス――を通じてすでに実現されているのである．

　もっとも，日本の場合，それはすでに出来上がってはいても，資本蓄積の拡大にともなう労働需要の増大とそれによる賃金上昇（すなわち資本過剰の顕在化）を先送りしていくようなかたちで機能したことはこれまで一度もない[38]．

1990年代以降，奔流のような海外直接投資（資本の国際的移動）と労働法制の改訂による継続的な雇用の質の悪化によって産業予備軍効果が再確立され賃金水準は低下し続けたからであり，それを凌駕するような資本蓄積の拡大による労働需要増大と賃金上昇は経験することがなかったからである．

今後，日本資本主義が，過剰資本を顕在化させるような強力な資本蓄積とそれによる労働需要の拡大や賃金上昇を実現しうるかどうかは確言できない．このまま本格的な衰退過程に落ち込んでいく可能性もあながち否定できないからである[39]．

仮に，衰退過程に突入していったとすれば，今度は外国人労働力の流入どころではなく，むしろ労働力の過剰から日本人労働者の海外流出の可能性すら否定できないということになるであろう．こうした労働力の国際的移動もまたグローバル資本主義の特徴であることについては，本書の序章で指摘しておいた通りである．

いずれにせよ，ここで留意しておくべきは，日本資本主義の場合，グローバル資本主義への移行とともに国民経済衰退の兆候が見られるということで，ひとまずはこの2つの過程をきちんと区別したうえで議論していく必要がある，ということである．そして，本章においては日本経済のグローバル資本主義への移行に分析の力点をおいて論述してきたこと，この点を付言しておきたい．

(3) グローバル資本主義への移行

さて，グローバル資本主義の最終的な確立のためには，何よりも産業予備軍効果の再確立が必要であり，そのうえに外国人労働力の流出入を介した雇用調整メカニズムを可能にするような流動的労働市場の確立が不可欠であった．日本資本主義の場合，それを実現していくための労働法制の一連の改訂は1990年代後半から行われており，この観点からも，やはりこの1990年代後半以降をグローバル資本主義への本格的な移行期と考えて間違いはないであろう．

さらには，こうした労働市場「改革」の結果，労働の質の悪化が顕著に表れ，景気回復過程にもかかわらず賃金低下（労働分配率の低下）を見せたのは第14循環であったが，こうした国民経済の衰退現象は日本経済のグローバル資本主義への移行という構造的な要因なしにはもはや説明がつかない事態と言っ

てよい．かくして，日本経済は，1990年代後半からグローバル資本主義への移行期に入り，2000年代前半にはその移行を決定的にしたと見ることができるであろう．

注
1) ここで提出された各界からの諸要求は，関連する各省庁において検討され，1995年3月31日に『規制緩和推進5カ年計画』(11分野1,000項目)として閣議決定され発表されている．また，1995年12月には「行政改革小委員会」が「規制緩和報告」を行い，「有料職業紹介事業の対象自由化」「労働者派遣事業の対象自由化」などを提案している．労働市場の規制緩和が政府の委員会の具体的な提言というかたちで出てくるのは，これが最初であろう．
2) 労働市場「改革」は，2000年代前半の「小泉改革」で極点に達する構造改革路線の重要な柱の1つであった．この構造改革のもつ問題点について1990年代半ばというかなり早い段階で警鐘を鳴らしていた歴史的文献として，内橋克人とグループ2001〔1995〕がある．
3) 日経連報告書『新時代の「日本的経営」』が，「高度専門能力活用型」を「有期雇用契約」社員として処遇しようとしていることについて，木下武男氏はこう指摘している．「国際競争力にとって不可欠な『独創性や創造性』を発揮する『専門部門』を企業外の有期雇用労働者に委ねようとしたこと自体，グローバリゼーションに対する浅薄な認識しかなかったことを示している」(木下〔2004〕146頁)と．
4) 木下武男氏は，この日経連『報告』が「日本型雇用システムの核心部分に位置する日本型正社員は温存すると言うことを宣言したに等しい」と理解している (木下〔2009〕参照)．確かに，日経連は当時「日本型雇用システムは基本的に変えない」「日本型雇用システムの護持」を考えていたのかも知れないが，結果的にはそれを解体してしまったという事実が重要であろう．
5) 鶴田満彦氏は，こうした一連の労働法制の改訂が，グローバル時代に即して終身雇用慣行と年功賃金を軸とする「日本的経営」を改変しようとする財界の戦略によるものであること，しかしこの戦略の成功によって，本来「モノづくり共同体」としてある企業そのものの解体につながりかねないことを指摘している (鶴田〔2009〕232-3頁参照)．
6) そこでは何が必要とされたのか？ 永田瞬氏は，この問題を明らかにしたうえで「非正規労働に共通してみられる低賃金，雇用の不安定，低い社会保障・雇用保険の適用率は，規制緩和が推進された反面，非正規労働者の条件を保護する政策が十分に進められてこなかった面に原因の一端がある」(永田瞬〔2009〕62頁)と結論している．それにしても，この労働法制の規制緩和に理論的な基礎を提供したはずの経済学は，こうした結果について事前に認識可能だったのか，あるいはそれは理論の範囲外だったのか，自ら検証してみる必要があるだろう．

7) この「労働ビッグバン」の狙いについて，牧野富夫氏は「①雇用の流動化・多様化を通じて，②格段のコスト削減・効率化を図るため，③各種の『規制改革』（規制の緩和・撤廃だけでなく強化・新設も含む）を断行すること」（牧野〔2007〕16頁）にあるとし，このような「雇用の流動化・多様化」を目指す動きが1990年代半ば以降に本格化してきた歴史的経緯，その意味（諸問題点），さらには今後の方向性について包括的に取り上げ論じている．

8) 「サービス残業」や「名ばかり管理職」の問題に示されるように，実はかなりの残業代が支払われていないのが現状である．そのことを明らかにした上で，それでもなお経済界がホワイトカラー・エグゼンプション法案にこだわった理由について，森岡孝二氏はこう指摘している．「現行法では当の労働者が労働基準監督署に申告したり，裁判を起こしたりすると，大抵は労働者の側の言い分が認められる．それでは紛争が絶えないので，賃金不払い残業の違法性を問われないような法制度を整備したい，というのが経済界の本音である」（森岡〔2009〕199頁）．

9) ホワイトカラー・エグゼンプション法案の国会上程が見送られたという事実は，一連の労働市場「改革」がいわゆる「構造改革」による格差の拡大や貧困の増大を背景にして大きな行き詰まりを見せたことの象徴であったとも言えるが，ただしそこには既得権益をめぐる官僚や財界の思惑など様々な勢力のせめぎ合いも演じられていた．この点については，五十嵐仁氏〔2008〕が詳しく論じている．

10) 木下武男氏によれば，この若者の雇用のあり方の変化は，女性の雇用のあり方の変化と合わせて日本型雇用の解体過程に深く作用していたとされる．日本型雇用の解体過程が始まるのは1990年代からであるが，そこでの労働市場の特徴は「流動化」と表現される．つまり「90年代における労働市場の流動化とは，これまでの特定の企業に入社してから定年まで雇用されつづけることという『終身雇用制』が揺らぎ，労働者の特定企業への固定化が崩壊したことである」（木下〔2007〕56頁）．そして，この時期，女性労働者と就職氷河期で就職できなかった若者とが有期労働市場に大量に流れ込むのと軌を一にして「90年代，失業者や離職者・無業者，非正規社員，それと転職を繰り返す正社員，これらが入り交じりながら流動的労働市場が形成された」ということである．

11) 前掲『平成19年分　民間給与実態統計調査』（2009年9月）8頁，10頁参照．

12) 国税庁『平成19年分　民間給与実態統計調査』（2008年9月）参照．

13) 総務省『平成19年　就業構造基本調査』（2008年7月3日），時系列統計表「第7表　男女，従業上の地位，職業別有業者数（昭和43年～平成19年）」を参照．(http://www.stat.go.jp/data/shugyou/2007/6.htm ; 09/10/09)

14) 産業別の正社員・非正社員データは，総務省『平成20年　労働力調査年報（II詳細集計）』（2009年5月），「平均結果の概要」9頁「表4　主な産業別に見た正規，非正規の職員・従業員の推移」参照．(http://www.stat.go.jp/data/roudou/report/2008/dt/pdf/summary.pdf ; 09/10/09)

15) 前掲『平成20年　労働力調査年報（II詳細集計）』「平均結果の概要」10頁「図10

主な産業別に見た正規,非正規の職員・従業員の割合の推移」参照.
16) 前掲『平成 20 年 労働力調査年報（II詳細集計）』「平均結果の概要」13 頁「図 12 主な職業別にみた非正規の職員・従業員の割合の推移」参照.
17) 前掲『平成 19 年 就業構造基本調査 結果の概要（速報）』6 頁参照.
18) 「企業形態別に見ると,男では,大企業が 381.8 千円,中企業が 324.6 千円（大企業の賃金を 100 とすると 85），小企業が 294.9 千円（同 77），女では,大企業が 251.9 千円,中企業が 225.4 千円（同 90），小企業が 207.7 千円（同 83）となっている」（前掲『平成 20 年 賃金構造基本統計調査（全国）結果の概要』7 頁）.
19) 前掲『平成 20 年 労働力調査年報（II詳細集計）』15 頁参照.
20) 前掲『平成 20 年 労働力調査年報（II詳細集計）』16 頁「表 7 正規,非正規の職員・従業員の仕事からの収入（年間）階級別雇用者及び割合の推移」参照.
21) これらアルバイト,パートの比率は,前掲『平成 19 年 就業構造基本調査 結果の概要（速報）』10 頁「表 2 男女,雇用形態別雇用者（役員を除く）数及び割合－平成 14 年,19 年」をもとに計算.
22) 前掲『平成 19 年 就業構造基本調査 結果の概要（速報）』22 頁参照.
23) 女性が非正規雇用に誘導される要因の 1 つとして,熊沢誠氏は日本特有の性格をもつ能力主義の展開を指摘している.つまり「加重ノルマの達成責任と長時間労働」というのが男性の標準化された働き方として展開されており,これは「家事・育児をすべて免除されている健康な男子」以外には困難であるところから,女性は「被差別者の自由」を選択する,つまりこの「標準化された働き」を期待されない代わりに自由が許されている「非正規雇用」を選ぶ,というわけである.要するに,これは「働き過ぎが標準」になっている社会の特異な現象として見ていくべきだ,ということである（熊沢〔2007〕116-28 頁参照）.
24) 前掲『平成 20 年 労働力調査年報（II詳細集計）』によると,15～24 歳の男性における非正規の職員・従業員の割合は 44.4％ であり,45～54 歳（8％）までは年齢階級が上がるにつれて低くなっている.また,45～54 歳以上では,年齢階級が上がるにつれて高くなり,65 歳以上が 67.9％ となっている（前掲「平成 20 年平均結果の概要」5 頁参照）.
25) 「外国人雇用状況の届出状況（平成 20 年 10 月末現在）の結果について」（厚生労働省,2009 年 1 月 16 日）2 頁参照.なお,これは届出が義務づけられてから最初の「外国人雇用状況報告」である.
26) この「人文知識・国際業務」「技術」という高度専門労働者のコア部分は,次頁の表①に示されるように推移している.なお,この法務省入国管理局の発表している外国人登録者統計の数字と本文中で示した「外国人雇用状況報告」の人数は大きく異なっている.ちなみに,後者における 2008 年 10 月末現在の数字は「技術」27,303 人,「人文知識・国際業務」32,422 人で,入管統計のほぼ半分である.ここから,法務省入国管理局で把握している「専門的・技術的分野」のコア部分（「技術」「人文知識・国際業務」）のうちのおよそ 2 分の 1 が厚生労働省（ハローワーク）に届け出られた

表① 高度専門労働者のコア部分の推移

暦年	2004	2005	2006	2007	2008
人文知識・国際業務	47,682	55,276	57,323	61,763	67,291
技術	23,210	29,044	35,153	44,684	52,273

出所：法務省入国管理局「平成20年現在における外国人登録者統計について」「第4表 在留資格別外国人登録者の推移」より．

人数として「外国人雇用状況報告」に載せられているということになろう．

27) 「外国人雇用状況の届出状況（平成18年6月1日現在）の結果について 集計表」「表19 出身地域別，在留資格別及び職種別・外国人労働者数の推移（直接雇用）」参照．

28) なお，2008年5月30日厚生労働省発表の「6月の外国人労働者問題啓発月間の実施について」の付属資料「わが国で就労する外国人労働者の推移」によれば，「資格外活動（留学生のアルバイト等）」は1996年の3万人から2006年には11万人に増加している．

29) 「外国人雇用状況の届出状況（平成18年6月1日現在）の結果について 集計表」「表19 出身地域別，在留資格別及び職種別・外国人労働者数の推移（直接雇用）」参照．

30) 不法残留者の数を実数で示したものが，下記の表②「不法残留者の推移」(1990-2009年)である．なお，1990年時点においては，不法就労者の85％が製造業，建設業の現場作業員，工員や建設作業員として働き，バブル期の労働力不足を埋める貴重な戦力として「労働力の存在ではまっとうであった」とされる．(佐藤忍〔2006〕150頁参照)．これに対して「2004年の不法就労者はその労働実態においても身を潜めながら働いていることが推察される．文字通りのアンダーグランドの領域に押しやられていることが分かる．『工員』ないし『建設作業員』として働いていたものは半数程度である．『雑役』，『清掃』，『料理人』，『店員』といった摘発されにくい，それ故使い捨てされやすい，不安定な仕事に従事する者が増えている」(佐藤〔2006〕150頁)．

表② 不法残留者の推移（1990-2009年） (単位：人)

暦年	1990	1991	1992	1993	1994	1995	1996	1997	1998	1999
人数	106,497	159,828	278,892	298,646	293,800	286,704	284,500	282,986	276,810	271,048
暦年	2000	2001	2002	2003	2004	2005	2006	2007	2008	2009
人数	251,697	232,121	224,067	220,552	219,418	207,299	193,745	170,839	149,785	113,072

出所：本文の図3-3に同じ．

31) 財団法人国際研修機構ホームページ「制度の沿革・背景」参照．
(http://www.jitco.or.jp/system/seido_enkakuhaikei.html ; 09/10/09)

第 3 章　グローバル資本主義への移行と労働市場　　　　　127

32)　同上参照．
33)　2008 年 5 月 30 日厚生労働省発表の「6 月の外国人労働者問題啓発月間の実施について」の付属資料「わが国で就労する外国人労働者の推移」参照．なお，これは研修から技能実習への移行者数とは区別されるべき人数である．
34)　この「意見書」は第一東京弁護士会のホームページで閲覧できる．
　　（http://www.ichiben.or.jp/01_shoukai/frame_set.html#32；09/10/09）
35)　日系人労働者の多くが働く製造業企業と彼らの間の雇用形態・雇用関係は，かなり複雑で分かり難いものとなっている．依光正哲氏は，これについて日系人を①「正社員として直接雇用する」ケース，②「非正社員として直接雇用する」ケース，そして日系人が③「請負会社に間接雇用される」ケース，④「派遣会社に雇用され，派遣される」ケースの 4 つのタイプに分類してそれぞれ分析している．このうち最も多いのは③と④の「間接雇用」形態で，これは「同形態の日本人労働者とほとんど同じ条件で雇用される．人種的な差別はあまりない」とされている（依光〔2003〕126-34 頁参照）．
36)　中村・内藤・神林・川口・町北〔2009〕は，本文中に示したような外国人労働力の流入が賃金の低下圧力として作用しなかった事例を統計的に検証している．むろん，この検証が正しいとしても，こうしたケースは，外国人労働力の流入が国内の労働市場に対する供給圧力となり，国内労働者の労働条件の悪化や賃金の低下圧力となって作用するメカニズム（労働市場の賃金決定メカニズム）の存在，すなわちその原理論的規定を否定するものではない．
37)　このケースについては，丹野清人氏が分析している（丹野〔2007〕29 頁参照）．この場合，「パートの主婦層が労働市場に出てくる前は，この部分を外国人労働者が占めていたわけだから，主婦層の労働市場への参入によって外国人労働者の職が奪われているのである」（同書 161 頁）．さらに，同じ論者の指摘するところによれば，不況が深刻化した 1990 年代半ば以降の日本の労働市場には，外国人労働者が担ってきた，いわゆる 3 Ｋ職場に日本人労働力が戻ってきており，このことを踏まえて企業側の労働力編成に変化（＝多様化）が見られる，ということである．「現代日本の雇用環境にあって，外国人労働者の職は選択肢のひとつとなっているのであり，日本人のパートタイマーや高齢者と仕事をめぐって競合しているような関係になっている」（丹野〔2005〕71 頁）．
38)　問題となる 1990 年代以降，日本経済においては活況過程において賃金上昇という局面を経験していない（にもかかわらず，外国人単純労働の流入は起こっていた）ということも考慮すべきであろう．ここにおいては，外国人単純労働力の流入によって，国内の相対的過剰人口減少や下層部門から上層部門への労働力移動による賃金水準への影響を打ち消し，それによって一般的な賃金上昇を抑制するということも起こりえなかったわけである．
39)　日本経済が衰退に歯止めをかけ，再び資本過剰を顕在化させるような資本蓄積過程を実現していくことがあれば，つぎには必ず外国人労働者の問題が移民制度の導入を

含めて本格的に議論されることになるであろう（衰退過程にもかかわらず，そうなる可能性もある）．その際には，この労働力の国際的移動がグローバル資本主義のもとでの固有の資本－賃労働関係の再生産メカニズムの不可欠の一環をなしているということを忘れるべきではない．それというのも，これは資本主義のもつ基本的矛盾と深く関わる問題であり，そのまま放置すればグローバル資本主義に特有の経済構造（雇用構造，所得構造，格差構造）をさらに拡大させ，一部の人々を除いて大多数の人々の経済的厚生を劣化させる（つまりは，多くの国民を幸福にはしない）からである．

第4章
日本的経営とコーポレート・ガバナンスの変容

　日本的経営の特徴として，一般的には終身雇用，年功賃金そして企業別組合の3つの要素があげられる．この3つは日本的経営の「三種の神器」とも呼ばれていることはよく知られているとおりである[1]．これらはまた，日本独特の雇用システムを核とした労資関係を基本的内容とするが，1995年後半以降グローバリゼーションの進展を背景として，この日本的経営の見直しが経済界を中心に強く主張されるようになった．

　それを象徴しているのが，1995年に経団連によって提言された『新時代の「日本的経営」』であり，いまひとつは，2000年に日経連・国際特別委員会によって提言された『経営のグローバル化に対応した日本型人事システムの革新――ホワイトカラーの人事システムをめぐって』であった．前者は，主に終身雇用制の見直しを主張するものであり，後者は年功序列賃金の変更を訴えたものである（これらの内容ついては，次章で検討する）．

　本章の目的は，このような終身雇用制や年功序列賃金に特徴付けられる，日本的経営もしくは日本型経済システムがいかなる歴史的経緯によって形成されたのかを確認しながら，1990年代後半以降，経済諸団体によってその見直しや変更が求められるようになった背景を明らかにしていくことにある．

1. 日本型経済システムと日本的経営

　わが国においては，終身雇用，年功賃金そして企業別組合などの日本的経営と呼ばれる独特の雇用システムに媒介されて，企業内部の固有の人的諸関係（人材育成や昇格・昇進システム）が構築されてきた．たとえば，日本企業に

おける現場主義重視を象徴するOJTの展開や，会社への強い帰属意識を反映したQCサークルへの結集，さらには年功制のデメリットをある部分で克服しようとする人事考課（査定）の存在，ホワイトカラー・ブルーカラーの区別なく，また経営トップから末端の従業員まで「社員」と呼ぶ独特の労資関係（その背後にある「資本家」の存在しない資本主義としての「法人資本主義」）[2]，ゼネラリスト養成型のジョブ・ローテーションとそのなかでの長期にわたる社員間の厳しい競争，等々．

ただし，日本的経営に関わるものとしては，こうした労資関係のほかにもまだいくつか存在している．技術力をもった中小・零細企業と大企業との関係としての下請制度，企業集団の存在と過当競争体質，系列取引という長期取引慣行，特定の企業と長期・継続的な金融取引関係をもつメインバンク制とそこに見られる独特の企業統治（コーポレート・ガバナンス），さらには業界団体の存在とそれに対する政府の行政指導の存在，それとも深く関わる「民主」主義ならぬ「官主」主義的な経済体制，等々である（このうちのいくつかは，後述するように1990年代の日本経済の長期停滞過程のなかで崩れてきていることは注意を要する）．

これらは，企業内部の関係だけではなく，企業同士の関係，銀行と企業との関係，さらには政府と企業との関係としても広がっており，内容的には1990年代後半になって経済諸団体が改革の対象としたような「日本的経営」の範囲を大きく超えるものである．したがって，全体としては日本的経営というよりも，むしろ日本型経済システムとして捉えたほうが適切であろう．その場合，問題の日本的経営は，この日本型経済システムの重要な構成要素として——したがってまた，その独自の企業システム（＝企業内部の関係），とりわけその雇用システムを核とした労資関係を説明するものとして——位置付けられることになる．

(1) 戦時体制との連続性と断絶

こうした日本型経済システムは，またよく知られているように，ときに「1940年体制」と呼ばれることもある[3]．つまり，これらは，第2次世界大戦中の総力戦体制（＝戦時経済）の要請に応えるべく当時の革新官僚[4]の主導に

第4章　日本的経営とコーポレート・ガバナンスの変容　　　　131

よって人為的に構築されてきた体制だということである．ある意味で，それはまた戦後の日本型福祉国家体制の原型を形づくったものとして捉えることも可能である．さらに，これは世界史的なコンテキストにおいて見れば，帝国主義の時代が同時に福祉国家体制の時代への過渡期であったということと符合しており，多くの場合，福祉国家政策の背景に戦争と恐慌があったという点でも共通している．

　ただし，日本型経済システムの諸特徴は，この1940年体制論で説明できる部分も確かにあるが，戦前と戦後の連続性よりもむしろその断絶を重視すべきところも存在している．いくつかの例を挙げて確認しておこう．まずは，雇用システムを中核とした労資関係である．

　長期雇用契約や年功的賃金が日本企業のなかで登場してくるのは1920年代のことであり，これは近代的な大規模産業とりわけ重工業の発展のなかで当初は大企業の正社員に対して徐々に導入されていったものである．それが全国的な制度として定着していったのが戦時体制下であり，それとともに賃金体系も勤続年数を反映した生活給的なものへと変化していっている．定期昇給の仕組みが定着していったのも，またこの時代であった[5]．

　このように見ると，終身雇用や年功賃金といった雇用システムについては，その連続性を重視すべきであるようにも考えられる．しかしながら，たんに生活給的な賃金体系や勤続年数を反映する定期昇給の導入というだけでは日本的経営の重要な柱である年功賃金を説明したことにはならないという点にも注意すべきである．次章において詳しく検討することになるが，たとえば1990年代後半以降になって経済諸団体が改革の対象としてやり玉にあげた年功賃金とは，実はたんなる年功序列型賃金制度ではなく，そこに職能的賃金体系を備えたものであり，そうした独特のシステムが確立されたのが1970年代以降だったからである[6]．

　また，労資関係に関していえば，3大戦後改革の1つとされる労働改革の存在を無視することはできないであろう．それは，憲法上の規定（とりわけ第27条，第28条）[7]を含めて，戦後民主主義を基礎に新しい資本主義を構築していった基盤として極めて重要だからである．1940年代体制は，この点あくまでも戦前型であり，天皇制国家としての日本的特殊性を脱し切れていなかった

というべきなのである．

　さらに言えば，1940年体制で説明されるような日本型経済システムの構成諸要素のなかには，第2次世界大戦後の日本の高度経済成長を支えた重要な柱となったものもあり，また1980年代末から90年代初頭のバブル経済とその崩壊過程の中で大きく変容を余儀なくされていったものもある．これらのなかには，1940年体制として説明されるよりも，むしろ戦後日本の経済成長やNIEs諸国における経済的「離陸」と経済成長とをもたらした，いわゆる開発主義的な政策モデルに共通の諸要因として捉え直したほうが適切な事例も存在する．たとえば，戦後日本の高度経済成長を行政面で支えた官僚機構であるが，これは，明治維新以降の伝統的な天皇制国家機構でも，あるいは戦時体制（1940年体制）の中で生まれたものがそのまま引き継がれたのでもなく，むしろ1950年代後半から高度成長の時代にかけて開発主義的に再編成されたものとして捉えられるべきである[8]．

(2) 下請制とメインバンク制における連続性

　ここで問題にしている日本的経営に関連の深い日本型経済システムのうち，1940年体制論でかなりの部分が説明できそうなのは，下請制度とメインバンク制であろう．

　そこでまず下請制度について言えば，これは，日本企業における競争力の源泉のひとつであり，トヨタ方式として有名なカンバン方式あるいはジャスト・イン・タイム制といわれる，大企業製造業のコスト削減（下請によるコスト削減）の基盤であることは，よく知られている．

　また，これはいわば買い手独占と売り手独占との日本的形態としても捉えることができる．たとえば買い手独占としては，組立工程を握る元方の独占的大企業が各種の部品・部材を下請企業（中小企業）に外注し，これらを生産させ納品させるなかでコスト削減を実現しつつ独占的利潤を獲得するというかたちをとる．自動車，電機機器等の機械組立産業がその典型である．売り手独占としては，原材料を生産・供給する元方の独占的大企業が，下請企業に自社製品を供給し加工させるなかで独占的利潤を実現するもので，鉄鋼・合成繊維等の産業において典型的に見られる．いずれの場合も，製品に関する製造技術，品

質さらには納入(数量,期日)等々を一方的に指示しつつ下請企業からの収奪を実現し,不況期においては契約の一方的変更や手形の長期化などを通して,ある種のバッファーとして下請企業を利用する関係でもあった.

そして,このような長期的な下請関係の出発点になったのが,1940年代の,いわゆる総動員態勢がとられたなかでの戦時経済体制下だったのである.それは,こうした下請方式を採用することで大企業と中小企業との関係を強化し,中小企業の技術水準の向上と安定的な受注や原材料調達を確保させ,それによって戦時下の増産体制を確保していくための緊急措置として実施されたのであった.

ここにおいては,特定の大企業の下に複数の中小企業が系列的な専属下請企業として指定され,元方企業にはこれらの下請企業に対する技術や資金等々に関する援助ならびに指導,さらには長期安定的な発注や原材料供給に関する義務などが負わされたのである.こうした独特の長期的な取引関係が第2次世界大戦後も引き継がれ,日本型経済システムの重要な特徴のひとつとなったことは確かなことである[9].

もっとも,この1940年体制下で構築された下請制が,戦後もそのままのかたちで存続したというわけでもなかった.それは,早くも朝鮮戦争による「特需」(=輸出拡大)を背景とした「合理化投資」のなかで再編成が行われたし,高度成長期にはまた当時の技術革新と量産体制の確立に適応させられながら大きく変化していったことにも注意しておく必要があろう.

2. メインバンク制の源流

メインバンク制の源流もまた,1940年体制に遡ることが可能である[10].メインバンクとは,特定の企業と長期・継続的な金融取引関係にある銀行を意味している.これは基本的には1企業に1銀行であり,この特定の企業に長期資金の貸付において最も大きな割合を占め,その審査や監査のノウハウ,経験を蓄積している銀行である.したがって,このメインバンクは,その特定企業の決済口座を管理する銀行であり,そのことによって当該企業の資金繰りや財務状況を把握している銀行でもあった.

こうしたメインバンク制の萌芽は，1941年に興業銀行を中心とした「時局共同融資団」が設立されたことのなかに見出すことができる．また，1942年には「金融統制団体令」によって「全国金融統制会」が設立され——従来，その融資斡旋によって部分的に試みられていた共同融資が制度化されて——大規模な共同融資が実施されている．さらに1944年になると，銀行が融資対象の企業をグループ化する「指定金融機関」制度が創設され，それにより日本興業銀行グループ，富士銀行グループ，三和銀行グループ，第一銀行グループ等々が創り出された．これらが，戦後の企業グループにそのまま引き継がれたわけである．

このような共同融資体制や指定金融機関制度が導入された背景には，この時代の資金調達市場における直接金融方式から間接金融方式への移行という事情があったとされる．当時，戦時経済にできるだけ多くの資源を動員する必要性から，株主よりも経営者の地位を強化するような株主権限の制限（すなわち「資本と経営の分離」）が実施されている．株主の力が強すぎれば，企業はたんなる利潤獲得手段とされ戦争経済遂行にとって不都合なことにもなりかねない．だが，間接金融方式であれば企業はそう高利潤の追求に走ることもない，と考えられたわけである．

しかしながら，政府による配当金規制を含むような株主権限の制限は，当然のことながら投資家（＝株主）の投資インセンティブを萎縮させ，証券市場への資金流入は著しく停滞を余儀なくされることとなったのである．他方では，生産力の拡充のための資本の増強は，戦争遂行のための至上命令にもなっていた．こうして，当時の政府および企業は，証券市場による直接金融方式とは別の新しい資金調達ルートを確保していく必要に迫られていたのである．間接金融が強化されていった背景には，こうした戦時体制にともなう諸事情があった．

ともあれ，こうして1940年体制に源流をもつメインバンク制は戦後も引き継がれることとなったが，これは1990年代のバブル崩壊後の長期停滞過程のなかで弱体化し，日本企業のコーポレート・ガバナンスそのものをも大きく変容させていく原因ともなった．冒頭で触れた日経連報告書『新時代の「日本的経営」』等における提言は，たんにグローバル資本主義への移行を背景に雇用システムの変革を要求する側面だけではなく，当時の日本企業におけるコーポ

レート・ガバナンスの変化を背景とした雇用システムへの変革要求という側面をもっていたのである．

そこで以下においては，まず日本企業におけるメインバンク制を基礎としたコーポレート・ガバナンスのあり方を確認し，それが1990年代に変化していった過程，さらにはそうしたコーポレート・ガバナンス環境を背景に日本企業の雇用システムの変更が促迫されていった諸事情について考察にして行くこととしよう．

3. コーポレート・ガバナンスの諸構成契機

まずは，コーポレート・ガバナンスに関して一般的な理解を確認しておきたい．コーポレート・ガバナンス（企業統治）とは，基本的には，経営（もしくは経営者）を監視（モニター）し，その経営を統治（ガバナンス）することである．もちろん，ここでコーポレート・ガバナンスが対象とする「経営」とは資本制企業の経営であり，とりわけ株式会社の経営である．さらに限定すれば，「公開株式会社」の経営である[11]．

したがってまた，このコーポレート・ガバナンスが問題になる株式会社は，いわゆる「所有と経営の分離」が確立された大会社としての株式会社であり，株式会社であれば何でもよいということではない．

わが国の「会社」はおよそ二百数十万社あると言われているが，そのほとんどが株式会社と有限会社である．その背景には，それだけ株式会社も有限会社も作り易かったということがある．この日本の会社のうち株式会社はおよそ百数十万社あるとされるものの，これらのほとんどは株式の公開されていない，いわゆる「閉鎖会社」である．

株式を公開し，所有と経営との分離が行われている株式会社らしい「株式会社」ということになると，わずかに3800社ぐらいしか存在していない．要するに，ここでのコーポレート・ガバナンス論の対象になる株式会社は極めて少ないということである[12]．ただし，この会社全体の数からすれば，このほんの一握りの数の株式会社らしい「株式会社」が国内の総売上高の約4分の1近くを占めており，この意味ではコーポレート・ガバナンスの問題は決して小さく

はないと言うべきであろう．

　さて，そこで最初に提示したコーポレート・ガバナンスの理解からすれば，このコーポレート・ガバナンスの主体は法律上の会社の所有者とされる株主だということになる．したがって，この株主による経営者の監視（モニタリング）とその経営の統治（ガバナンス）が，コーポレート・ガバナンス本来の意味するところとなるであろう．ただし，その意味に決して限定されない事実とその根拠が存在することについては後述することにしたい．

　ところで，現代の巨大株式会社の特徴のひとつは，基本的に経営者支配が確立されているところにある．経営者支配とは，いわば会社（資本）の所有者ではない経営者が会社の所有者である株主（ただし現実資本に対する間接的所有者である株主）を押さえて，実質的な会社の支配者になっている事態をいう．

　このような経営者支配が一般化してきた背景として，つぎの諸要因をあげることができるであろう．①資本主義の発展につれて個別企業の資本規模が巨大化し，いわゆる支配株主（大株主）の持ち株比率が相対的に低下していったこと．②法人＝企業はゴーイング・コンサーンとしてその運動は無限の持続可能性をもつが，自然人としての株主の生命は有限であるところから遺産相続による株式の分散化が不可避であり，この株式分散により株主の相対的な弱体化が進むこと．③株式会社の発展・巨大化によってその経営管理機能は複雑化し，株主の専門経営者への従属がますます進むこと，などである[13]．

　そこでまず，このような経営者支配が確立されている場合，基本的にはもはや株主による経営の監視と統治は機能しなくなるが，しかしだからといって経営者に対していかなる圧力もコントロールも働かなくなるわけではないということに留意しなければならない．

　経営者支配のもとにおかれている企業が活動している「場」は，あらゆる資本に共通の環境としての市場であり，ここにおいてはいわゆる適者生存・弱肉強食の論理が不断に働いている．そこではまた市場規律が厳しく貫かれており，経営者が好き勝手な経営を行った場合，そうした企業は競争に敗れ市場そのものから排除されることにならざるをえない．したがって，この市場規律もしくは市場圧力とは，企業の外部から企業経営の中に一定の規律を生み出すコーポレート・ガバナンスの重要な構成契機のひとつとして捉えることが可能なので

ある．

　そればかりではない．巨大株式会社の場合には，もうひとつ別の市場の圧力が作用している．株式市場の存在である．経営者支配を可能にした背景のひとつに株式所有の分散化があったが，それはまた株式市場において日常的に大量の株式が売買されうるということ，それによってまた株価の動きが様々な要因に左右され易くなったということを意味している．この場合には，経営者が経営に失敗し企業が市場から退場させられる前に，大量の株が売り払われて株価が急落するということも起こりうる．したがって，このような株価の急落は経営者に落第点をつけるような結果となり，株価の変動はいわば経営者の成績表のような意味をもつことになるのである．これは，一般にウォール・ストリート・ルールとして知られているものである．

　コーポレート・ガバナンスの意味がこのような経営者（もしくはその経営）に対する，市場を含む何らかの圧力とそのコントロールという意味をもつようになると，株主以外の企業のステイクホルダー（＝利害関係者）によるコーポレート・ガバナンスという問題も視野に入れる必要がでてくる．そのようなステイクホルダーとしては，当該企業の従業員，顧客，債権者，あるいはその会社の立地する地域社会，さらに広く「地球社会」を含む社会一般等々をあげることができるであろう．これは，企業がたんなる利潤獲得手段としての資本（＝私的な経済組織体）であるばかりではなく，社会的存在でもあることに関係している．

　そこで実は，問題とする日本企業のコーポレート・ガバナンスにとって考慮すべきは，これらのステイクホルダーの存在である．とりわけ日本企業にとって重要なのはその従業員さらには銀行を中心とした債権者であり，またそれらが日本企業のコーポレート・ガバナンスに及ぼしてきた影響である．そのうち銀行に関して言えば，その「負債圧力」すなわち債権者による経営者（もしくはその経営）に対する圧力とコントロールということであり，それは日本独特のメインバンク制とも深く関わってくる問題なのである．

4. メインバンク制と日本型コーポレート・ガバナンス

　すでに見たように，メインバンク制の源流は 1940 年体制に遡ることができるが，戦時体制が終わってもこれがそのまま存続した背景には，第 2 次世界大戦後における日本の金融システムの特質があった．よく知られているように，戦後日本の金融システムはいわゆる間接金融方式で，これは企業がその設備投資資金の調達（長期金融）に際して証券市場を通じた直接金融によってではなく，預金として資金を調達・集中している銀行から借り入れる方式である．

(1) メインバンク制の基盤としての間接金融方式

　戦後，直接金融が復活せずこの間接金融方式が主流となったのは，戦争による国民の経済的疲弊から富裕層が資本市場に資金を提供できなくなり，大衆の零細な預金に依存せざるをえなくなったという事情があった．そして，敗戦から 1980 年代の半ばぐらいまでは，この間接金融が大企業の資本蓄積体制を支え日本の経済発展を支えてきたことはよく知られているところである．

　こうした間接金融方式の下で発達してきた日本独特のガバナンスシステムが，メインバンク制であった．このメインバンク制によって，各銀行はまた自らがメインバンクではない企業に融資（協調融資）する場合にも，当該企業のメインバンクの審査を相互に信頼し合うことで，そのモニタリングコストの節約ができ，互いにメリットを享受することが可能となっていたのである．

　このメインバンク制という，いわば日本型のコーポレート・ガバナンスは債権者の立場で企業の経営を監視し，その経営規律を高めるように機能してきたものであるが，それが転機を迎えるきっかけとなったのは，大企業の長期金融における間接金融方式から直接金融方式へのシフトであり，さらにはこのメインバンクを中心とした企業間の株式相互持ち合い体制の崩壊であった．このうち，日本企業のコーポレート・ガバナンスにも深い関連をもつ株式相互持ち合いについては後述したい．

　そこで，まず間接金方式から直接金方式への変化についてであるが，その傾向は 1980 年代の半ばあたりからすでに出てきていた．この段階になると，大

企業は，間接金融方式によって銀行から設備投資資金等の融資を受けなくとも，内部留保による自己金融あるいは証券市場での新株発行や社債，CPその他の金融商品の発行という直接金融方式によって，自力で資金調達できるようになっていたのである．

とりわけ，1980年代後半からは，株式市場ブームの下で企業は直接資本市場における資金調達を活発化させ，エクイティ・ファイナンス等の直接金融が大流行期を迎えている．このとき，銀行は従来の間接金融方式の行き詰まりから，ノンバンク（消費者金融や住宅ローン貸付会社）をとおして土地投機に荷担するような融資に手を染めるようになり，これが結局のところ1980年代末のバブル経済を生み出す原因ともなったのである．他方で，この段階ではメインバンク制による独特のコーポレート・ガバナンスも崩れてきており，これがまた一般企業における投機的な財テク行動に対する歯止めとして機能しなくなったところから，このバブル経済をさらに煽り立てたことも否定できない．

やがて，このバブルが崩壊すると，日本経済は1990年代の長期停滞過程に陥り，銀行はまた大量の不良債権を抱え込んで金融システム不安を発生させるに至ったことは，周知の歴史的経過である．そうしたなかで，かつて都銀13行，大手20行と呼ばれた日本の民間銀行は，1990年代末には，三菱UFJフィナンシャルグループ，みずほFG，三井住友FGという3大メガバンク（プラス「りそな」グループ）に集約されて行き，メインバンク制もまた解消されていくこととなったのである．

(2) 株式相互持ち合いとメインバンク制

このメインバンク制と不可分の関係に立っていたのが，株式の相互持ち合いであった．これはまた戦後の日本企業の特徴のひとつであり，いわゆる「法人資本主義」といわれる独特の日本型経済システムの基盤になったものである．これによって会社にとっての最大の株主が「会社」となり，日本企業に特徴的な経営者支配体制が確立されていたのである．こうした株式の相互持ち合いは，第2次世界大戦後に旧財閥系の企業群が主流となって再結成された企業グループを中心に行われたが，この株式相互持ち合いの中心に位置していたのがメインバンクであった．

このような株式の相互持ち合いそのものは，後述するように戦後の産物と言うべきである．しかしながら，経営者支配の裏面である株主主権の制限（「資本と経営との分離」）と従業員重視の統治スタンスは，実は戦時経済体制の下で法律的に（1943年「軍需会社法」として）進められており[14]，その意味ではこれもまた1940年体制であったと見ることもできる．この場合，1940年体制においてはそれが法律的に制度化されていたものが，戦後は株式相互持ち合いによって実質的に制度化された（法人資本主義として「資本家」のいない資本主義として確立された），と言うことができるであろう．

戦後，このような株式持ち合いのきっかけを作ったのは，1960年代から70年代の初めに行われた資本自由化であった．このとき日本政府と企業はこの資本自由化によって外国資本による日本企業の乗っ取りが横行することを怖れ，これを防止するために，いわゆる安定株主工作，つまりは株式の相互持ち合いを官民挙げて推進したのである．

この株式相互持ち合いがピークを迎えたのが1980年代後半であり，その時点における金融機関と事業法人の株式所有は発行株式総数の約70％にも達している．これは，もはや乗っ取り防止のための安定株主工作の域を超えたものと言わなければならないであろう．そこにはまた，系列取引という長期取引慣行を維持すべく関連企業が互いに株式を持ち合うという，日本型経済システムの一構成要素が介在していたのであった．

この株式相互持ち合いもまた，バブル崩壊後の日本経済の長期停滞のなかで解消を余儀なくされている．その理由は，企業の側の事情と銀行の側の事情との双方から説明できるであろう．

まず企業側の事情から言えば，1990年代以降の厳しい競争環境の下で系列取引の解消が進んできたことが背景にある．グローバル市場競争のなかでは，長期取引慣行にしたがい取引先の限定をするよりも自由に取引先を選択するメリットの方が大きくなったということである．その一方で，企業はまた長びく不況のなかで決算対策としての「益出し」（簿価評価の株を売却し，売却益を出して利益の足しにする）や，リストラ原資の捻出のために持ち合い株を放出していかざるをえなかったのである．それに加えて，時価会計の導入（持ち合い株の時価評価は2001年4月）によって，株式の含み損失が企業利益の大き

な変動要因ともなったところから，持ち合い解消に一層の拍車がかかったということもあった．

　これに対して銀行側の事情としては，一般事業会社と同様に時価会計の導入の影響ということとは別に，膨大な金額に達した不良債権処理のための原資として持ち合い株を売却していかざるをえなかった，ということが重要である．さらには，BIS規制により自己資本比率8％を維持し続けるためにも，海外取引を行う大手銀行は低落し続ける株を保有することができなかったという事情も無視できないであろう．

　こうして，株式相互持ち合い体制は崩壊して行き，1990年代後半に日本の株式所有構造は大きく変化していくこととなった．そのなかでも，とりわけ顕著だったのは外国人投資家の株式保有比率の上昇[15]であった．ここで外国人株主とは，いわゆる機関投資家（年金基金，保険会社，投資信託会社，ファンドなど）であり，それは従来の「もの言わぬ株主」から「もの言う株主」が増えてきたということを意味したのである．

　このようにして，1990年代には，相互に補完的な関係を保ちながら従来の日本型コーポレート・ガバナンスを支えてきた諸制度が相次いで激震に見舞われ，その変容を余儀なくされていった．そうしたなかで，日本企業は新しいコーポレート・ガバナンスのあり方を模索せざるをえない状況となり，2000年からは政府もまた5年がかりで商法の抜本的改正を進めていくこととなった．これは実に約50年ぶりとなる商法の大改正となったが，2005年にはそのすべての改正案が国会を通り，06年からは「新会社法」としてスタートしている．

5. 日本型雇用システム変容の背景

　さて，本章のテーマは1990年代後半以降，日本企業の雇用システムが変容を余儀なくされた背景には何があったのか，ということであった．ここにおいては，ひとまず以下の諸点を確認しておくこととしたい．

　すでに見たように，戦後の日本企業の特徴のひとつは株式の相互持ち合いを基礎として独特の経営者支配が確立されているところにあった．この場合，会社の支配者である経営者は多くの場合に従業員からのたたき上げであり，こう

したところから日本企業においては会社の法律上の「所有者」としての株主の利害よりも，自らの出自に関わる従業員の利害に対する配慮（従業員重視の企業経営）を優先する傾向が見られた[16]．この意味において，企業は従業員の利益共同体もしくは運命共同体のような存在になっていたことも否定できないであろう．

これに対して，1990年代以降の株式の持ち合い崩れと外国人株主の増加は，日本的な経営者支配体制の変容をもたらしてこの従業員重視の傾向を変更させ，逆に株主重視の姿勢を強めていくことになったのである．

他方，間接金融方式とそれを基礎としたメインバンク制のもとでは，貸し手である金融機関は借り手である企業に対して長期的な安定と成長を求める傾向が強かったと言いうる．間接金融は，基本的に長期資金の貸し付けであり，何よりもその返済可能性が重視されるからである．この意味で，いつでも市場で自由に株式を売却できる株主とは異なり，金融機関が短期的な高利潤の追求よりも長期的視点からの安定経営を企業に求めたことは理にかなっていたのである[17]．

また，短期的な高利潤が追求されると，もっとも手っ取り早く削減できるコストは人件費だということになりがちである．つまり，雇用維持によって過去の教育訓練等の積み重ねを通して培われた人的資本が長期的な企業の技術力として生かされ，企業そのものの安定と成長に資するというメリットは，短期的な費用削減効果の前に放擲される傾向があるということだ[18]．

間接金融方式を基礎としたメインバンク制のもとでは，逆にこうした短期的な高利潤の実現はほとんど重視されることがなかった．この意味において，これは長期雇用や年功賃金制といった従来の日本型雇用システムと制度補完的な関係にあったと言える．そして，本章の冒頭で紹介した経済諸団体の提言において変革の対象にされていたのは，まさしくこうした日本的雇用システムそのものであったのである．

最後にまとめをやっておこう．本章で明らかにしたかったことは，日本資本主義を長期にわたってミクロ・レベルで支えてきたのは独特の労資関係であったが，これは1990年代後半以降大きな変更を被ってきたということ．そして，その背後には日本企業におけるコーポレート・ガバナンスの変容があった，と

いうことであった．

　このような労資関係を変更する主体は，言うまでもなく経営者（＝資本家）である．経営者は市場の圧力（市場原理＝市場規律）を受けてこれを資本の論理に変換させ，企業内部の人的組織を資本－賃労働関係として規律付けていく担い手だからである．さらに，経営者は，市場圧力だけではなく，その他にも株主圧力，債権者圧力（＝負債圧力），従業員圧力，さらには社会的圧力[19]などを受けることになるが，かつての日本企業の場合には債権者圧力と従業員圧力が強く働いていたと言える．

　この債権者圧力が弱まっていったのは1980年代後半からで，ちょうどそれは間接金融方式の曲がり角の時期とも重なっていた．そして，この従業員圧力に代わって株主圧力が強くなっていくのは1990年代の後半からであり，それは株式持ち合い構造が崩れ，外国人投資家（機関投資家）が増大していく時期でもあった．こうした影響を受けて，わが国においてコーポレート・ガバナンスが本格的に議論されるようになるのが2000年代以降であり，この頃になると労資関係は決定的な変容を遂げ，日本型雇用システムもまた大きく変貌していくことになったのである．では，それはどのようものであったのか？　この問題については次章で取り上げることとしたい．

　注
1) この3つは，1958年にJ.アベグレンが『日本の経営』（Abegglen, James C.〔1958〕のなかで指摘して以来，日本的経営の「三種の神器」と呼ばれるようになったものである．
2) 法人資本主義とは，株式の相互持ち合いによって会社にとっての最大の株主が会社になり，そこから日本独特の経営者支配が行われている資本主義（いわば「資本家のいない資本主義」）を指す言葉である．奥村宏氏の一連の諸著作，さしあたり奥村〔1986〕などを参照．
3) この点，野口悠紀雄〔1995〕参照．
4) 革新官僚の思想的背景等については，柳沢治〔2008〕参照．
5) 総動員体制の下で，1939年3月に初任給が公定され，9月からは建前として賃上げを認めない賃金統制が実施された．そのさい例外的に従業員全員を対象とする一斉昇給は認められたところから，これを活用するかたちで定期昇給制度が普及していったと言われる（尾髙煌之助〔1993〕166頁参照）．
6) 熊沢誠〔1997〕34頁，宮本光晴〔2004〕136-40頁参照．

7) 日本国憲法第27条は勤労権（すなわち労働する意思のある者が働く権利）を規定しており，第28条では団体行動権（すなわち団結権，団体交渉権，スト権など，資本の側にはロックアウト権）を規定している．また，これを基礎にして労働3法——労働基準法，労働組合法，労働関係調整法——が制定されている．
8) この点の指摘は，渡辺治〔1999〕65頁参照．また，岡本英男氏は，村上泰亮によって一般化された開発主義の構成要因をひとまず以下の8項目にまとめている．「①私有財産制にもとづく市場競争原理，②新規有望産業の育成を中心とした産業政策，③輸出指向型製造業の重視，④中小企業の育成，⑤農地の平等型配分を始めとした農民に対する平等化政策，⑥国民に対する分配の平等化，⑦初等・中等教育の拡充，⑧公平で有能な官僚の育成」．そのうえで「これらは皆福祉国家段階における政策システムであり，とりわけ④以降の項目は広義の福祉国家政策である．というのは，中小企業政策にしても農業政策にしても大衆民主主義のもとで中小企業者や農民の要求に国家とその財政が応えたものであり，そのことが何よりも国内における『二重文化』の創出を防ぎ，日本社会の安定化に貢献したからである」（岡本〔2007〕42-3頁）との評価を下している．この評価は正当であろう．
9) 岡崎哲二・奥野正寛〔1993〕26頁，野口悠紀雄〔1995〕30頁などを参照．
10) メインバンク制の萌芽あるいは間接金融方式の前史については，岡崎哲二〔2002〕169-79頁で分かり易く説明されている．
11) ここで公開株式会社とは上場企業という意味であって，「会社法」上の用法——譲渡可能な株券を発行している会社——とは異なる点に注意されたい．
12) なお，上場企業は約3,800社であるが，その他に商法特例法上の大会社（資本金5億円以上，または負債総額が200億円以上の株式会社）が1万1千社ほど存在する．
13) 株式会社の拡大につれて，株式所有の分散が進み，支配株主の持ち株比率の低下とともに経営者支配が確立されることを最初に明らかにしたのは，A. バーリーとC. ミーンズ（Barle Jr, A. and Means, G.C.〔1932〕）である．また，経営者支配の行われる根拠として，株式所有の分散化の他に巨大株式会社における経営管理機能の複雑化，高度化がプロの専門的経営者の登場を必然化したことを指摘しているのは，A. チャンドラー（Chandler Jr, A.D.〔1977〕）である．
14) 岡崎哲二〔2002〕170頁参照．
15) 1990年代後半以降，外国人の株式保有比率は一貫して上昇して2006年には28%近くにまで達していた．近年は先の世界金融危機によってその上昇テンポに変調をきたし，日本企業による株式持ち合い復活などの動きもあるところから，今後の成り行きを見守っていく必要があろう．
16) 内部昇進者が経営者となっている企業では，オーナー企業に比較して雇用調整を実施するスピードが遅く，その経営姿勢が従業員寄りになる傾向があることについては，浦坂純子・野田知彦〔2001〕が明らかにしている．
17) 「メインバンク制度のもとでは，銀行への長期借り入れの返済が重視されるため，短期的高利潤の追求よりも長期的視点に立った安定経営が求められる（深尾・森田

〔1997〕」（樋口美雄〔2001〕70頁）．同様の指摘として，「間接金融システムでは，金融機関に企業の長期的な安定と成長にコミットするインセンティブを与える」（岡崎・奥野〔1993〕10-1頁）．
18) 機関投資家などの株主によって短期的な利潤が重視されると，かつては可能であった一定程度の期間にわたって過剰雇用を保持することが困難になる．この場合には，過去の教育訓練費の蓄積（人的資本）を放棄することになっても，人件費削減のためのリストラを実施せざるをえなくなる．これに対して「メインバンク制のもとでは，企業経営者も長期的視点に立つことが銀行から求められ，短期的費用削減よりも長期的企業の技術力が重視され，整理解雇を回避し，雇用維持に全力が注がれやすい」（樋口美雄〔2001〕70-1頁）という特徴が認められている．
19) 現代の企業は，経済的な価値を創造するだけではなく，社会的価値を創造するような事業展開（つまり社会性を重視した企業経営）が求められている．こうした観点から，企業の社会に対する責任として重視される（したがってまた社会的圧力となる）のは，何よりもまず企業活動の外部と内部に関わる問題として，環境と労働の改善に向けての取り組みである．企業活動の外部に対する影響として，現代において最も重視しなければならないのは環境問題である．いまひとつは企業の内部の問題として，その内部の人間関係において非民主的な関係や人権に抵触する関係を生み出してはならないということである．とりわけ，企業の内部の人的組織は，一定の権限のヒエラルキーをもった階層的組織（＝独特の権力機構）として存在するところから，企業はこの面でも重要な社会的責任（CSR）を負わざるをえないのである．

第5章
雇用システムの変容と生産力低下の可能性

　1990年代の後半以降，日本企業においてグローバル・スタンダードから逸脱した賃金制度として改革の対象にされたのは，いわゆる年功序列賃金である．しかしながら，実際にその攻撃の矢面に立たされたのは，日本企業の発展過程のなかで形成されてきた職能資格給もしくは職能給と呼ばれる賃金システムであった．これに対して，1995年後半以降これに取って代わるべきものとして経済諸団体によって提唱されたものは，個別的人事管理や成果主義賃金システムと呼ばれるものであった．

　当時，この職能資格給システムが批判の対象になったのは，そのなかに生活保障給的な要素（年齢給，生活給）が組み込まれていたからであるが，それに代わって導入が図られた成果主義賃金システムは，今日ではこれが惨憺たる失敗に終わったことが明らかになっている[1]．では，その失敗の原因は何であったのか．何故にまたそれらは職能給システムに取って代わることができなかったのか．

　本章においては，まずそこで改革対象とされた職能給システムの歴史的形成過程をたどることで，日本的賃金システムの諸特徴を明らかにしておきたい．そのうえで，個別的人事管理や成果主義賃金システムの諸問題点を指摘しつつ，これが日本企業の生産力低下をもたらした可能性について考察していくこととしよう．

1. 終身雇用制と年功序列賃金への攻撃

　すでに先行する諸章においても言及してきたように，1995年の日経連報告

書『新時代の「日本的経営」』は，企業で働く労働者を以下の3グループに分け，その雇用形態や処遇に差別を設けていくよう提言していた．①「長期蓄積能力活用型グループ」，②「高度専門能力活用型グループ」，③「雇用柔軟型グループ」である．このうち，長期継続雇用の正社員は，①長期蓄積能力活用型に限定し，この部分は従来の日本型雇用システムを適用するが，あとの②③は非正規雇用として従来型の日本型雇用システムの外におくべきだ，という主張であった．

これは，基本的に正社員によって支えられてきた企業内部の協業・分業体制の一定領域を外在化することであり，日本企業における従来型の雇用システムを変更し，その労資関係（日本型ミクロ・コーポラティズム）を大きく変容させていくものであった．

とはいえ，ここでは，従来型の終身雇用制については長期蓄積能力活用型グループとして限定しながらも，これを維持して行きたいという姿勢も示されている．そこには，長期雇用のもつメリットが存在しているからであり，このメリットを失うことは得策でないという判断がそこに働いていたと思われる．

一般に，長期雇用のメリットとして知られているのは，労資間の信頼関係を基盤とした労働者の企業に対する忠誠心や求心力の強さであろう．さらには，雇用保障のもとでもたらされる，労働者の企業内特殊熟練をも含んだ技能形成への強いインセンティヴがあげられる．

長期の雇用が保障されているからこそ，労働者は自らすすんで企業が求めている固有の技能を習得しようとし，その結果として企業の技術力水準を向上させることにもつながるのである．また，長期雇用が保障され労資間の信頼関係がなければ，労働者は組織変革による配置転換や給与調整にも容易には応じなくなる可能性もある[2]．その結果，企業組織の効率化が阻害され企業経営の柔軟性が失われてしまえば，企業そのものの競争力を低下させることにもなりかねないのである．

こうした長期雇用のもつメリットを実現していくのが，「長期蓄積能力活用型グループ」に属する正社員とされたわけである．ただし，その処遇については（とりわけ，ホワイトカラー[3]の場合）従来型の年功序列賃金であってはならないと主張したのが，2000年の日経連・国際特別委員会報告書（『経営のグ

ローバル化に対応した日本型人事システムの革新——ホワイトカラーの人事システムをめぐって』）であった．

　この2000年の報告書では，まず従来型の「入社年次管理，年功序列管理を崩し，集団管理から個別的人事管理への移行を促進すること」が提起されている．ここで入社人事管理とは，毎年4月に学卒者を一括採用し，これを入社年次ごとにグループ化して管理するという日本企業独特の人事方式である．報告書はここにまた年功序列管理が行われていると見て，これを人事の「護送船団方式」と名付け厳しく批判している．

　そのうえで，こう主張する．「グローバル化時代においては，優秀な人材を発掘・確保し，適材適所に配置することが国際競争力を強化し，世界市場で勝ちのこっていく道である」．そして，そのためにはまた「個を重視する人事システムへの転換」が不可欠である，と．ここで「個を重視する人事システムへの転換」とは，従来のような組織重視から個人重視の人事システムへと転換するということで，要するに，優秀な個人にはそれに見合うような処遇を与えるが，そうでない者には厳しく対処して格差をつけていくということである．

　イメージとしては，ちょうどプロ野球選手と球団の契約関係のようなシステムを目指しているかのような印象さえあるが，ここで個人重視の人事システムへの転換として具体的に提起されたことは，従来型の年功制賃金に代えて成果主義賃金を導入して行くべきだ，ということであった．

　では，この成果主義賃金システムに取って代わられるべきとされた，年功制賃金システムとはいかなる内容をもっていたのか．以下においては，ひとまずその歴史的形成過程に遡って，その実態を明らかにしておこう．

2. 日本型雇用システムの歴史的形成過程とその特質

　まず確認しておかなければならないことは，日本企業の賃金システムは国際的に見れば極めて特異な性格をもっている，ということである．たとえば，その賃金システムは，諸外国において両者の間に明確に区別が設けられていることの多い，ブルーカラーとホワイトカラーの両方の特徴を併せもっている．諸外国では，ブルーカラーは基本的に時給制もしくは出来高賃金制であり，ホワ

イトカラーは年給もしくは月給制で残業手当は付かない．ところが日本の場合は，ブルーカラーもホワイトカラーも基本的に月給制で，しかも両方に残業手当が付き，定期昇給がありボーナスも支給されるのである．

さらに重要な点は，その賃金が年齢給，生活給としての性格を強くもっているということである．そうした諸特徴をもつに至ったのは，それなりの歴史的経緯があってのことである．とりわけ，年齢と扶養家族数を重視した生活給的な要素の強い賃金システムは，わが国においては，1920年代に重工業をはじめとする大規模近代産業の発展のなかで登場し，やがて1940年代の戦時体制下で定着していったものである[4]．

敗戦後，GHQなどがこうした戦時色の強い賃金システムを批判し，それに代えて職務給システムの導入を推奨したこともあった．ここで職務給とは，企業内部の協業・分業体制を通じて形成される数多くの仕事を，その種類ごとに独立の職務として区分けした上で，この各職務に対応するかたちで労働者を採用し，それぞれ所定の賃金を支払うというシステムである．この場合，原則として給与の昇給もなければ，地位の昇格・昇進ということもない．したがって，労働者は多くの場合，外部労働市場を介しての転職によって，より上位ランクの職務や報酬を獲得しなければならない，ということになるのである．

欧米では，この職務給が中心的な賃金システムであり，敗戦直後には政府や資本の側もまたこれを模倣すべき先進的制度として導入・推進しようとしたのである[5]．ところが，当時の資本側の大量解雇傾向とそこからもたらされた敵対的労資関係のなかにあって，これは労働側の激しい抵抗に遭い，結局は生活給的な要素の強い賃金システムが存続していくこととなった．

こうした年齢と扶養家族数を基本とした，生活給的な賃金システムが一定の修正を受けたのは，高度経済成長期であった．1960年代以降，日本企業の賃金システムは，従来の生活給に職位制，職階制を加味した新しい賃金システムへと変更されていったのである．

高度経済成長による企業規模の拡大は，職位の等級を増大させると同時に，それに基づく賃金支給制度（職階制）をも拡充させることで，労働者の昇進・昇格と昇給の機会を大幅に広げたのである．資本側は，これをインセンティヴとして活用することで，その賃金システムのなかにより競争的な要素を取り込

もうとしたと言える．これによって，戦時期・敗戦直後期に刻印された平等主義的な要素を克服して行こうとしたのであった．

ただし，これによって日本企業における賃金が「生活保障型賃金」[6]としての性格を失ってしまうことはほとんどなかった．と言うのも，職位等級の昇格基準は，基本的に学歴と勤続であり，そのうえに年齢給と定期昇給が付加されるというかたちをとったからであった．

もっとも，資本側としては，そこで職務給システムの普及を放棄してしまったわけではなく，機会あるごとにその導入を図ろうとしていたことも事実である．資本の側からすれば，生活保障型の賃金システムはやはり抵抗が大きかった，と言わなければならないであろう．

やがて高度経済成長が終焉に近づくと，当然のことながら職位（すなわちポスト）の増大も停滞気味となり，労働のインセンティヴという観点からも，この職位制，職階制を活用した賃金システムは限界を迎えるに至った．他方で，この時代には，資本自由化の本格化を前に日本企業の国際競争力の強化を目的とした経営革新が喫緊の課題とされ，雇用システムもまた変革を求められていた．そうしたなかにあって，日本企業は，職務給システムへの切り替えは実現できなかったものの，やがて職能給システムという独自の賃金システムを確立していくこととなったのである．

この職能給システムの基本的な仕組みと特徴については，次節でやや詳しく取り上げるが，これが確立されていくのは1960年代半ばから1970年代半ば（昭和40年代）であり，輸出主導型経済がはじまる1970年代後半からは，この職能給システムはさらに能力主義的に強化されるかたちで発展を遂げていくこととなる．

この輸出主導型経済の時代，日本の圧倒的な輸出競争力の基盤にあったのは，ME化・ME技術革新によって生み出されたイノベーションであった[7]．そして，こうした物的生産力の発展を企業内部の人的組織として支えたのが「減量経営」や「少数精鋭」の名の下に変革を加えられていった日本企業独自の雇用システムであり，とりわけ能力主義的に強化されていった職能給システムだったのである．

こうして日本企業の賃金システムは時代とともに変革されてきたが，ただし，

それは資本側が機会あるごとにその導入を試みた職務給システムに近づいていったわけではなかった．何よりも，そこには年齢給，生活給的な要素が残されていたのであり，その意味で生活保障型賃金としての性格を色濃くもつ賃金システムであったからである．

バブル崩壊後の経済停滞やグローバル化の試練を受けた1990年代後半になって，資本側が厳しく批判し，その改革要求の対象にした年功制賃金システムとは，以上説明してきた経緯で定着してきた職能給システム，とりわけそのなかに含まれていた年齢給，生活給的な要素にほかならなかったのである．

つぎに，この職能給システムの基本的な仕組みを確認し，資本側がそこから変更を加えようとしていた成果主義賃金との違いを見ていくことにしよう．

3．職能資格給制度の諸特徴

（1）職能給システムの仕組み

職能給システムの重要な特徴のひとつは，仕事の範囲が基本的にチーム単位で捉えられているということのなかに認められる．職務給のように，個人個人に個別の仕事が与えられるというのではない．要するに，これは職務給システムのように，ある与えられた範囲の仕事をいくつかの種類の労働に区分し，その種類ごとに独自の「職務」として切り分けることはできないという前提に立っているわけである．

ただし，この場合も，チーム単位で捉えられた仕事のそれぞれにおいては，従業員の職務遂行能力に応じた職能ランク（もしくは資格）が定められている．そして，賃金（すなわち職能給もしくは資格給）は，この職能ランクごとに決められるのである．ここにおいてはチーム単位で捉えられた1つの仕事の範囲のなかに複数の職能給（もしくは資格給）という異なった賃金が並存しているわけである．

ここで重要なことは，この職能給に対応する職能ランクが企業内のすべての仕事に適用可能なかたちで一律に規定されているということである．したがって，この場合，異なる範囲の仕事（たとえば，営業と総務）であったとしても，職能のランクが同じであれば同じ職能給（資格給）になる．ここから職能給シ

ステムにおいては，異なった範囲の仕事に移動した場合でも賃金の変更をともなう必要がなくなり，職務編成は極めて柔軟に行われるというメリットが生み出されるのである．

他方で，同じ範囲の仕事のなかで働いても，その能力が高く評価されれば，より上位の職能ランクに昇格し，昇給をえることもできる．この職能ランクの昇格（昇給）を決定するのは人事考課すなわち「査定」である．

この日本型人事考課としての査定においては，労働者の仕事への意欲や態度さらには会社への忠誠心や貢献度などといった，かなり主観的な要素が重視されている．しかも，それは長期にわたって繰り返し行われ，それによって昇格・昇進，昇給などの処遇の格差が生まれるところから，労働者はいわば四六時中あるいは退職するまでの間，同僚との激しい競争に駆り立てられることになる．これは，年功制のデメリットを克服してあまりあるほどの効果と顕著な競争力とを日本企業にもたらしたものであり，「日本的経営」の重要な一側面として特筆しておくべき点であろう[8]．

こうした独特のシステムによって，同一年代もしくは同一入社年次の労働者であっても一定の賃金格差が生ずることになるが，さらに大きな格差がつくのは管理職ポストへの昇進が行われる場合である．

このさいに重要なことは，職能給システムにおいては，この管理職ポストへの昇進の前に，チーム単位で行われる仕事のなかでの職能ランクの昇格が前提になっているという点である．ここで選別されて昇格を重ね有能であることが実証されて，はじめて管理職ポストへの昇進が可能になるのだ．そうした昇進もまた独特のプロセスであり，その独自性が日本企業に大きなメリットをもたらしてきたのである[9]．

では，そのメリットとは何であったのか？　以下においては，職能給システムが日本企業にもたらしてきた，いくつかのメリットを確認していくことにしよう．

(2) 職能給システムのメリット

先に言及しておいたように，職能給システムのもとでは，賃金の変更をともなうことなく従業員の職場（それぞれ異なった範囲の仕事）を移動させること

が容易であり，その職務編成が極めて柔軟に行われるというメリットがあった．これは，同時に市場や技術進歩といった企業を取り巻く環境の変化に対して，機動的かつ柔軟に企業組織を対応できるということであり，日本企業にとっての大きな強みとなったものである．これが職能給システムのもつ第1のメリットである．

職能給システムのもうひとつのメリットは，従業員同士のライバル関係を排除し，協力的な従業員関係を作り上げることができるというところにある．通常，従業員同士のライバル関係は，彼らの昇格や昇進をめぐって存在している．とくに管理職ポストへの昇進は，従業員間の選抜の意味が強く，そのライバル関係を煽る傾向をもつからである．

これに対して，その前段階で行われている，チーム単位で行われる仕事のなかにある職能ランクの昇格の場合は選抜のために行われる評価ではなく，むしろチーム貢献度や達成度の評価が基準になっている．要するに，チームに貢献し，所定の目標を達成することで評価されるわけで，この場合にはその達成のためにチームの一員として協力しようとするインセンティヴが生まれ，ライバル関係が前面に出てこないのである．

日本企業の場合，先ほども指摘したように，この職能ランクの昇格が管理職ポストへの昇進の前提になっている．つまり，ここではライバル関係の前にチームの一員としての協力関係というワンクッションがおかれているわけである．

こうした協力的な従業員関係は，実は企業内教育・訓練体制にとって極めて大きな意味や効果をもっている．通常，企業内教育・訓練は，いわゆるOJT (On the Job Training) というかたちをとって行われるが，その場合それが効率よく行われるためには何よりもまず協力的従業員関係の形成が不可欠である．従業員同士がお互いに相手をライバル視するなかでは，内部訓練への協力を得ることや情報の共有をはかることは困難であり，そうしたところでは，やはり仕事を通じた技能形成は一定の限界をもたざるをえないのである[10]．

同じことは，日経連が提唱していたような，個別的人事管理システムや成果主義賃金についても言うことができる．この場合，個人の業績だけが評価の対象になるということから互いにライバル関係になりやすく，自分の成果達成に不利になることや他人の成果達成に有利になるような行動は差し控えられるよ

うになる．チーム単位で捉えられた仕事のなかでなら，情報の共有や教育訓練に対する協力も仕事上必要なことと意識されるが，お互いがライバル関係だということになれば，必要な情報や教育を他人に与えることは自分にとっての不利な行動になるからである．極論すれば，これは分業・協業システムを基本とする企業活動の現場に，新古典派的な市場競争原理を持ち込んだのと同じ結果をもたらすことになったわけである．

　さらに言えば，職能給システムのもとでは容易に行われた，柔軟な職務編成に応じて仕事を変えるということが自分の成果の達成に不利になると判断されれば，労働者はこれに抵抗する可能性も大きくなる．それはまた，企業組織の効率化を阻害することにもなりかねないのである．

4．その後の展開

　さて，日本的な雇用システムの核心部分を形成し，日本企業の発展を支えてきたのは，以上説明してきたような職能給システムにほかならなかった．そして，2000 年の日経連・国際特別委員会報告書がやり玉に挙げたのは，この職能給システムのなかに含まれる年功的賃金部分——正確に言えば，そのなかの年齢給，生活給的な要素——であった．

　そこで，これに代わるものとして提言された新しい雇用システムは，個別的人事管理システムや成果主義賃金であったが，すでに見てきたように，これらは結果的に職能給システムのもつメリットを大きく損ねるものとして作用したのである．そして，そうした試みが概ね失敗に終わったという事実は，2000 年代の終わり近くになってようやく語られ始めたのである．

　この失敗を真正面から取り上げ，人事管理の見直しを提起したことによって注目を集めたのは，2008 年版の『労働経済白書』であった．白書は，まず成果主義の問題点として，組織やチーム全体の成果であるものを個人的成果に帰属させる点にあるとして，こう指摘している．「本来，組織やチーム全体の成果であって，労働者の個人成果に帰属させること自体が難しい分野がある」と．そして，そのことを踏まえて（やや遠慮がちにだが）こう続けている．「コスト削減の問題意識から，業績・成果主義の導入が進んできた面があるが，職務

の内容によっては，その導入が適切ではなく，結局は恣意的な制度運用に堕してしまう危険も感じられる」[11]．

さらに白書は，こうした個人的人事管理や成果主義賃金の導入によって，労働者の働きがいが低下していったことを問題視し，それをこう指摘している．「バブル崩壊後，企業は年功型賃金制度を見直し，業績・成果主義を強めたが，業績・成果の評価基準に曖昧さがあり，労働者の納得感は低下するとともに，労働者が短期的な成果を追求する傾向も強まった．こうした中で労働者の働きがいは低下している」[12]と．

ただし，人材育成に関しては，従来型のいわば現場主義的な手法が重視されていることを確認しつつ，ひとまずつぎのように説明している．「人材育成に関することでは，資格取得の支援，計画的なOJT（職場での仕事を通じた職業訓練），社員の全体の能力向上を目的とした教育訓練が重視されており，製造業では，計画的なOJTを重視する割合が高く，サービス業では，社員の全体の能力向上を目的とした教育訓練の割合が高い」[13]．

そのうえで，白書は，個人的人事管理システムや成果主義賃金システムの強化されるなかで失われていった，労働者の働きがいを蘇らせていく試みとしてこのような社内教育・訓練を肯定的に評価し，以下のように総括している．「このように企業は，働きがいを高めるための取り組みを強化しているが，その背景には，賃金制度の見直しに傾きすぎた人事・労務管理制度の見直しが，労働者の働きがいを低下させてしまったとの認識があるように思われる」[14]．

こうした指摘は正しいが，ただしここにおいて看過されていることは，個別的人事管理や成果主義を指向した，新しい「人事・労務管理制度」そのものが，実はここで言う「働きがいを高めるための取り組み」としての社内教育・訓練の効果を減殺してきたという事実である．社内教育・訓練は，もちろん労働者の働きがいを高めることにもつながるであろうが，本来の効果はそこにあるわけではない．ところが，ここでは，その本来の効果が新しい「人事・労務管理」によって減殺されてしまったうえに，逆にそれによって生み出されたネガティブな効果を克服するという，新たな役割を社内教育・訓練に期待しているのである．これは，本末転倒と言うほかなかろう．

あるいは，ここはむしろこう見るべきであろうか．日本企業は1990年代後

半以降，個人的人事管理や成果主義賃金を導入していくなかでも，従来型の現場主義的な社内・教育訓練システムを変更することなく継続していた．もちろん，そこにあっては新しい「人事・労務管理制度」が浸透すればするほど，その効果は減殺されていったはずであった．もともと，それは従来型の社内・教育訓練システムとは相容れないものであったからである．したがって，日本企業がこの両システムを並存させた時点で，どちらか一方をいつか放棄しなければならなかったことははじめから決まっていた，と言うべきであろう．その上で，白書が主張しているように，失われた労働者の働きがいを蘇らせる役割が従来型の社内・教育訓練に期待されるようになったとすれば，まさにその段階でこの新しい「人事・労務管理制度」の失敗が証明された，ということになるのである．

ところで，この『労働経済白書』に数カ月ばかり先駆けて，日本経団連は2008年版『経営労働政策委員会報告－日本型雇用システムの新展開と課題－』を発表している．そこでは，成果主義そのものの評価については口をつぐんでいるものの，今後も「年齢や勤続年数を基軸とした賃金制度から，仕事・役割・貢献度を基軸とした賃金制度への移行をさらに加速していくことが求められている」としたうえで，つぎのように議論を展開している．

「このような仕事・役割・貢献度を基軸にする賃金制度を構築して行くにあたって，従業員などの移動を容易にする観点から，ひとつの職務にひとつの賃金を設定する『単一型』ではなく，同一の職務等級内で昇給を見込んで賃金額に幅を持たせる『範囲型』の制度とすることも選択肢と考えられる」[15]．

ここで言う「同一の職務等級内で昇給を見込んで賃金額に幅を持たせる『範囲型』」の賃金であることによって「従業員などの移動を容易」していたのは，まさしく職能給システムのもつメリットそのものであった．さらに，報告書はこう続けている．

「また，勤続年数と労働の価値や生産性との間に明らかな関連性が認められる場合などにおいては，範囲型の制度の活用に加え，勤続年数や貢献度にもウェートを置いた制度を選択することも考えられる」[16]．

ここで提案されている「制度」とは，要するに「年の功」ではなく「年と功」のシステムである職能給システムのことにほかならない．これまでは，旧

来型の賃金システムということで，人事の「護送船団方式」などと名付けた年功人事管理とともに批判の対象とし，これを成果主義賃金に変更すべきだと主張してきたものの，ここに来てようやく闇雲な批判の矛を収めたという恰好である．

　この時代，日本企業は，いわばローカルな資本からグローバル資本へと脱皮し進化していくためには，このような日本型雇用システムの変革が不可避であると考えていたのかも知れない．あるいは，失われた10年とも20年とも言われる長期の経済停滞や激しいグローバリゼーションの進展のなかで，これまでの自信を喪失して気迷い状態に陥っていたのかも知れない．

　ただ，ようやく最近になって，さすがにその反省というか揺り戻しが起こり，個別的人事管理や成果主義賃金は日本企業が従来もっていたその雇用システムのメリットを破壊しかねない，ということに気がついたようである．この報告書の序文には，こう記されていた．「日本型経営も，『守るべきものは堅持し，改めるべきものは変革していく』ことが求められている」と．

　このように近年になって一定の反省や揺り戻しはあるものの，やはり資本の側は，日本の賃金システムのなかにある「生活保障給」的な要素——すなわち年齢給的な部分と生活給的な部分——については，これをさらに一層削減していくという方向性を変えることはないように思われる．そして，そのさいに注意すべきは，実のところこの部分は日本のマクロ・レベルでの相対的に貧弱な社会保障制度をある程度は補完してきたものであり，この縮減はまた別の問題を引き起こしていくことになる，ということである．そして，この点については，つぎの問題をも含めて論じておく必要があろう．

　ここで指摘すべきは，問題は賃金だけのことではないということである．この2008年の報告書においても強調されていることだが，1990年代後半以降，日本企業はいわゆる「総人件費」の引き下げとその効率化を推し進め，この傾向は今後ますます強化されていくだろう，ということである[17]．

　ここで「総人件費」とは，人件費を賃金部分だけではなく，福利厚生費（たとえば，企業の負担する社会保障費用や従業員への住宅補助，レクリエーション，健康維持等々に関わる諸費用など）や労働時間などをも含めて把握するもので，このような「総人件費」概念は1995年の日経連報告書（『新時代の「日

第5章　雇用システムの変容と生産力低下の可能性　　　159

本的経営」』）のなかで登場してきたものである[18]．

　また，この総人件費のなかには，広い意味での日本的経営に関わる労働コスト（たとえば，慶弔見舞い，財形貯蓄，社宅，厚生寮等々の諸費用などの，いわゆる「非賃金労働コスト」）が含まれており，これらは相対的に低い水準にあった日本のマクロ・レベルの社会保障制度を補完するシステムとして捉えることができる．これはまた，日本企業に独特の労資協調体制（＝ミクロ・コーポラティズム）の下で発達してきたものであり，日本型経済システムの重要な一角を占めると同時に，日本独自の福祉国家体制を特徴付けるものと見ることができるのである[19]．

　こうした意味で，日本企業がこの総人件費管理，すなわち退職金を含む賃金だけではなく，日本型雇用システムに関わる労働コストの総額を引き下げ，その効率化を図っていくという方針を打ち出したことは極めて重要な含意をもっている．それは，このことによって，ミクロ・コーポラティズムに依存した日本型経済システムそのものが大きな曲がり角を迎えたことを意味しているからである．

　いずれにせよ，こうした企業レベルの問題をも含めて考えた場合にも，1990年代後半が日本資本主義の大きな歴史的な転換点になったのは間違いのないところであろう．

5．生産力の低下

　日本資本主義が衰退の兆候を見せ始めるのも，この1990年代後半を境にしてからであった．では，その基底部分では何が起こっていたのか．以下では，この問題について少しく原理論的レベルから論じておくこととしたい．

　衰退の原因は様々に列挙できるが，最も枢要なものは経済のエンジンとしての資本そのものがもつ生産力の低下である．資本の生産力を発展させる要因は大きく言って2つある．ひとつは，機械装置（IT関連も含める）や工場設備等に代表される労働手段の変革である．いまひとつは，資本内部のヒトとヒトとの関係すなわち人的組織（分業・協業連関）であり，その組織変革による生産力の発展である．

ここで問題にしたいのは後者であるが，これ自体は，経済学ではアダム・スミスの時代から分業による生産力の発展としてよく知られている事がらである．ここにおいては，これをさらに一般化して企業活動全般を支える分業・協業連関として捉え直し，この組織（さらには，その管理方法をも含む）の変革を資本の生産力を発展させる2大要因のひとつとして把握している．いずれにしても，それは資本内部のヒトとヒトとの関係すなわち人的組織そのものである．そして注意すべきは，それが以下の二面性をもっているということである．

　ひとつは，資本の目的である利潤を生み出すために必要とされる，ある種の上下的な秩序関係からなる階層的組織としての側面である．それは，資本内部の様々な活動領域——すなわち，人的・物的な生産諸要素の調達，商品の生産と販売，そして財務，人事などにかかわる多様な管理業務等々の企業活動領域——における固有の指揮・命令関係をともなう管理システムと言ってよい．こうした上下的な秩序関係からなる階層的組織を不断に締め上げ，規律づけているのが，いわゆる「資本の論理」にほかならない．この規律が弛緩すれば資本の存続は不可能になるが，1990年代後半以降，日本企業の基底部分で起こった問題とは少なくともこのようなものではなかったはずである．

　他方で，この資本内部のヒトとヒトとの関係は，歴史貫通的な分業・協業連関もしくは協働システムとしての側面をもっている．人間が組織（分業・協業体制）を組んで何か事を成し遂げようとするとき，必ずしもそこで資本の論理によって規律づけられるような上下的な秩序関係からなる階層的組織でなくとも良いわけで，資本内部の「資本の論理」によって規律づけられた人的組織のほうがむしろ特殊歴史的存在なのだ．

　生産力の発展を担ってきたのは，こうした歴史貫通的な存在としての分業・協業連関であった．もっと分かり易く言ってしまえば，この分業・協業連関とは「チーム生産」ということであり，それこそが資本の生産力の真の担い手なのである．

　また，このような資本内部の人的組織は，環境の変化に応じて不断にその組織を変革していかなければならない．資本にとっての環境とは何よりもまず市場であるが，その市場も2つある．ひとつは労働力を含む経営諸資源の調達市場であり，いまひとつはその資本が取り扱う商品の販売市場である．

第5章 雇用システムの変容と生産力低下の可能性

　さらに言えば，このように資本は，需要動向や技術変化という外的な環境変化に対して自らを不断に適合させていかなければならないという点で，いわば受動的な存在である．が，他方では自ら需要を創造（消費者の欲望を開拓）し，あるいはそれぞれ異なった技術を新たに結合（新結合）させて新製品を開発（イノベーションを実現）しようとする，積極的・能動的な存在でもある．そうしたとき決定的に重要な契機は，資本の内部に知識や情報が蓄積され，それらが常に利用可能になっているということである．では，このような知識や情報の蓄積の担い手とは何か？

　言うまでもなく，それは資本内部の人的諸関係を形成している労働者群にほかならない．彼らの，つまり人間の頭脳や手にそれらが蓄積されるのである．それも1人ひとりの人間と言うだけではなく，チームという存在それ自体に蓄積されていることも多くある．したがって，無理なリストラを敢行する場合，このような企業内部のヒトとヒトとの関係のなかに蓄積されたノウハウや特殊熟練，知識や情報，あるいはそれらの担い手になっているチームそのものを破壊する危険性も覚悟すべきだということである．

　1990年代の長期停滞過程のなかで，日本企業はその後半になって大胆なリストラに乗り出し，その穴埋めとして非正規雇用を拡大していったが，そうしたプロセスのなかでこの生産力発展のもっとも重要な部分を破壊してしまうようなことはなかったのであろうか．真の生産力の担い手を放逐し，自ら弱体化していく途を選択してしまうことはなかったのか．あるいは，先に引用した2008年版『労働経済白書』が指摘していたように，個別的人事管理や成果主義に対して企業は「労働者の働きがいを低下させてしまったとの認識がある」ということだが，それは同時に需要創出やイノベーションの担い手として積極的・能動的な存在であるべき資本の本来の姿を失わせる結果になってしまったのだ，という認識をもっているのだろうか．

　そもそも，分業・協業連関から成り立つ企業活動の現場に，新古典派的な市場競争原理の影響を受けたとしか考えられない，個別的人事管理や成果主義などを持ち込んだこと自体が，大いなる認識不足だと言わざるをえないのである．

　ここで，いったん概括しておこう．すでに指摘したように，資本の論理によって上下的な秩序関係からなる階層的組織を不断に締め上げ規律づけて行くこ

とは，利潤獲得手段としての資本が存続していくためにも必要・不可欠なことであった．他方，資本が様々な環境変化のなかで存立し発展していくためには，そのチームとしての生産力（集団力，チーム生産力＝分業・協業的連関のもとでの労働生産力，あるいは協働的労働生産性）をいかに高めるかが重要となるのである．そして，それに決定的な影響力をもっているのも，人事管理とりわけ固有の賃金システムや昇格・昇進システムから構成される雇用システムなのであった．

この雇用システムは国や地域によってそれぞれの歴史や文化などを踏まえて独自のものが存在するが，日本企業の場合には，それが日本企業の発展のなかで形成されてきた職能給システムであった．あえて言えば，この独特の雇用システムは，一方の資本家的な組織の規律づけと他方のチーム生産的な協働的労働生産力の発展という，資本内部のヒトとヒトとの関係に要請される2要因のバランスを日本企業独自のやり方で相当にうまくとっていた，と見ることができるように思われる．

6. 日本型雇用システム崩壊後の諸問題点

さて最後に確認しておきたいことは，これまで論じてきたものはあくまでも企業の正社員に対しての雇用システムに関する問題に限られているという点である．近年になって増加傾向を見せ，今後もますます増えていくであろう，非正規社員に関してはまた別の問題が起こってきているのである．

非正社員に関しては，現状では間違いなく1995年の日経連報告書に示された提言が実現され，もはや後戻りできないところまで事態が進行してしまっているということである．これはすでに企業レベルの問題を超えて，日本社会全体の問題として捉えられなければならないレベルにまで達してしまっている．今後も，日本の非正規比率はますます増大していくことが予想されるが，問題はこの非正規社員を構成している中身が過去のものとは大きく異なったものになってきているというところにある．

かつて非正規労働の主流は，どちらかと言えば日本的経営の終身雇用に支えられた男性正社員の家族によるもの（つまり主婦のパートであり学生のバイト

第5章　雇用システムの変容と生産力低下の可能性

など）が中心であった．これが，近年には家計を支える夫や妻がともに非正規社員であるような状況が生み出され，ワーキングプア問題や格差問題がますます深刻化してきているのである[20]．

いわゆるミクロ・コーポラティズムに依存してきた，日本の社会保障制度は相対的に貧弱であり，しかも長期雇用を前提した正社員中心の企業社会を前提に制度設計され運用されてきた．それが，ここにきて非正規雇用の増大と景気変動にともなって非正規雇用が調節弁として使われるごとに，その制度が現状に適合していない状況がますます大きく露呈するようになってきているのである．

いまや，従来型の社会保障制度を根本的に見直し，制度設計し直すことが必要な段階に入ってきていると言うべきであろう．長期雇用の正社員中心の社会保障制度から，非正規と正規社員とが共存できる失業保険制度，あるいはそれに適合した年金制度，健康保険制度などの社会保障制度全般の再構築が求められているのである．このような問題は，日本型の雇用システムへの変革が加えられ始めた，1990年代の後半から課題として浮上してきたと言える．では，その1990年代後半からわが国においてはどのような改革が推し進められてきたのであろうか？

周知のように，それは橋本改革や小泉改革と名付けられた新古典派的な構造改革であった．それによって，日本型の福祉国家体制もまた大きな変容を遂げることとなったのであるが，この問題については次章で取り上げることとしたい．

注
1)　この点については，たとえば，城繁幸〔2005〕，高橋伸夫〔2004〕などを参照．
2)　樋口美雄氏は，企業内の組織変革によって産業のダイナミズムが達成されることを指摘しつつ，「従業員の雇用保障が軽視され，組織変更により自分が職を奪われると思えば，多くの人はこれに反対し，配置転換や給与調整など企業内部の柔軟性は失われてしまう可能性が強い」（樋口〔2001〕77頁）と危惧の念を表明している．
3)　ここでホワイトカラーとは，職業大分類のうちの「専門的・技術的職業従事者，管理的職業従事者，事務従事者，及び販売従事者を総称」したものである．なお，この定義は森岡孝二氏による（森岡〔2009〕32-4頁参照）．
4)　こうした歴史的経緯については，尾髙煌之助〔1993〕，野口悠紀雄〔1995〕第2章

などを参照.
5) この背景には，科学的管理と職務給とが戦後日本の模範とすべき欧米先進国の制度と考えられていたということがあった．それらは結局のところ日本企業には受け入れられなかったが，その理由について宮本光晴氏はこう説明している．「その理由は二つある．一つは，当時の日本企業は科学的管理が前提とする規格化された大量生産の段階に達していなかったということであり，そしてもうひとつは，『計画と実行』という科学的管理の思想が単純には受け入れられなかったと言うことがあった」（宮本〔2004〕140 頁）と．それよりも，氏自身も別のところで指摘しているように労働組合側の反対が強かったというべきではないだろうか.
6) いずれにしても，1960 年代の高度成長期の賃金システムはいわば「生活保障型賃金」の色彩が強いものであり，高橋伸夫氏はこれが「戦後日本の高度成長を支えてきた」（高橋〔2004〕26 頁）ことを強調している.
7) この ME 化もしくは ME 技術革新に関しては，最近では IT 革命（情報技術革新）とか情報通信革命などの用語が一般的に使われている．むろん，後者の物質的・技術的基盤は集積回路や ME（マイクロエレクトロニクス）にあるわけだから，その点では大きな違いはない．だが，その物質的・技術的基盤の上にあらゆる産業でそれが応用されている現状を踏まえれば，IT 革命という用語法が一般性をもつことになろう．この点，井村喜代子氏がつぎのように整理している．「この ME 技術革新のいっそうの進展による情報・通信技術の発展とインターネットの開発とが結合して後に『情報通信革命』，『IT 革命』が生み出されていく」と（井村〔2005〕53 頁）.
8) この日本企業内部の社員同士の競争の激しさは，ホワイトカラーのみならずブルーカラーにも及んでいる．この点については，小池和男〔1994〕第 2 章参照．さらに，この点に関連して熊沢誠氏はつぎのように指摘している．「労働者の多数者であるブルーカラーとノンエリート・ホワイトカラーについて言えば，人事考課なき『同一労働同一賃金』の欧米よりも，勤続を積むうちに職務能力を開発することを個人別に査定して賃金を個人別に細かく格差付ける日本の方が，はるかに『能力主義的』だったと言えよう」（熊沢〔1997〕4-5 頁）.
9) 日本の一般的な賃金システムは，たんなる年功（年の功）序列ではなくて，年と功とが組み合わさった賃金システム（年齢的な要素プラス能力主義的な要素）であり，ここでは同じ年齢でもポストによってかなりの差がつくシステムになっている．こうした指摘については，熊沢誠〔1997〕4-5 頁，高橋伸夫〔2004〕24-6 頁などを参照.
10) 宮本光晴氏は，職能給システムのメリットとして職務編成の柔軟性と協力的従業員関係の形成をあげたうえで，つぎのようにこれを総括している．「内部労働市場を維持する限り，すなわち内部訓練と内部昇進の制度を維持する限り，職務能力の形成と評価のための制度として，職能給の賃金は不可欠となる．仕事を通じた技能形成のためには，仕事の範囲を確定する職務給の賃金制度は決して効果的ではない」（宮本〔2004〕162 頁）.
11) 厚生労働省『労働経済白書』（2008 年）198 頁.

12) 同上，210頁．
13) 同上．
14) 同上．
15) 日本経団連『経営労働政策委員会報告——日本型雇用システムの新展開と課題』(2008年版) 36-7頁．
16) 同上，37頁．
17) 報告書はこう指摘している．「所定内給与を1とした場合，総額人件費全体はその約1.7倍に達することを認識しておく必要がある」(同上，31頁)．
18) 渡辺治氏は，この1995年の日経連報告書に出てきた「総人件費」概念に注目し，こう指摘している．「この概念は，社会保障負担と企業内福利，退職金という企業主義的統合を支える部分の削減にまで手をつけた点で画期的です」(渡辺〔1999〕123頁)．ここでいう「企業主義的統合」とは，拙著で言う「ミクロ・コーポラティズムに依存した日本型経済システム」とほぼ同じものであろう．
19) 本文中に述べてきたような企業内福利は，大企業にだけ限られていたわけではない．それほどに充実していないにせよ，中小企業といえども人材の確保のためには大企業に倣って企業内福利を少しでも充実させていこうというインセンティヴが働いていたと言うことはできるだろう．そこには，日本独特の横並び意識もあったはずである．しかしながら，これが逆に大企業が率先して企業内福利を削減する時代になれば，中小企業もまた同じように横並びを行うのである．
20) 濱口桂一郎氏は，現代の非正規雇用がかつてのものとは大きく異なってしまっていることを強調し，それを踏まえた雇用システムの再構築を提言している（濱口〔2009〕）．

# 第6章
構造改革と福祉国家体制の解体

すでに明らかなように，日本経済のグローバル資本主義への移行は1990年代後半以降であった．このグローバル資本主義への移行に合わせるように，新自由主義的な構造改革が行われている．そうした構造改革の狙いは，第2次世界大戦後に先進資本主義諸国の高度成長のなかで構築・確立された福祉国家体制をグローバル資本主義の時代に合わせて変革していくことにあるが，日本の場合には，また固有の福祉国家体制が構築されていたところから，その構造改革の過程もまた独自の展開を見せたのである．

本章の課題は，日本経済のグローバル資本主義への移行とほぼ同時期に実施されることになった1990年代後半以降の構造改革によって，いかにして日本型の福祉国家体制が変容させられていったのかを明らかにすることにある．

1. 日本型経済システムと福祉国家体制

福祉国家体制の基本的な条件としては，第1に社会保障制度がある．これは①公的扶助（生活保護など），②社会手当（一律支給の年金，児童手当など）および社会サービス（公共サービスとしての医療や福祉），③社会保険（医療保険，失業保険，労災保険，介護保険，年金保険など）から構成されている．これらはまた，先進資本主義諸国においては，19世紀末から戦間期にかけての帝国主義の時代に整備されはじめ，第2次世界大戦後に本格的な確立を見たものである．

第2には，所得再分配政策である．所得再分配機能は，社会保障制度や累進課税制[1]などのなかにも含まれているが，日本的特徴をもつ再分配機構として

は，つぎの2つのものが重要である．ひとつは，農業，中小零細小売業などの競争力の弱い産業部門に対する各種の補助金や様々な保護的規制を通しての産業間の所得再分配であり，いまひとつは地方交付税交付金・義務教育費国庫負担金を含む各種補助金等の配分あるいは大小の公共事業支出を通しての地域間の所得再分配である．

第3には，完全雇用政策である．第2次世界大戦後，完全雇用は福祉国家体制の実現を目指す先進資本主義国の政策目標のひとつとなったものである．ただし，ここには直接的に非自発的失業の解消を目指す雇用政策だけではなく，不況局面で有効需要創出政策として実施されるケインズ主義的な財政・金融政策一般を含めている．

西欧や北欧の福祉国家体制と比較した場合，日本のそれは社会保障制度がさほど大きなウエートを占めていないという特徴をもつ．ただし日本型経済システムの場合，上述したマクロ・レベルの福祉国家システムだけではなく，これをミクロ・レベルの企業システムあるいは日本的経営システム（雇用関係＝終身雇用・年功序列制・企業内組合，メインバンクを中核に据えた企業集団，株式所有構造＝株式持ち合いによる法人資本主義，法人資本主義に独特の企業統治構造，等々）が補完してきた，という点に注意しなければならないであろう．

このマクロ・ミクロの両レベルからなる日本型経済システムは，戦後日本の高度経済成長（内包的発展メカニズム）を支え，世界資本主義が福祉国家体制の変容期に入った1970年以降も健在であり続けてきた．1970年代後半〜80年代前半の輸出主導型経済（外延的発展メカニズム）は，こうした独特の日本型経済システムを基礎に展開されたものである．

多くの先進資本主義諸国では，高度経済成長の終焉とともに福祉国家体制が限界を露呈し，そこから新自由主義的な改革が始まっていたが，日本資本主義はその独特の日本型経済システムを通してそれを先送りできたのである．つまり，マクロ・レベルの日本的福祉国家システムは，輸出主導型経済によってある程度の成長（右肩上がりの経済）が保持されていたかぎりで，その限界が露呈されることなく持続しえたということである．

こうした日本型経済システムは，バブル崩壊後の経済停滞が深刻化していった1990年代後半から大きく変容していった．日本的経営という名の独自的雇

第6章　構造改革と福祉国家体制の解体

用システムが1990年代半ばを境に大きな変化に見舞われていったことは，先行する諸章においてすでに確認してきたところである．

　また，日本経済を法人資本主義として特徴付けていた，株式の相互持ち合いが崩れはじめるのも1990年代後半からであった．この「持ち合い崩れ」が起こるなかで，株式の所有構造も大きく変化していった．機関投資家を中心とした外国人投資家が日本企業の主要な株主としての存在感を高めてきたのである．

　こうした株式所有構造の変化（外国人株主の増大）とともに，かつてのメインバンクを中心とした日本型のコーポレート・ガバナンスも大きく変更されることとなった．多くの日本企業（とりわけ外国人株主比率の高いグローバル資本）において，株主ガバナンスの強化とともに，株主重視，ROE重視の経営への転換が見られるようになったのである．

　従業員重視の経営姿勢を特徴としていた日本的経営は，ここにきて大きな変質を余儀なくされ，そのことはまた労資関係にも大きな影響を与えるものとなった．すでに確認してきた非正規雇用の増大傾向や賃金所得の長期的低下は，こうした日本企業（とりわけグローバル資本）の経営姿勢の変化と決して無関係ではない．また，この時期，グローバル市場の競争の激化もあって，多くの日本企業で福利厚生費の削減が行われている．社宅・社員寮・厚生寮などの廃止や外注，企業内の様々な社員サークルへの補助金（実業団スポーツチームへの補助を含む）の縮減，ある程度は社員も享受していた交際費の大幅カット，企業年金の廃止等々．広い意味での日本型雇用システムに関わる労働コストのリストラが断行されてきたのである．

　こうした日本独特のミクロ・レベルの企業システムは，相対的に低い水準にあった日本のマクロ・レベルの社会保障制度をある程度補完するシステムでもあり，雇用の安定や安心感を国民にもたらしてきたものであった．かくして，日本型福祉国家体制は，その重要な一環であった日本的経営（＝日本型雇用）システムというミクロ・レベルから大きな変容を被ることとなったのである．その一方で，マクロ・レベルの福祉国家システムもまたこの時期に大きく変更されている．この変更に大きな力を発揮したのは，1990年代後半以降，本格的に展開された新自由主義的な構造改革であった．

　1990年代後半に展開された新自由主義的な構造改革としては，橋本6大構

造改革がある．これは，1996年11月に第2次橋本龍太郎内閣の発足とともに提唱され，「行政改革」「財政構造改革」「経済構造改革」「金融システム改革」「社会保障構造改革」「教育改革」という6分野の改革を目指すものであった．この橋本構造改革は，1997年5月の第12循環の不況局面への転換とともに頓挫を余儀なくされるが，その後2000年代には，この橋本構造改革の基本的理念（＝新自由主義的な改革理念）を引き継ぐ小泉構造改革が現れる．この2つの構造改革を通して日本型の福祉国家体制は決定的な打撃を受け，大きく変容を遂げていくこととなったのであるが，以下ではこのプロセスを検証していくこととしたい．まずは，橋本構造改革から見ていこう．

2. 構造改革の展開

この構造改革は，橋本内閣の下での行政改革推進体制として整備・展開されたものであったが，その体制は以下の3つの機関によって支えられていた．①6大構造改革の発表と同時に設置された「行政改革会議」（会長：橋本龍太郎），②規制緩和，官民役割分担等についての意見を具申する「行政改革委員会」（委員長：飯田庸太郎），さらには③国と地方等の役割分担，地方行政体制等を勧告する「地方分権推進委員会」（委員長：諸井虔）であった．

このうち行政改革会議は，内閣直属機関として発足し，1年後の1997年12月に最終報告書を提出している．そこでは，内閣機能と首相の指導性の強化，そのための補佐・支援体制の強化が提起され，新たな中央省庁のあり方として22省庁を1府12省庁に再編すること，さらには公務員定数の1割削減などが提起されている．1998年6月に国会で成立した中央省庁等改革基本法は，この最終報告書を受けてのものであった．

また，行政改革委員会は，1993年10月における第3次行革審の最終答申等を受け村山富市内閣の時（1994年12月）に総理府にすでに設置されていたものである．その任務は「規制緩和の実施状況の監視」「その他の行政改革の実施状況の監視」「行政情報公開に係る法制度の調査審議」であり，さらにその監視と調査審議の結果に基づいて，内閣総理大臣に意見を提出することとされていた．なお，この行政改革委員会は1997年12月には解散しているが，その

機能は政府の行政改革推進本部に設置された規制緩和委員会（会長：宮内義彦，1999年4月「規制改革委員会」に改称）に引き継がれ，さらには後の小泉構造改革を支える総合規制改革会議（会長：宮内義彦）へとつながっている．

第3の機関となる地方分権推進委員会は，上述した行政改革委員会の関連委員会として1995年7月に設置されたものである．そのミッションは「地方分権」の推進にあり，1999年にはこの委員会の提言した地方分権一括法案を成立させている．なお，この委員会も，小泉内閣下で新しく設置される地方分権改革推進会議（西室泰三議長）に引き継がれている．のちに地方経済の荒廃に大きな影響を及ぼすことになる三位一体改革は，この地方分権改革推進会議の意見書によって方向付けられたものである．

ここにおいて，行革，規制緩和，地方分権という，いわゆる構造改革の基本的要素が3つの改革委員会というかたちで出そろったと言える．もちろん，この3つの要素は一定の歴史的経緯をもって橋本構造改革を構成し，それを支えることになったわけで，ここではまずその歴史的経緯からそれぞれ確認していくこととしよう．

(1) 行政改革

わが国の行政改革の歴史は，第2次世界大戦以前にまで遡ることもできる．しかし，新自由主義的な改革としては，「増税なき財政再建」を掲げて発足した第2次臨時行政調査会（土光臨調：1981年3月16日〜83年3月15日）に先導された，中曽根康弘内閣による行政改革を嚆矢とする．

この中曽根行革路線は，基本的にレーガンやサッチャー等の新自由主義による「構造改革」を指向してはいたが，民営化[2]と規制緩和による民間活力の活用（＝「民活」）を2本柱としたものであり，行政機構全体の改革もしくは財政構造の改革にまで手をつけることはなかった．また，第2臨調が目指した財政再建に関して言えば，中曽根民活路線が1980年代後半にバブルをともなった大好況過程を現出したところから税収が増加し，結局のところはこれも中途半端なものに終わってしまっている．

ただし，この第2臨調では，その後の構造改革で重要なテーマとして取り上げられることになる，官民の役割分担，あるいは地方の行政改革や規制緩和，

さらには制度・政策そのものの検討として社会保障政策や農業政策等々が対象にされていたこと[3]は注意を要する．

ここで官民の役割分担が問題にされたということは，明らかに新自由主義的な「小さな政府」が意識されていたということである．また地方行革や規制緩和が検討されたことや，あるいは社会保障政策が議論の対象になったのも同じ理念的基盤からであった．何よりも後者は資本にとっての負担軽減を念頭においたものであり，農業政策も弱小産業に対する保護の見直しや農業の自由貿易に対する障害の除去などを視野に入れていた．この意味において，この第2臨調こそその後の構造改革の源流をなすものとして捉えられなければならない．

この第2臨調は1983年3月に解散し，その後1983年7月に第2臨調の答申にもとづく行革の実施を監視する機関として第1次臨時行政改革推進審議会（行革審）がスタートしている．以来，1993年10月（細川内閣時）に第3次行革審の最終答申を提出するまでの約10年間に，行革審を通して行財政改革や規制緩和あるいは地方分権等を含む，様々な改革提言が行われている．そして，この第3次行革審の最終答申を受けて，行政改革委員会が1994年6月に村山内閣の下で設置されるのである．

規制改革の流れは，この行政改革委員会の設置をきっかけとして本格化していったのであり，その延長線上に同委員会が橋本内閣の行政改革推進体制を支える位置づけを与えられることとなったと言える．橋本内閣においては，この行政改革委員会が規制緩和，官民役割分担等についての意見を具申する機関として存在する一方，他方で中央省庁の再編等を取り扱う行政改革会議が設置された——つまり，同じ「行政改革」を冠した会議体が併置された——のは，こうした事情を背景としている．

そこで以下においては，この1994年に設置された行政改革委員会のもとで規制改革路線が本格化していったプロセスを確認していくことにしよう．

(2) 規制改革

先に述べた第3次行革審の最終答申が出されたのは，1993年10月のことである．その年の8月には，自民党単独内閣の最後の首相（宮沢喜一）への不信任案が成立し，自民分裂から非自民8派による連立内閣（細川内閣）が発足し

第6章　構造改革と福祉国家体制の解体　　　　　　　　　　173

ていた．戦後の開発主義的国家を支えてきた，いわゆる55年体制の崩壊であった．

　このころ日本経済はバブル崩壊による不況過程に入ってから2年が経過し，冷夏・長雨や円高などに苦しめられながら長期の経済停滞の様相を呈しはじめていた．そして，このころから規制緩和による経済構造改革の必要性が声高に叫ばれるようになったのである．とりわけ，経済界からは強い要求が出されて，細川内閣発足後の緊急経済対策には94項目の規制緩和策が盛り込まれることになったが，これは1993年9月に経団連から提出された「規制緩和に関する要望書」に応えたものであった．

　規制緩和による経済構造改革という指向性は，すでに第2臨調の流れをくむ第2次行革審のなかでも「公的規制緩和に関する答申」として登場しており，また継続的な日米貿易不均衡を背景として1970年代以降続けられてきた日米交渉のなかでも，「日本異質論」を背景に日本市場の「正常化」（＝アメリカン・スタンダード化）のための規制緩和・構造改革要求として出てきていた[4]．

　とりわけ，1989年以降の日米構造協議でこの問題に焦点があてられ，その後の日米包括経済協議（1993年）になると，さらに貿易の存立基盤といえる制度，政策，経営組織，流通組織等までにも踏み込まれたうえに，輸入「数値目標」の設定や市場開放の「客観基準」なども迫られるに至ったのである．

　当時の細川内閣はこの数値目標を拒絶して日米交渉は決裂し，その後，日本はすさまじい円高に見舞われることになった．二度目の超円高である．これは1995年の夏頃まで続いたが，この超円高の間に，規制緩和による構造改革（「原則自由，例外規制」）を唱えた平岩レポート（1993年12月）が出され，1994年7月には村山内閣の下で「今後における規制緩和の推進等について」が閣議決定され，同年12月に「行政改革委員会」設置，95年3月には「規制緩和5カ年計画」（11分野1,000項目の規制緩和）が閣議決定されて，規制緩和・構造改革が本格化していくことになった．

　ところで，この村山内閣（1994年6月30日～96年1月11日）は，細川政権の誕生によって下野を余儀なくされた自民党が（約13カ月後に）政権に復帰するために社会党の党首を首相に担ぎ上げて作った内閣であった．そして，この内閣の下に設置された行政改革委員会は，先述した第3次行革審・最終答

申を踏まえた細川内閣の閣議決定（「今後における行政改革の推進方策について」1994年2月）を引き継いだものであり，先の「規制緩和5カ年計画」は当然にこの流れのなかで形成されたものである．こうしてみると，規制緩和へと向かう潮流は政権交代があろうとなかろうとほとんど関係がなかったということである[5]．その背景には，経済界の強い要求（内圧）とアメリカによる外圧[6]があったということも指摘しておかなければならないであろう．

こうして，1994年12月に発足した行政改革委員会は，従来の官僚OBを大量に動員した審議会と異なり「財界人，シンクタンク役員，ジャーナリスト，労働組合幹部・経済評論家から構成され」，またその下に作られた規制緩和小委員会[7]（95年4月発足）は「19名のうち，7名が学者，7名が企業関係者，労働組合幹部1名，シンクタンク役員2名，作家1名であった．それも学者の大半が名だたる規制緩和論者であった」[8]とされる．また，この規制緩和小委員会は「規制緩和推進5カ年計画」（後に3カ年計画に前倒し変更）の実施の監視を役割として作られたものであるが，その座長を務めたのは宮内義彦オリックス社長（2000年に会長）であった．

「政商」の異名をとることになるこの人物は，その後1998年2月に橋本政権下で作られた行政改革推進本部・規制緩和委員会（99年4月「規制改革委員会」に改称）の委員長を務め，また2001年4月1日に小泉純一郎内閣の下で発足した総合規制改革会議の議長にも就任している．さらに，この「総合規制改革会議」解散後に発足した「規制改革・民間開放推進会議」の議長にも就いて，小泉内閣の任期満了と同時に同会議が解散する2007年1月まで，この種の会議の長を10年以上にわたって務めるのである．

この資本側の代表とも言うべき存在が主導する委員会の結論が閣議決定され，各省庁を通して直ちに実施に移されていくという方式は，橋本内閣下で作られた行政改革推進本部・規制緩和委員会によって確立されたのであった．

本書の第3章で見てきたような，1990年代後半に入って矢継ぎ早に行われた労働条件・労働市場の規制緩和を中心とする労働法制の改訂は，この規制緩和委員会の結論を閣議決定した「規制緩和推進3カ年計画」に従って実施されたものである．むろん，そこで取り上げられた規制緩和対象は，それにとどまらず金融，流通，運輸，農水産，エネルギー関連等の諸産業に関わる規制緩和，

さらにはIT，医療・福祉，雇用・労働，教育，環境などに関わる公的・社会的規制の緩和にも及んでいた．

そうしたなかで，農産物自由化，農業への参入自由化（株式会社化）等による農業関連の規制撤廃，あるいは大規模店舗法の廃止に代表される都市自営業の保護撤廃など，いわゆる弱小産業に対する保護と規制が切り崩され，さらには食品衛生法改訂に見られる食料品規制や，環境保護などの社会的な規制の緩和など国民の安全に深く関わる諸規制も「改革」の対象とされたのである．

(3) 地方分権

地方への権限委譲は，明治以来の中央集権的な体制（官僚主導の，民主主義ならぬ「官主主義」体制）を改革するという意味でも，あるいは「小さな政府」という新自由主義的な改革理念から言っても構造改革の重要な要素であった．

第2臨調においても，この問題は取り上げられていたとされる[9]が，ただしこの場合には「地方分権」という表現ではなかったことに注意しなければならない．この言葉が出てくるのは，「第2次行革審の最終答申（1990年4月）」からである[10]．第2臨調の場合には，地方の行革（ムダの多い地方行政の改革）という意味合いが強く，この点は土光敏夫・経団連名誉会長が第2臨調の会長を引き受ける際の条件として「増税なき財政改革をおこなうこと，地方の行革も行うこと，いわゆる3Kの抜本的改革と民活などの4項目」[11]をあげていたことからも明らかである[12]．

この「地方分権」の推進そのものは，上述したように第2次行革審答申において提言され，さらに第3次行革審の最終答申（1993年10月）ではその「大綱方針」の策定と法律の制定について提言されている．

その後，1995年5月に地方分権推進法（5年間の時限立法）が成立し，同年7月には地方分権推進委員会（委員長：諸井虔）が，同じ第3次行革審最終答申の提言を受けて設置された行政改革委員会と関連する委員会として立ち上げられている．そのミッションは，文字通り「地方分権」推進に向けて国と地方の役割分担，補助金，税財源，地方行政体制などを検討して内閣に勧告を行うことにあり，同委員会はその発足から1998年11月までの間に5次にわたる勧

告を行っている[13]．それを踏まえて，1999年7月に地方分権一括法案が国会で成立したのであり，またこれを基礎に「平成の大合併」と呼ばれる大規模な市町村合併が行われることとなったのである．

なお，このさい注意しておきたいことは，この地方分権推進委員会のなかには相対立する2つの立場が存在していたということである．ひとつは，自己決定および自己責任を基本にした，政策運営の自律的な主体としての地方公共団体の確立を目指すという意味で，文字通りの地方分権改革を成し遂げようとする立場である．いまひとつは，地方行政体制という「受け皿」が整備されなければ地方分権という制度改革（分権改革）も進められないと考え，分権改革よりもまずはその「受け皿」作りを（市町村合併などによって）先行させるべきだと主張する立場である．

前者を「制度」改革論とし，後者を「受け皿」改革論とすれば，地方分権一括法が成立し，地方分権推進委員会の最終答申が出されて以降の動きというのは，どちらかというと「受け皿」改革論的な考え方によって地方の行政改革が進められていった，ということが言える．この点については，小泉改革のもとで行われた三位一体改革を論ずるさいに明らかになるはずである．

3. 橋本6大構造改革の評価

さて，橋本6大構造改革のうち大きな改革として世間の注目を集めたのは，何といっても，2001年4月に1府12省庁の新しい中央官庁体制を実現させた「行政改革」であり，また日本の金融市場をニューヨーク，ロンドン並みの国際的金融市場に発展させるために，フリー，フェアー，グローバルを改革の3原則とした「金融システム改革」すなわち日本版金融ビッグバンであったろう．

この中央省庁再編を中心とした行政改革は，同時に公務員定数の1割削減を目標としており，その狙いは一言でいえば福祉国家体制的な「大きな政府」を転換して「小さな政府」への第一歩を踏み出すことにあった．第2臨調以来の新自由主義的な行革理念の具体化であった．

また，この行政改革を提言した行政改革会議『最終報告書』には，郵便貯金等の資金運用部への預託を廃止し全額自主運用とする財政投融資改革（2001年

4月実施)や,郵政3事業(郵便,郵便貯金,簡易保険)を一体とした郵政公社を創設(2003年4月発足)することも提言されていた.この財政投融資改革の背景には,1990年代に入って急速に高まった特殊法人批判があり,売れ残りの工業団地などを抱えた特殊法人による,膨大な「官の不良債権」が問題になりはじめていたこともあった.

　一方,金融ビッグバンは,その実施後10年以上を経た段階から振り返ってみれば,その結果は歴然としている.日本の金融市場は,ニューヨーク,ロンドン並みの国際的金融市場になるどころか,当時よりもさらに地盤沈下してしまっているのである.

　また,橋本内閣が従来の護送船団方式からの決別を意味する金融ビッグバンを提唱したちょうど1年後に,金融システム不安が発生している.都市銀行の一角であった北海道拓殖銀行の経営破綻,証券大手の山一証券の自主廃業や三洋証券の会社更生法申請,さらに翌年には戦後の長期信用の担い手であった長銀や日債銀の経営破綻(一時国有化)等々と深刻な金融危機が続くこととなったが,その基礎にあったのは処理を先送りされてきたバブル崩壊後の不良債権であった.この不良債権の重圧が,1997年5月以降,財政構造改革の性急な実施の影響を受けて日本経済が不況の様相を見せるなかで深刻化していき,ついに耐えられなくなった金融機関から崩壊をはじめたのであった.

　いまにして思えば,フリー,フェアー,グローバルな国際的金融市場の構築を展望する前に足下の不良債権処理を優先すべきであった.何よりも,当時の不良債権の実態を把握しておくことは最低限必要だったはずである.にもかかわらず,当時,金融当局が事態を十全に把握していたとは言えないのであって,そのことがまた金融不安を一層深刻なものにしてしまったのである.

　つぎに,経済構造改革を見てみよう.このなかでは,エネルギーコスト(産業用電気料金など),運輸通信コスト(鉄道貨物,電話料金など),資金調達コスト(社債発行コスト),土地開発コスト(工場用地,オフィス賃料など),人件費,租税(法人所得課税,実効税率)などの高コスト構造の是正と並べて,医療・福祉,情報通信,環境,バイオテクノロジーなどに関連する15の新規産業の創出が行動計画のひとつとして謳われていた.しかし仮にこれらが功を奏していたのなら,日本経済はこれほどまでに低迷することはなかったはずで

ある．

　また，ここでは金融システム改革（＝日本版金融ビッグバン）[14]のほかに，企業組織制度改革として，持株会社規制の解禁，商法の合併法制の簡素化，独占禁止法上の合併・株式保有等の登録制度・報告制度の見直し等々が列挙されている．これらの一部は，独禁法改正（1997年6月）による持ち株会社の解禁，あるいは2000年から始まる商法の大改正（最終的には2006年の会社法改正）へとつながって行ったものである．さらには，労働・雇用制度の改革として，有料職業紹介事業，労働者派遣事業の見直し，労働時間法制（裁量労働制，変形労働時間制等），労働契約法制（労働契約期間の上限等）についての見直しが提言されていたが，これらについては1990年代後半以降の労働市場改革によって万端遺漏なく実現されていったということは，すでに確認した通りである．

　このような1990年代後半から始まる経済構造改革は，長期低迷にあえぐ日本経済にとっての停滞打破や発展の展望を切り開くことにつがるものとしては，ほとんど成果を上げられなかったと言うべきであろう．とは言え，間違いなく資本側（とりわけ経済団体のトップを独占しているグローバル資本）にとって，これは一方的に有利な改革を実現していったと見ることができるのである．

　社会保障改革について言えば，橋本内閣がその一環として実施した主なものは，1997年に健康保険の本人負担を1割から2割負担に変更したこと，さらには2000年4月に導入された介護保険の創設を決定したこと（1997年12月，介護保険3法成立）などである．当時，経済団体は1990年代の後半から医療保険制度を含む社会保障全般についてかなりまとまった改革提言を行っている．そして，この介護保険の導入については，経済団体から「俄には賛成しがたい」と危惧の念が表されていた．こうしたところから見ると，橋本内閣の社会保障改革は，福祉国家体制の解体を指向しつつ，資本にとっての負担軽減を優先した経済界の要求[15]を一方的に聞き届けたものであったとは必ずしも思われない．

　むしろ，それは「福祉国家を長期安定的な基盤に乗せるための改革であり変容」[16]であったと見ることも可能である．ただし，その後の小泉改革となると，とてもそうは言えなくなってしまう．あとで見るように，小泉内閣は小さな政

府の実現のために社会保障関連経費の削減に大鉈を振るってくるからである．

 とは言え，多くの場合，小泉改革は新自由主義的な経済構造改革を指向した橋本構造改革の延長線上にあり，それをさらに徹底して実現するものであったという事実を踏まえるなら，2つの構造改革の間にこうした区別を設けること自体あまり意味がないことなのかも知れない．

 最後に，財政構造改革と教育改革について言及しておこう．橋本内閣は1997年度を財政構造改革元年と位置付け，その年の秋には財政構造改革法を制定している．これは，2003年までに国と地方を合わせた財政赤字の対GDP比を3%以下に抑えることを目指したものである．ここから，歳出項目ごとに伸び率の上限を設定して支出をそれ以下に押さえると同時に，公共投資を前年比7%削減し社会保障費用の増大を3000億円以下に抑制するなど，本格的な財政構造改革が展開されることとなった．

 しかしながら，これは1997年春に日本経済が不況へ転換する大きなきっかけを作り，橋本内閣の退陣と新自由主義的な政策が迷走する原因ともなったのである．この点については，また節を改めて論究することとしたい．

 教育改革は，見ようによっては橋本6大構造改革の中核的な位置づけが与えられている．それは「あらゆる社会システムの基盤である教育についての改革」とされ，「行政改革，経済構造改革，財政構造改革などの5つの改革と一体となった改革を実行することが不可欠」であるとされていた．にもかかわらず，それ自体は具体的な施策に乏しく，実現されたものは完全学校週5日制の導入（2002年4月実施）だけで，また高等教育に関しても報告書がひとつ出てきた程度であった．それは，この教育改革の提言を受けて大学審議会から提出された「21世紀の大学像と今後の改革の方策について－競争的環境の中で個性が輝く大学－」という報告書で，そこにおいては，大学の個性化・差別化の観点から大学をいくつかの類型に分けて序列化しようという構想が示されていた．要するに，これは理念だけが先行していたとしか言いようがなかろう．

4. 経済政策の迷走

 橋本構造改革は，1990年代の本格的な新自由主義的な改革路線であり，最

終的に「小さな政府」の樹立を目指していた．そうした方針に従って，1995年以降その足取りを確かなものにしてきた景気回復を背景に，特別減税の廃止や医療保険の患者負担増さらには直間比率の変更を視野に入れた消費税の引き上げが断行されたのである．しかしながら，それも1997年春からの景気後退局面では，結局のところ従来型の景気対策と財政支出の拡大に戻ることを余儀なくされてしまっている．

手始めは1997年末，折から発生した金融システム不安への対応策として実施された30兆円の公的資金の投入（98年には60兆円に拡大）であった．さらに，1997年度補正予算案では景気対策として2兆円規模の所得税，住民税の減税の実施を決めている．また，翌98年4月には事業総額16兆6500億円の総合経済対策が決定され，同年5月には前年11月の財政構造改革法で決めた財政健全化目標の達成年次を2003年度から2005年度へと延長すると同時に，特例公債の発行弾力化条項（つまり赤字国債発行の毎年度削減を一時停止できる措置）を盛り込んだ財政構造改革法改正法を成立させている．

さらに，政権が橋本内閣から小渕内閣に変わると，従来型の（いわばケインズ的な）景気対策への回帰は一層強まって，1998年11月には事業総額16兆6500億円の総合経済対策，翌99年11月には総事業費18兆円程度の経済新生対策と大盤振る舞いとなり，2000年10月には森喜朗内閣の下で情報技術（IT），環境，高齢化，都市基盤整備を重点とする事業総額11兆円の経済対策が決定されている．

ところが，2001年4月に小泉内閣が登場すると，このようなケインズ主義的な景気対策は完全に影を潜めてしまい，骨太方針による福祉国家体制の完全解体作業が始まることになった．つまり，97年前半における橋本内閣の政策転換によって新自由主義的な政策から従来型の（ケインズ的）政策へ回帰したものが，2001年には小泉構造改革という新自由主義的な政策へと再転換するのである．わずか5年ほどの間のこの政策の迷走だが，その背景にはいったい何があったのか．ひとまず，この5年間における日本経済の景気状況とその経済対策を再度確認しておこう．

この間，2つの景気循環における不況過程への転換があった．第12循環（1997年5月ピークアウト）と第13循環（2000年11月ピークアウト）である．

まず第 12 循環は，政策のテコ入れや 1995 年 8 月以降の円安転換による輸出増大や設備投資の拡大などに助けられながら徐々に上向き，97 年には 3％ 超の GDP 成長率を記録するところまで進んだ．ところが，これも内需の循環的な拡大過程が展開される前に，橋本内閣による政策転換（財政再建を目指した増税等による国民の負担増）すなわち民需の剥奪というショックに耐えられずに，消費の大幅な減退によって一挙に下降局面へと転換してしまったのである．また，第 13 循環の回復過程は，欧米の好景気（とくに，アメリカの 1990 年代の長期繁栄）を背景とした外需によって牽引されていたが，これも本格的な回復軌道に乗る前に，アメリカの IT バブルの崩壊によって頓挫させられてしまっている．

いずれも，本格的な景気上昇に至るための「内需の循環的拡大メカニズム」を作動させることができなかったことが原因であった．この点については第 1 章で確認済みであるが，ここにおいては，さらにつぎの点にも留意しておきたい．つまり，不況過程で発動された公共投資を中心する従来型の景気対策は，輸出と同じように経済を景気回復の入り口までは誘導できても，例の内需の循環的拡大メカニズムを作動させられなければ本格的な景気拡大につなげることは不可能だ，ということである．

橋本，小渕，森内閣の下での従来型の（ケインズ的）不況対策が何ら功を奏さなかったのは，1990 年代後半以降グローバル資本主義下の日本経済の再生産構造に生じた大きな変化を認識しないままに旧態依然たる経済政策に固執した結果である．その効果の無さが，2001 年 4 月以降の新自由主義的な小泉構造改革を強行する背景となったとも言える．ところが，「改革なくして成長なし」をスローガンとした，小泉改革もまた肝心の内需の循環的拡大メカニズムを動かすことができずに，東アジア経済の勃興という大きな歴史的な追い風を受けながらも，弱々しくダラダラとした景気回復しか実現できなかったのである．この点についても，先行する諸章で確認された通りである．

ところで，グローバル資本主義の特徴のひとつは，福祉国家体制の重要な構成要素であった完全雇用政策の放棄による産業予備軍効果の再確立（＝資本－賃労働関係の再構築）というところに見出される．このような完全雇用政策の放棄は，新自由主義の本家とも言うべきアメリカやイギリスにおいては，1970

年代〜80年代に自然失業率仮説に基づいたマネタリスト的政策によって実施されたものであり，具体的にはスタグフレーションの発生を契機とするインフレ対策として展開されたものである．

　言うまでもなく，このマネタリスト的政策の基本的理念は反ケインズ主義であり，そのベースには完全雇用政策に対する批判がある．彼らマネタリストは，スタグフレーションの原因をケインズ主義的な完全雇用政策に求め，自然失業率仮説によって完全雇用政策の放棄を正当化することで，結果的にインフレ抑制をターゲットにできたのである[17]．

　これに対して，日本の場合，いわゆる産業予備軍効果の再確立はマネタリスト的政策の結果として実現されたわけではなかった．バブル崩壊後の長期的な経済停滞やデフレ（不況）に見舞われるなかで失業率が趨勢的に上昇していったところから，結果的にそれが実現されたのである．そのうえに，1990年代半ば以降の労働市場「改革」がその産業予備軍効果の再確立を決定的なものにしたのであった．

　であれば，1990年代に日本において展開された新自由主義的政策もケインズ主義的政策も，それぞれ日本固有のものとして把握し，その問題点が明らかにされなければならないということになる．1990年代後半の日本において展開された新自由主義的な政策である橋本構造改革の特質についてはすでに確認してきた．また，この橋本構造改革の頓挫後に展開された従来型の（ケインズ的な）経済政策の問題点については，これも指摘した通りである．そこで，つぎには小泉構造改革の特質とその問題点について検討していくこととしよう．

5．小泉構造改革の展開

　前節で指摘したように，小泉構造改革はそれに先行して実施された1990年代後半の橋本6大構造改革の延長線上にあり，その新自由主義的な改革理念を急進的かつ徹底的に実現しようとしたものであった．そこで，まずは，この2つの構造改革を推進した体制について，その継承関係や相違点から確認しておくこととしたい．

（1） 2つの構造改革路線の継承関係と相違点

　橋本内閣の行政改革推進体制を支えたのは，①行政改革会議，②行政改革委員会，③地方分権推進委員会の3つの機関であった．このうち，内閣の下で規制緩和，官民役割分担等についての意見を具申する役割を担った行政改革委員会は，いくつかの名称変更等を経ながら小泉内閣の下でも「総合規制改革会議」（2001年4月発足）として引き続き同様の機能を果たしている．議長もまた同一人物（宮内義彦オリックス会長）であった．

　同会議は，2004年3月に解散して翌4月に「規制改革・民間開放推進会議」に引き継がれるまでの間に3次にわたって答申を行っているが，内閣がその都度「規制改革推進3カ年計画」（改訂，再改訂を含む）を閣議決定していく方式も従来通りであった．ただし，この小泉内閣下の総合規制改革会議では，「民間にできることは，できるだけ民間にゆだねる」という基本原則を踏まえて，従来の経済的規制の緩和から社会的規制の緩和へと大きく踏み込んできていることが特徴である．

　また，国と地方等の役割分担，地方行政体制等を勧告する役割を持っていた地方分権推進委員会（委員長：諸井虔）は，小泉内閣の下でもそのまま存続し，2001年6月にその最終報告書を提出している．その後，同年7月3日には，その後継機関として新しく地方分権改革推進会議（議長：西室泰三）が発足し，後述する三位一体改革について2003年6月にその意見書を提出している（同会議の最終意見の提出は2004年7月）．

　さて，かつての橋本構造改革においてもっとも中枢的な存在であったのは，行政改革会議であった．これは，1997年12月に1府12省庁の新しい中央官庁体制の提言を含む最終報告を行ったことですでに役割を終え解散していたが，小泉構造改革でこのポジションに相当する機関は経済財政諮問会議である．これは，先の行政改革会議・最終報告を受けて実施された，内閣機能と首相の指導性強化とそのための補佐・支援体制の強化の一環として2001年1月（森内閣下で）省庁再編とともに設置されていた．

　小泉内閣は，この経済財政諮問会議を改革の指令塔としたのである．むろん，上記の規制緩和および地方分権に関する2つの機関においても，様々な改革案が答申され閣議決定が行われているが，重要な部分はいずれもこの経済財政諮

問会議において取り上げられ，各年度の「骨太方針」（「経済財政運営及び経済社会の構造改革に関する基本方針」）に盛り込まれている．たとえば，総合規制改革会議の規制改革特区ワーキンググループが検討していた改革特区構想や地方分権改革推進会議が意見書を提出した三位一体改革などである．そこで，以下では，この経済財政諮問会議を中心に行われた構造改革の具体的な展開を見ていくこととしよう．

(2) 小泉改革と郵政民営化問題

　小泉政権が何よりもまず「改革の本丸」と位置付けたのは，よく知られているように郵政の民営化であった．これと深い関わりをもつ財政投融資改革は，すでに2001年4月には実施されていたが，小泉首相はこれを不十分として郵政の民営化（4分社化）に踏み込んだのである．

　この郵政民営化関連法案は，小泉構造改革の目玉として2005年8月に衆院を通過したものの，参院では否決される事態となった．与党内に造反者が出たからである．これに対して，小泉首相は衆院を解散して民意を問うという非常措置をとり，極めて異例なかたちで解散・総選挙が行われることとなった．その後，この「郵政選挙」での自民党の圧勝を経て，当初とほぼ同じ内容の法案が同年10月の特別国会で可決・成立させられている．

　ところが，話はこれで終わらなかった．それから4年後の2009年8月の総選挙において民主党・国民新党・社民党による政権交代が行われると，今度はこの見直しが図られることになり，2009年12月には郵政株売却凍結法案が可決・成立するのである[18]．

　以上は，郵政改革に関わる周知の政治的過程であるが，この郵政民営化問題は小泉改革の重要な一環ではあっても，構造改革による福祉国家体制の変容がいかにして行われたのかという本章の課題からすると，ほとんど本質的な問題とは言えないものである[19]．ここにおいて取り上げられるべきは，小泉構造改革によって日本の福祉国家システムがどのような変容を被ったのかという問題である．そこで，以下においてはまず小泉改革が既存の社会保障制度と日本型の社会福祉システムの重要な一環をなす所得再分配機構とに対しどのような「改革」を実施したのかを検証していくこととしたい．

(3) 社会保障制度と小泉改革

小泉内閣は，まず経済財政諮問会議による「骨太の方針」第1弾となった，2001年度の「経済財政運営と構造改革に関する基本方針」で，大幅な歳出削減方針（国債発行枠30兆円，プライマリーバランスの黒字化など）を決定している．それ以降，こうした社会保障関連経費の削減は，この方針に従って内閣が退陣する2006年まで毎年のように行われることとなったのである．以下，その過程を確認していこう．

2002年には，医療制度改革関連法案が国会で成立し，これによってサラリーマンの医療費負担は2割から3割へ引き上げられた．また，70歳以上の高所得者（夫婦世帯で年収約621万円以上）については，医療費の窓口負担が2割から3割へと引き上げられ，2008年からは70〜74歳の老人についても1割負担から2割負担に引き上げられている．さらには，この年の経済財政諮問会議による「骨太の方針2002」で診療報酬の引き下げが決定され，これが（2009年まで）毎年のように引き下げ続けられた．これは，のちに大きな問題となる医療崩壊を引き起こす原因のひとつになったものである[20]．

2003年になると雇用保険法が改訂され，保険料の引き上げと失業給付の引き下げが行われた．その後，この雇用保険法は，2007年（安部内閣時）にも改訂され，一般労働者が自己都合で離職する場合，かつては6カ月働くと得られた受給資格が12カ月に延長されている．もっとも，これはリーマンショック後の世界同時不況のなかで2009年3月にもとの6カ月に戻され，非正規労働者の加入要件も1年以上の雇用見込みから6カ月以上の雇用見込みに緩和されている．

さらに，この2003年は，介護保険（2000年4月導入）の3年に一度の見直しが行われる年であったことから介護保険料の引き上げが行われた．その後，現在まで2006年，09年と見直しが進められ，2009年の改訂ではサラリーマンなどの現役世代の1人あたり自己負担額は，導入時の1.7倍近くにまで膨らんできている．

2004年には，生活保護受給者向けの老齢加算制度が廃止されている．この制度は，70歳以上の高齢者と65歳以上の重度障害者が対象であったが，この年から3年間かけて廃止されることになった．また，この年の税制改正によっ

て老齢者控除も 2005 年以降廃止されることが決められた．さらには，国民年金（基礎年金）部分の 3 分の 1 国庫負担から 2 分の 1 への引き上げ，給付年齢の 60 歳から 65 歳への引き上げ，保険料の段階的引き上げ（13.58％ から毎年 0.354％ ずつ引き上げる．2017 年には 18.30％ へ）などを決めた年金改革案関連法案がこの年に国会を通過している．

　2005 年になると，18 歳以下の子供がいる生活保護世帯に適用されてきた生活保護母子加算制度の廃止が決定された．これによって，16 歳以上の子供は 2006 年度末から，15 歳以下の子供は 2008 年度末で支給が打ち切られることとなったが，このような生活保護の見直しはすでに「骨太方針 2003」で明記されていたものである．また，障害者の自立支援を謳い，従来の支援に対する応能負担から応益負担（要するに受益者負担）に切り替えることを決めた（巷間「弱いものいじめ法案」とも呼ばれた）障害者自立支援法が，この年に国会を通過している．

　2006 年は，小泉内閣の下で「骨太方針」が作られた最後の年である．その「骨太方針 2006」では，生活保護生活扶助基準額の引き下げを視野に入れた「低所得世帯の消費実態等を踏まえた見直し」及び「級地の見直し」を行うことが提言されている．ただし，これは 2007 年に福田内閣の下で実施が見送られている．この見直し自体は 2009 年の実施を目論んでいたが，この頃になると格差問題が大きくなり，世論・野党はもとより選挙を心配する与党からも賛成を得られなくなってきたというのが実情であった．

　さらに，この年には，高齢者の医療費抑制を狙いとした，悪名高い後期高齢者医療制度も導入され（2008 年 4 月施行），さらには医療保険を使ったリハビリテーションに最長 180 日間の日数制限を設ける「リハビリ打ち切り制度」なども導入されている．また同じ時期に施行された改正介護保険法（2005 年 6 月公布）によって介護サービス給付が削減され，その結果「要介護 1，2」の適用者の多くが「要支援 1，2」に変更される事態となった．

　以上見てきたような，かなり徹底した社会保障制度の見直し・改変は，自覚的に福祉国家体制の解体・再編を企図したものと言わなければならない．文字通りの新自由主義的な構造改革であり，狙いは言うまでもなく「小さな政府」の実現にあった．それによって，資本に課せられた負担を軽減すると同時に，

法人税などの企業減税を実現していく（そうした仕掛けでグローバル資本を日本国内に止めておく）ことも可能になる，と考えられていたということである．

この背景には，日本におけるグローバル資本主義の進展がある．むろん，グローバル資本主義がいかに進展しようと，かつての福祉国家体制の重要な柱のひとつであった社会保障制度が完全解体されてしまうということは（主権在民国家では）ありえない．この意味で，歴史の完全な後戻りはないのである．しかしながら，小泉改革の特徴として言いうることは，そこではグローバル資本主義と社会保障制度との両立できる方向性やビジョンをまったく指し示すことなく，いわば資本の論理にだけ忠実に，ただひたすら新自由主義的に社会保障制度を攻撃し続けたということである．

(4) 所得再分配機構と小泉改革

つぎに，日本型の社会福祉システムの重要な一環をなす，所得再分配機構の変容について見ていこう．これは，ひとつは競争力の弱い産業部門に対する各種の補助金や様々な保護的規制を通して産業間で行われる所得再分配に関わっており，いまひとつは都道府県，市町村レベルの地域間で行われる所得再分配に関わる問題である．

まず前者についていえば，すでに1995年の段階で農民層や低所得層の保護を目的として設置されていた食糧管理制度が廃止されている．また，都市の零細小売業を保護していた大規模店舗法（1973年施行）は1998年に廃止されていた．その上で，小泉改革の一環として行われた政策としては，中小企業金融公庫の解散がある．同公庫が担っていた業務は，このとき同じような改革対象とされた国民生活金融公庫や農林漁業金融公庫とともに，株式会社日本政策金融公庫に業務移管されることとなった．業務移管後は，一般貸出が廃止されて特別貸出に制限されたが，それも必要性が低下したと認められた部分については廃止されることになったのである．国民生活金融公庫，農林漁業金融公庫などの場合も，同様の貸出制限的な条件がつけられており，これらが象徴していることは，要するに弱小部門への従来の補助金支給や様々な保護的規制[21]は切り捨てていくということであった．

ついで，都道府県，市町村レベルの地域間で行われる所得再分配機構に対し

て，どのような構造改革が行われたのかを見ていこう．よく知られているように，それに対しては三位一体改革という名の国と地方の税財政改革として実施されている．それは，国税（基幹税）から地方税への財源移譲と引き替えに，それまで地方に支給されていた補助金と地方交付税交付金とを削減するというもので，これが仮に地方分権改革の理念のもとに実現されたなら，明治以来の地方の国に対する従属や官僚主導体制を改革し，文字通り地方の自己決定，自己責任体制を確立することが可能になるはずであった．だが結果はそうならずに，地方財政の危機的状況と地方の荒廃を生み出したのである．では，なぜそのようなことになったのか？

この三位一体改革という言葉は，例の「骨太の方針2002年」のなかで登場してきたものである．そこでは「地方の自立と活力のために」この三位一体改革と市町村合併の積極的推進とが構造改革の二本柱として提言されている．前者については，こう言われている．「国庫補助負担金，交付税，税源移譲を含む税源配分のあり方を三位一体で検討し，それらの望ましい姿とそこに至る具体的な改革工程を含む改革案を，今後1年以内を目途にとりまとめる」[22]．後者については，こう宣言されている．「改革の受け皿となる自治体の行財政基盤の強化が不可欠であり，市町村合併へのさらに積極的な取組みを促進する」[23]と．

ここで言う「改革の受け皿」作りとしての市町村合併とは，すでに1999年の地方分権一括法を基礎に「平成の大合併」として先行的に実施されていたものである[24]．また，そこに「具体的な改革工程を含む改革案を，今後1年以内を目途にとりまとめる」とあるが，それは，2001年7月に発足した地方分権改革推進会議（西室泰三議長）によって審議され，1年後の6月6日に「三位一体の改革についての意見」として小泉首相に提出されている．

これを受けて，三位一体改革は，2004年度予算から06年度予算にかけての3年間にわたって実施された．その間，国から地方に税源移譲された金額は約3兆円であったのに対して，この3年間で廃止・縮減された国から地方への国庫支出金（＝補助金）の総額は4兆7千億円，また抑制された地方交付税交付金（臨時財政対策債をも含む）の総額は5兆1千億円にのぼっている．つまり，この地方交付税交付金は2003年には23兆9千億円だったものが，2006年に

は18兆8千億円にまで縮減されたわけである．

　国から財源移譲された金額は，義務教育費国庫負担金などを含む（いわゆる「ヒモ付き」の）補助金が廃止・縮減された金額と比べてあまりにも小さい．その一部分は交付金化されたとはいえ，廃止・縮減された補助金のなかには義務教育や社会保障関係（生活保護，児童手当）などに関わる国庫負担金が含まれており，この不足分はそうした事業そのものをリストラしていくか，その他の地方行政に固有の諸事業を見直していくか，選択肢はそれ以外にはなかったのである．他方で，いわゆる「ヒモ付き」でない地方交付税交付金も大幅にカットされており，結局のところ，これは国による上からの地方財政のリストラが断行されたのに等しい，と言うべきである．

　一方，市町村合併はこれに先行して推進されており，それによって地方自治体の人口規模が大きくなればなるほど，地方交付税の人口1人あたり単価は低下していくことになっていた．ここから言えることは，「骨太の方針2002」で謳われた「改革の受け皿」としての市町村合併もまた三位一体改革も，要するに国の地方財政支出を削減するための手段でしかなかった，ということである．

　その結果，地方の行政サービスは大幅な減退[25]を余儀なくされ，農林漁業や地場産業の担い手である中小零細企業，さらには小規模流通業などの弱小産業を対象とした所得再分配政策の停止と相まって，地方経済の衰退と地方の荒廃は一段と深刻化していくことになったのである．

(5)　完全雇用政策の最終放棄

　ところで，福祉国家体制の重要な構成要素のひとつとして，完全雇用政策がある．完全雇用は，第2次世界大戦後，福祉国家体制の実現を目指す先進資本主義国の政策目標ともされたが，その政策はたんなる雇用政策だけではなく，一般的には不況局面で実施されるケインズ主義的な財政・金融政策を含めて理解されている．

　小泉内閣における経済政策の特徴は，何よりも構造改革の推進を優先して，このようなケインズ主義的な財政・金融政策の発動を否定したところにある．したがって，景気が低迷しても国債の増発を必要とするようなケインズ主義的な不況対策が実施されることは一切なかったのである．内閣が発足した2001

年4月の段階では、日本経済はまだアメリカのITバブル崩壊の影響を受けた不況過程にあったが、そこでも同年12月に「緊急対応プログラム」と称して2.5兆円の無利子貸出枠を作った程度の対応しかしていない。そして、この不況が底を打ち、実体経済が回復過程に入った2002年以降になると、不況対策そのものが不要と考えられるようになり、小泉内閣は新自由主義的な「小さな政府」の実現へと邁進していくことになったのである。

この間、完全失業率は2002年10月に過去最高の5.5%を記録（翌03年1月にも5.5%を記録）しており、小泉内閣は2002年10月30日付けで「総合デフレ対策」（正式名称は「改革加速のための総合対応策」）を発表している。ただし、このなかに「セーフティ・ネットの拡充」という項目があり、そこで「雇用対策の推進」が論じられてはいるが、そこには従来型の公共事業を中心とした拡張的な財政政策を雇用対策として発動しようする姿勢は（当然のことながら）どこにも見られない。

そこで問題にされていることは、今後の不良債権処理の加速化にともなって増加していくであろう失業への対応策ということで、新自由主義的な政策発動による失業増大が前提された上での雇用対策が論じられているのである。要するに「痛みに耐える」ことが前提で、ある種のセーフティ・ネットとしての雇用対策が講じられるわけである。ここには、従来型のケインズ主義的な政策理念から決別し、もっぱら新自由主義的な政策理念で雇用問題に対応する姿勢が示されており、そうした意味で福祉国家型の完全雇用政策はこの小泉内閣の下でほぼ全面的に放棄されている、と見ることができるであろう。

6. 小泉改革の下での景気回復の特徴

こうして、小泉内閣の下では、いわゆるケインズ型の拡張的な財政政策がとられることなく、財政は緊縮型（デフレ型）を指向していた。他方、金融政策は1990年代末以降デフレ対策を目的として大幅な金融緩和が続けられ超低金利が維持されており、これは小泉内閣時代にも引き継がれていた。むろん、このような超金融緩和・超低金利政策がとられたからといって、景気を牽引するような国内設備投資の拡大が期待されていたわけでもなかった。企業はデフレ

下にあって有利子負債の圧縮に傾注する一方，投資についてはもっぱら海外向けを中心に行っていたからである．したがって，この超低金利は，デフレ対策と不良債権問題にあえぐ金融機関の救済策として行われたのである．

こうした状況のなかで，小泉内閣が打ち出した経済戦略は，大規模為替介入で円安を誘導し，それによって輸出主導で景気回復を実現しようとしたことであった．それは，1970年代後半から1980年代前半にかけての輸出主導型経済の再現を狙ったもので，いわば輸出立国モデルによって日本経済の立て直しを図ろうとしたわけである．

結果は，本書第1章で見たように折からの東アジア経済の勃興とアメリカの住宅バブルを基礎にした過剰消費とが重なり，グローバル資本によって主導された輸出と設備投資を基礎に景気の回復が実現されることとなった．しかしながら，それは，家計所得の低下と消費の低迷によって内需に火をつけられないままに，結局はダラダラとした弱々しい回復過程を辿っただけにすぎなかったのである．

日本経済における輸出依存的な成長パターンが破綻していたことは，すでに1980年代半ばの最初の異常円高（プラザ合意後の最初の「超円高」），さらには1990年代前半の二度目の超円高のなかではっきり示されていたはずである．にもかかわらず，小泉内閣は，相変わらずの輸出立国モデルに期待をかけ，グローバル産業化した輸出産業に都合の良いような構造改革を推し進めていった．その結果，内需を弱体化させ，輸出頼みの（しかも為替変動に過敏に反応する）もろい経済構造を作ってしまったのである．その上，輸出主導型経済を指向しながらも，他方でグローバル資本の海外生産比率が拡大していくにつれて逆輸入比率も上昇しつづけており，この意味でも極めて矛盾した構造になっているのである．

このような矛盾した構造ができ上がったのは，グローバリゼーションという大きな歴史的潮流の中にあって，もっぱら資本の論理を優先させてグローバル資本による輸出主導型経済を再構築していくような「改革」を追求してきた結果であった．それによって，グローバル資本に都合の良い経済構造はでき上がったものの，それは非正規雇用の増大や格差問題の深刻化さらには社会保障制度の崩壊などをともなわざるをえなかったのだ．それは，間違いなく国民生活

の犠牲のうえに築きあげられたものでしかなかったのである．グローバル化する世界市場に自国の産業構造を適応させ進化させていくなかで，いかにして国民生活の向上を図っていくのか．こうした視点が決定的に欠落していたと言わざるをえないであろう．

7. 不信と不安を助長した構造改革

　すでに明らかなように，日本経済の本格的な回復のために必要とされる内需の循環的拡大メカニズムを十全に作動させるためには，消費の拡大が必要であった．そのためには十分な家計所得が確保されなければならず，また十分な家計所得を確保できるためには雇用が安定していなければならない．だが，構造改革の結果もたらされたような不安定雇用のもとでは，それだけでこのことは実現不可能なことであった．

　さらに言えば，日本には1400兆円を超える個人金融資産が蓄積されており，これをベースに消費性向を高めることで消費の拡大を実現する可能性もあったはずである．ところが，消費者が購買欲を高める（財布の紐をゆるめる）ためには，将来不安がなく安心・安全な社会が実現されていることが条件である．

　そして，実はこの意味での（人々を安心させ，のびのびと消費させるための）構造改革こそ必要だったのであるが，1990年代後半から実施された日本の構造改革なるものは，医療崩壊や年金崩壊に象徴されるような社会保障制度の動揺と不信，あるいは三位一体改革がもたらした地域の荒廃など，すべてその逆，人々を不安に導いていくようなことばかりやってきたと言わなければならない．そして，その典型が，国民に「痛みに耐える」ことを求めた小泉改革だったのである．

注
1)　累進課税制は，1980年代の所得税率の最高税率75%から1999年には37%までの引き下げに象徴的に表されているようにすでに無力化されている（なお，2007年より40%に引き上げられた）．最高税率の推移は以下の通りである．1974年：75%，1984-86年：70%，1987-88年：60%，1989-98年：50%，1999-2006年：37%，2007

第 6 章　構造改革と福祉国家体制の解体　　　　　　　　　　　　　　193

年以降：40%.
2) 国鉄や電電公社の民営化を含む 3 公社 5 現業の特殊法人の「改革」は，土光臨調のなかで策定され，国鉄は 1987 年 4 月 1 日に JR として，電電公社は，1985 年 4 月 1 日に分割民営化された．
3) 並河信乃編著〔2002〕「はしがき」3 頁参照．
4) 1970 年代の前半に繊維問題から始まった日米貿易摩擦は，日本が 70 年代半ばから 80 年代半ばにかけての輸出主導型経済を展開した期間中にさらに激しさを増し，協議の対象も個別産品問題から幅広く複数の問題領域へと拡大し，それらを同時並行的に協議するというスタイルに変わっていった．中曽根内閣時代の MOSS 協議（市場指向型分野別協議〔Market-Oriented Sector Selective〕）がその典型であった．やがて，それは日本の市場が異質であるという日本異質論へと展開し，80 年代末には「日米構造協議 (SII)」へと発展していく．これは異質な日本経済の構造を改革せよという要求に繋がると同時に，90 年代の長期停滞のなかで，構造改革論の流れへと向けられていくこととなった．
5) なお，村山内閣の下で，最も行革に熱心だったのは連立与党の「さきがけ」であったとされる．「さきがけ」は，細川内閣の時にも連立与党で参加していた（草野厚〔2002〕113 頁参照）．
6) 興味深い話がある．1980 年代には，日本の市場開放を実現するためにアメリカの外圧を利用しようとした勢力があった，ということである．これは，草野厚〔2002〕103 頁で紹介されている．この勢力というのは官僚ではなかったか．官僚はこれを自由貿易の推進という国益（工業立国，輸出立国の実現）のために必要と考えたのであろうし，その意味では経済界の利害とも一致していた，と見ることができるだろう．
7) 規制緩和小委員会は 95 年 12 月に最終報告を提出している．労働市場の規制緩和を政府機関として最初に打ち出したのは，この委員会報告書であった．
8) 草野厚〔2002〕115 頁．
9) 「1981 年 3 月に第二次臨時行政調査会が発足した．この調査会は……規制緩和や地方分権，情報公開などの課題にも一応の検討を加えている」（並河信乃編著〔2002〕「はしがき」3 頁）．
10) 「地方分権という表現も実はそう古いものではない．臨調・行革審答申で使われたのは，第二次行革審の最終答申（1990 年 4 月）からである．それまでは，『国と地方の機能分担の見直し』『国・地方を通ずる行財政合理化』などといわれてきた」（栗山和郎〔2002〕231 頁）．
11) 曽根泰教〔2002〕75 頁．
12) 「臨調は『増税なき財政再建』を旗印にしていたので，地方の関係でも支出削減が大命題であり，具体的指摘が行政の合理化や効率化に重点をおいていたのは，やむを得ない選択であったかも知れない」（栗山和郎〔2002〕233 頁）．
13) この委員会の最終報告書の提出は 2001 年 6 月 13 日であった．その後，同年 7 月 3 日には，地方分権改革推進会議（西室泰三委員長）が発足している（なお，この「地

方分権改革推進会議」の最終意見の提出は 2004 年 5 月 12 日）．
14) いわゆる日本版金融ビッグバンを示唆した「橋本メモ」のなかに，企業会計基準の見直し（グローバル・スタンダードへの適用）という項目があった．これが「会計ビッグバン」の端緒である．この会計ビッグバンが本格的に展開されはじめるのは，1999 年 4 月で，ここでいわゆる「連結重視の会計」が導入されている．また「時価会計」の本格導入は 2000 年 4 月で，ここで有価証券の時価評価が導入され，さらに 2001 年 4 月には持ち合い株の時価評価が本格導入されている．この時価会計の導入によって，株式の「持ち合い崩れ」が加速化され，株価の下落をさらに激しいものとし，BIS の自己資本規制を理由とした貸し渋りを助長し，90 年代末期から 2000 年代の初頭にかけての不況を一層深刻化させたのである．
15) 経済界は，医療保険に対する企業負担を日本社会の「高コスト構造」のひとつとして批判し医療保険改革を強く要求していたが，そればかりではなかった．「同時に，大きな構想としても，社会保障についてさらに『小さな政府』を実現しながら，増大する医療需要・社会福祉需要・年金需要を企業のビジネス・チャンスへと転換すべく，より体系的でラディカルなプランを矢継ぎ早に提出したのである（経済同友会 97 年 4 月，経団連 96 年 10 月，日経連 96 年 10 月 11 月）」（後藤道夫〔2004〕48 頁）．
16) 岡本英男〔2007〕54-5 頁．
17) あえて言えば，マネタリストはインフレと戦うために完全雇用政策を放棄したわけではない．はじめから完全雇用政策やそれを理論的に裏付けたケインズ理論を誤りとして捨て去ることで，インフレ対策だけに傾注できるようになったのである．したがって，以下の論理は完全に逆転している．「インフレとの戦いは金融の規制緩和を導いたのみならず，失業率を上昇させることによって労働組合をも弱体化させた．さらに，中央銀行が急激な引き締め政策を採用する特権を保持するようになったため，労働組合，雇用者連合，政府の間の経済政策をめぐるコーポラティスト的協議体制をも崩壊させた．また，インフレと戦うことが主要な目標となったため，不況下で需要を支えると考えられてきた社会福祉プログラムは労働コストの硬直的上昇を招くものとして抑制されるべきものとなった」（岡本英男〔2007〕58 頁）．
18) この話はまだ終わっていない．その後，民主党・国民新党の連立政権（社民党は 5 月末に「普天間」問題で政権離脱）は，郵政事業の民営化路線を大きく転換する郵政改革法案を衆院において実質審議 1 日で強行採決したが，その直後の鳩山内閣から菅内閣への移行にともない，参議院での審議は 7 月の参院選後に先送り（同法案はいったん廃案）にされてしまっている．
19) むしろ，この財政投融資改革と深い関連を持つ特殊法人改革のなかにいくつかの取り上げるべき問題が存在している．この改革によって廃止された特殊法人のなかには，従来，福祉国家的な観点から市場にゆだねられてこなかった部門の担い手となってきたものが存在する．たとえば，長期・固定的な低金利で融資を行い，低所得層にも持ち家を実現させてきた住宅金融公庫や，低所得層の子供にも教育を受けさせることを可能にしてきた日本育英会などである．これらが「民間でできるものは民間で」とい

第 6 章　構造改革と福祉国家体制の解体　　　　　　　　　　　　195

う改革理念によって廃止されるということは，民間の金融機関に住宅資金や教育資金の需要が提供され，新たな市場が生み出されることにはなるが，他方では確実に福祉国家体制を解体させることにつながるからである．

20)　「医療崩壊」の原因のひとつとして，2004年度から始まった新臨床研修制度をあげるのが一般的である．確かに，それは現場の医師の加重負担という観点からはその通りであろう．しかし，経済学的観点からは「骨太方針2002」により診療報酬が引き下げ続けられてきたことが重要である．

21)　これらはまた自民党的な利益（利権）政治の票田ともつながっていたが，グローバル資本が中心となった経済界からすれば，どう見ても生産性の低い部門を温存する不合理な政策であると同時に，高コスト構造の一因ともなっているように映るのである．

22)　内閣府『「経済財政運営と構造改革に関する基本方針2002」について』29頁．

23)　同上，30頁．

24)　2000年になって，当時の与党3党（自民党，公明党，保守党）が「基礎的自治体の強化の視点で，市町村合併後の自治体数1000を目標とする」との方針を示した．そこから「平成の大合併」は，期限を切った合併特例債の特例措置（05年まで）というアメや三位一体改革による交付税交付金の削減というムチ（すなわちアメとムチの政策）によって推進されることとなった．

25)　こうした地方の行政改革を通して，行政サービスの低下と並んで官の非正規雇用（「官製ワーキングプア」）の増大がまた問題になっている．

結章
日本経済，これからどうする？

　さて，これまでの議論を通してまずはっきりしたことは，日本企業のグローバル化，つまりグローバル資本への転換はもはや避けようがないという点である．

　しかも，これからは従来のように輸出産業だけがグローバル産業化するというのではない．いわゆる内需産業も（中小企業も含めて）次々とグローバル化していく．その背景にあるのは，日本がすでに「人口減少社会」に入ったことで国内需要が縮小傾向を見せているということがあった．企業は，その存続のためにも海外市場に頼らざるをえない——要するに，グローバル化して行かざるをえない——のである．

　従来，日本企業の海外展開は円高をきっかけに推し進められてきた．しかしながら，長期的な観点から見れば，円高であろうとなかろうと国内需要の拡大が望めないトレンドのもとでは，日本の企業はその存続・発展のためにも海外展開が不可避なのである．したがって，長期的観点からは為替の変動に一喜一憂する必要はまったくない（長期的には円高こそが国益にかなう）．むしろ，日本企業のグローバル化が不可避であるということを前提にして，日本経済の将来を構想すべきであろう．そうした段階に入ってきているのである．

　そこで，まず考えられることは，このように，国内企業がグローバル化を推し進めると，かつての輸出主導型経済の再現はますます困難なものとなる，ということである．グローバル化した，かつての内需産業が海外生産拠点から日本に輸出する（つまり逆輸入を拡大する）可能性は，大いにあるからである．

　これは何を意味しているのか？　すでに指摘した通り，それは1970年代後半から80年代前半にかけて日本産業が欧米諸国に輸出攻勢をかけ，各国の産

業と雇用を空洞化させて「日本は失業の輸出をしている」と非難された輸出主導型経済期の状況とまったく同じことが起こる，ということである．ただし，今回それを仕掛けるのは，外国企業ではなくグローバル化した日本企業であり，産業と雇用とを空洞化させられるのは日本経済そのものなのだ．

さらに，これまでの議論で明確化されたことを言えば，現在のようにグローバル化した世界のなかで市場のなすがままに任せていたなら，日本企業のグローバル化による国内産業の空洞化や雇用の空洞化は避けられないということで，そこから国民経済そのものをますます衰退させていかざるをえないということである．

では，こういう困難に満ちた日本経済の長期的トレンドのなかで，いまや悲惨なほどに壊れてしまった日本の経済を立て直し，しかも将来の展望を切り開いて行くためにはどうすればいいのか？　これは本当に難問と言うべきであるが，やはり経済学がこれに答えていかなければならないであろう．

1. 終わりなきイノベーション

さて，いま苦境に立つ日本経済をどう手当していくかという短期的な政策問題については，様々な議論がありうるはずである．経済学派（またはグループ）の数だけ議論がある，といっても過言ではないかも知れない．とは言え，長期の問題になると経済学の立場の違いはかなり小さくなるところから，ここではそうした長期的な観点から（あらゆる立場の経済学が共有しうる）処方箋を提示したいと考えている．

そこで，何よりもまず，1990年代後半以降の新自由主義的な構造改革のなかで解体が進み，日本社会に不信と不安をもたらす元凶となった，壊れた社会保障体制を再構築していかなければならない．それも，日本型雇用システム（＝ミクロ・コーポラティズム）の崩壊という新しい現実を踏まえて根本的に制度設計し直し，人々が安心してのびのびと消費できる環境を作り出していかなければならないだろう．

そのうえで，国民経済の衰退を回避できる処方箋は長期的観点からはひとつしか存在しない．要するに，新しい雇用，新しい所得を生み出す，新しい産業

を日本国内に不断に作り続けていくしか方法はない．これは，すでに多くの人々によって言われていることである．もちろん，新しい産業，新しい市場，さらには新しい商品を作り出すためにはイノベーション（すなわち「革新」もしくは「新結合」）を必要とする．このイノベーションによって，新しい商品，新しい市場そして新しい産業を次々に国内に生み出していくしかもはや途はないということである．

さらに言えば，それらの新産業を担う企業もまた，さきほども指摘したように人口減少社会の日本にいる限り，やがて海外展開するなかでグローバル資本に転換していくことは目に見えている．したがって，新産業を作り出すイノベーションは，言ってみれば「終わりなきイノベーション」（終わりなき革新）なのである．そして，そのことは市場に任せたままでは，あるいは規制緩和にだけ頼っていたのでは決して実現されない．そのためには，やはり政府の産業への積極的な関与——言葉を換えれば，政府による教育政策・科学技術振興政策を含めた，積極的な革新的産業戦略——が必要とされるのである．

ただし，このさい注意すべきは，ある程度雇用吸収力の大きい新産業というのは先進国の場合もはや製造業分野には大きく期待できないということである．

表 7-1　産業別の名目 GDP 構成

経済活動の種類 項目	生産者価格表示 (10億円)	構成比 (％)	就業者数 (万人)	構成比 (％)
農林水産業	7,372.3	1.46	321.6	5.04
鉱業	407.8	0.08	4.5	0.07
建設業	30,923.8	6.12	528.6	8.43
製造業	100,279.3	**19.85**	1,100.0	**17.39**
運輸・通信	34,001.1	6.73	365.9	5.76
卸売業・小売業	69,617.1	13.78	1,066.4	16.70
金融・保険	29,394.5	5.82	184.9	2.79
不動産業	61,806.2	12.24	99.2	5.76
電気・ガス・水道業	9,007.7	1.78	42.7	0.67
サービス業	114,036.4	22.58	2,252.2	34.48
政府・サービス生産者	48,220.1	9.55	333.8	5.26
対家計民間非営利サービス生産	10,831.2	2.14	121.5	1.87
その他	−10,785.4	2.14		
合計	505,111.9	100.00	6,421.2	100.00

出所：2009年度「国民経済計算」より作成．

表7-1を見れば分かるように，日本の場合，現在では製造業のGDP構成比は20%以下，就業者の構成比は17.39%でしかない．

したがって，新しい雇用や所得を作ることができるイノベーションは非製造業，とりわけ雇用吸収力の大きなサービス産業に起こることが望ましいということになる．そこで，これからの日本経済の将来像というものを考えた場合，今後重要性を増していくサービス産業分野は2つ存在している．ひとつは高度に専門化した知識サービス分野であり，もうひとつは生活関連サービス分野である．

2. 高度に専門化した知識サービス分野

まず，高度に専門化した知識サービス分野であるが，これは，具体的には，金融・保険・証券業務さらには会計，法務，コンサル（consultant），ソリューション・ビジネス，IT（情報収集・処理）関連，マスコミ関連などの高度に専門化した知識サービス分野である．

この分野は，一言でいえばグローバル資本の中枢的な経営管理機能，あるいは，その本社機能をサポートできるような高度専門的な知識サービスである．グローバル資本の本社機能は，こうした知識サービス企業の存在とその緊密なネットワークが形成された都市集積が不可欠であり，それが満たされなければ，その本社そのものも海外移転してしまう可能性がある．

先ほども指摘したように，今後は内需産業（さらには地方企業や中小企業）をも含めて日本産業のグローバル化（生産拠点，販売拠点の海外への移転）が進展していくことは避けられないであろう．しかし，そうした資本輸出国（海外直接投資国）においては，国内の産業構造を高度化させながら雇用を維持していくためにも，この高度に専門化した知識サービス分野の需要をもつ本社機能だけは本国に止めるようにしなければならない．これもまた市場機能ではなく，政府の機能によるしかないのである．

あるいは，製造部門に関して言えば，技術力を国内に保持するためには，いわゆる量産工場は国外に流出させてもマザー工場もしくは実験工場だけは国内に止める方策が必要となる．そのためには，巨額の研究開発投資を必要とする

ような最先端の科学技術に対して，政府もまた資金面等で積極的に支援していくことが重要になろう．そうしたことも含めて，グローバル資本における（むろん地方の，あるいは中小企業のグローバル資本をも含む），調達，生産，販売に関わる中枢的な経営管理機能だけは本国に残していくという，国民経済を維持し発展させていくためのビジョンと政策とが不可欠なのである．

　もっとも，この高度に専門化した知識サービス分野のなかの金融分野があまりに肥大化しすぎると，実体経済そのものを振り回してこれを破壊する可能性もあるから注意すべきであろう．アメリカは，こういった金融を中心とした高度知識サービスという分野で新しい所得，新しい雇用を生みだそうとしたのである．そして，それは一時的には大成功したものの，結局のところは破綻して世界同時不況を生み出してしまった．やはり，この分野は産業のサポート役に止めるべきだと思われる．

　そして，そのことを含めて，この分野の重要性は言うまでもないことだが，その雇用吸収力については一定の限界をもっていると考えなければならないであろう．というのも，こうした高度に専門化した知識サービス分野の規模は，日本経済の産業構造のあり方に規定されると同時に，それがまた国際分業関係のなかに占める位置づけやその機能にも規定されており，そうした関連抜きに一方的にこの分野だけを拡大させていくことは不可能だからである．むろん，明確なビジョンと政策なしには，日本経済が本来備えておくべき，こうした高度専門的知識サービス分野の所定の規模すら確保できない怖れがあることを肝に銘じておくべきであろう．

3. 生活関連サービス分野

　さらに，いまひとつの重要なサービス産業分野として，生活関連サービス分野がある．これは，スポーツ，観劇などの娯楽，あるいはファッション，映画・アニメ製作，観光などの文化関連サービス分野，さらには生涯学習社会に対応した教育関連，または高齢社会に適応する医療・介護などの福祉関連，自然保護・動物保護などの環境保全関連，あるいはセキュリティサービス，配送サービスなどの生活関連のサービス分野である．

これからの日本は，この生活関連サービス分野に新しい商品市場を開発していくことが，いま必要とされている新しい所得や雇用を生み出していくうえで重要になっている．それはまた，日本にある企業の99％以上を占め，雇用者数の70％以上を占める中小企業部門を活気づかせるためにも必要である．そして，そのさいに求められるのは，この生活関連サービス領域を日本の得意分野である「モノづくり」産業で支えるという発想である．得意分野を徹底的に活用して行くことで活路を切り拓いて行かなければならない．とくに重要なのは環境技術や医療技術であり，たとえば介護ロボット，ロボットスーツなどに見られるような介護・福祉関連の様々なニーズに対してモノづくりの技術革新，イノベーションで支えていくということが肝要になる．

　さらに言えば，ここにも上述した高度に専門化した知識サービス分野がサポート役として機能することが求められる．とりわけ，金融の機能が重要なのである．というのも，この分野におけるイノベーションを実現していくためにはリスクマネーの提供が不可欠であり，金融の本来的機能は，そうしたリスクマネーの提供によって産業企業と一体となって，新しい商品，新しい市場を開拓していくことにあったはずである．1990年代以降の金融システムの動揺のなかで，貸し渋り，貸し剥がしなどの横行によって，潰さなくともよい優れた技術をもった日本の中小企業をあまりにも多く喪失してしまっている．これも，日本経済の本当の強みや特性に気がつかず，そして，そこをたんに弱小産業として切り捨てていこうとする，政策の貧困のなせるわざと言わざるをえないのである．

　必要は発明の母だと言われる．ニーズがあってこそ発明や発見をともなうイノベーションが起こりうる．そうしたニーズについては，実は日本は世界で一番もっている．何しろ（自慢にならないが）世界最高のスピードで高齢化している社会であり，この意味での最先進国なのである．しかも消費者の目は肥えており，欲求の水準も高く，それを満たすために市場の競争はハイレベルでかつ極めて厳しい．したがって，そうしたニーズと市場によって生み出された最先端商品は，これから日本を追いかけてくる国々に対する有力な輸出商品ともなりうるであろう．

　それだけではない．所得＝購買力もまだ高い水準を保持している．購買力を

持った需要，すなわち真の有効需要は存在しているわけで，いまこそ官民あげてこれを掘り起こす知恵を絞っていくべきなのである．むろん，そのために市場メカニズムを適正に活用することが重要になることも否定しない．

4. 結語

いずれにしても，現在の日本にとって必要とされるのは，グローバル化する世界市場のなかで自国の産業構造を適応させ進化させて行けるような，革新的産業戦略を展開できる「賢い政府」の存在である．

何度も言うようだが，ここで求められる経済戦略は，市場に任せたままでは，あるいは規制緩和にだけ頼っていたのでは決して実現されない．なぜか？ いまや市場の主要なプレーヤーはグローバル資本だからである．かつて，アダム・スミスは市場における私的利害（private interest）と社会的利害（public interest）との一致を説いた．これは市場のプレーヤー達が利己心のままに自由に行動しても「見えざる手」の作用によって社会的な調和（＝市場均衡）が生まれるという考え方で，現代の主流派経済学である新古典派経済学の思想につながっている．ところが，現代における市場の主要プレーヤーであるグローバル資本の行動は，国民経済の利害とは必ずしも一致しないのである．この点は，すでに見てきた通りであった．

したがって，グローバル化する世界市場に自国の産業構造を適応させ進化させながら国民生活の向上を図っていくためには，どうしてもグローバル資本の利害からは独立した政府の存在が不可欠である．さらに言えば，グローバリゼーションのもとでは，自国の産業構造をいかにして国際分業関係のなかに的確なポジションを与えていくのかが決定的に重要である．これは，また高負担・高福祉の北欧型の福祉国家体制の樹立を目指す場合にも同じことであろう．とりわけ日本経済の場合，世界の工場，世界の成長センターとして，今後ますます発展する東アジア経済圏において——そこにおける国際的な分業関係のなかで——日本という国に独自の産業的ポジションを築きあげていくこと，換言すれば，グローバル資本主義としての日本経済の現状をきちんと踏まえながら，その高度化した産業構造についての明確なビジョンを打ち出し実現していくこ

と，これが何よりも求められている．

　しかし最後には，状況がどのようであれ，グローバル資本ではなく，あくまでも国民のための諸政策を展開していくことが「まともな政府」と言うべきなのだ．わが国の場合には，「賢い政府」の前に何よりもまずはこうした政府を必要としているのかも知れない．

補論
資本主義の歴史区分とグローバル資本主義の特質

1. 問題の所在

　グローバリゼーションは，ときに地球規模のアメリカ化すなわちアメリカナイゼーションだと言われる．この場合，アメリカナイゼーションの中心は，1980年代以降，世界経済を席巻してきた金融グローバリゼーションであろう．こうした観点からは，アメリカの金融帝国としての覇権を確立しようとする戦略が，いわゆるアメリカン・スタンダードをグローバル・スタンダードとして通用させると同時に，新古典派的な市場原理主義が世界に浸透していく背景にもなった，と言えそうである．

　とすれば，例のリーマンショックにおいて極点に達した今次の世界金融危機・経済危機は，このアメリカナイゼーションとしてのグローバル資本主義そのものが危急存亡のときに立たされたことを意味することになる．しかしながら，これは，グローバリゼーションもしくはグローバル資本主義へと向かう歴史の大きな流れがこれで終わりを迎える，ということではないように思われる．なぜなら，現在起こっているグローバル資本主義への歴史的移行は，アメリカの金融覇権やアメリカナイゼーション，あるいは金融グローバリゼーションといった要因だけでは説明できない，現代資本主義の再生産構造に生じた大きな変化を基盤にしたものだからである．新古典派的な市場原理主義が世界に浸透していったことも，実はこの変化と深く関わっている，と言うべきであろう．

　また，グローバリゼーションの進むなかで，各国の経済政策や慣行を共通化しようとする資本（とりわけ多国籍企業）の要請はますます強くなり，各国政

府がＧ７やWTO, IMF, 世界銀行などの公的な政府間組織を通してそれらを調整していく傾向が出てきたことは事実である．さらには，そうした政府間組織の調整において，アメリカン・スタンダードがグローバル・スタンダードとして通用させられる傾向があるということも言いうるであろう．しかしながら，そうしたグローバル・スタンダードへの調整を受け入れる基盤が各国に存在するからこそ，それが可能になったということを忘れるべきではない．これこそが実はグローバル資本主義の成立基盤なのであり，このことは現代資本主義の再生産構造に生じた大きな変化から説明されなければならないのである．

この補論の目的は，資本主義をその歴史のなかで根本的に捉え直すことで，グローバル資本主義の歴史的位置づけとその特質を確認することである．結論をひとまず先取りして言えば，ここではその歴史区分の基準を国家と社会的再生産との関係におく．この基準を設けることによって，資本主義は，大きくは原始的蓄積期の資本主義と確立期の資本主義，そして第２次世界大戦以降の現代資本主義とに分けられる．そして，現代資本主義の後半期に登場するグローバル資本主義の実相は，国家が社会的再生産過程にいかなる関わりをもって今日に及んできたのかを見ていくことによって明確になるはずである．そこで，まずは歴史のなかでの国家と資本主義との関係について簡単に確認していこう．

2. 資本主義の歴史区分

(1) 原始的蓄積過程と国民国家

資本主義経済とは，ある種の駆動力（エンジン）としての資本の再生産・蓄積運動を通して，経済全体の生産過程，消費過程，分配過程，交換（流通）過程が動いていく独自の社会的再生産過程である．資本の運動なしには，われわれ自身（諸個人）の物質的・社会的な生活再生産も成り立たない，そうした独自の経済システムとして存在している．

この経済システムは，歴史的には西ヨーロッパの封建制が解体されるなかで準備され作り上げられていったが，その担い手になったのは国家であった．正確に言えば，この資本主義という独特の経済システムの制度的基礎を作ってきたのは国民国家（Nation State）である[1]．国民国家は，基本的に民族をその構

成単位とし，国民の共有する歴史や国語さらには統一的な経済圏としての「国民経済」をもつ，近代固有の国家システムである．そして，この経済的な基盤としての国民経済こそが資本主義経済として発展していったものにほかならなかった．

当初，このような国民経済（＝資本主義経済）は，ある種の暴力装置（言い換えれば軍隊や警察などの治安組織）と官僚機構を基礎に権力を国家に集中させた絶対王政によってその基礎作りが着手された．資本主義経済を国家がいわば上から整備していくための原始的蓄積政策である．そのさい絶対王政は，商品経済の発達とともに台頭しつつあった商人資本と結び，分権的な小規模国家の支配者であった封建領主からその権力を奪取して中央集権的権力を打ち立て，その権力基盤のもとにこうした資本主義化政策を展開していったのである．

この絶対王政のもとで展開された原始的蓄積政策は，やがて資本主義経済の拡大・発展とそれを基盤とした市民社会の成長をもたらすこととなる．だが，絶対王政のもとでは，その領民は基本的に絶対君主の臣下もしくは臣民でしかなかった．したがって，絶対主義国家は，彼らを国民という単位でまとめあげる国民国家ではなく，この国民国家のもとで確立されるべき資本主義経済にとっても早晩その桎梏となるべき存在であった．

やがて，資本主義経済と市民社会の発展のなかから台頭してきた市民層が，絶対君主から権力を奪取し，司法・立法・行政の三権分立と国民主権を実現して新しい国民国家を作り出していくことになる．この国民国家のもとで，すべての国民は等しく私的所有と契約の自由を保障され，個々の経済的行為への不当な干渉を受けることのない営業の自由を獲得することができるようになったのである．諸個人は，私的所有者としてつねに対等かつ同等の立場で商取引を行い，市場において自己の利益を自由に追求することが可能となり，ここに本格的な資本主義経済発展の基盤が確立されたのであった．

一方で国民国家における主権のあり方も，この資本主義経済の発展とともに変遷していった．絶対王政から権力を奪取し三権分立を実現した後も，当初，選挙権は国民諸階層のうちの限られた部分にしか与えられなかった．しかし，やがて資本主義経済の発展のなかで社会の大勢を占めるようになった労働者階級も普通選挙権を獲得するようになり，最終的には婦人参政権も実現されるよ

うになって，国民国家は国民主権という観点からはひとつの完成形態をとるに至ったのである[2]．

ただし，このような国民国家の発展と変遷を通して変わることがなかったのは，より拡大された規模での国民経済（資本主義経済）の実現をめざす国民国家の立場であり，それを目的とした国家による社会的再生産過程への様々なかたちでの関与であった．

(2) 国家間の競争と国民経済

国民国家は，その誕生の段階から他の同じような国民国家との間の競争関係におかれてきた．この国民国家は，それぞれの国益を追求していくなかで重商主義政策，植民地政策あるいは帝国主義政策を展開し，それがまた国家間の対立，敵対関係を生みだしていった．こうした環境の下では，国民国家は他国の侵略や支配を受けないためにも強大な軍事力の保持を必要とし，そのためにもまたより拡大された規模での国民経済の実現を目指して行かなければならなかったのである．

それは，ちょうど価値増殖を至上の目的とした資本が市場に複数存在することから資本間の競争が必然化され，そのことによってまた資本が資本（＝自己増殖する価値）として客観的に規定し直されたのとまったく同じような関係にあるといってもよいであろう[3]．

国民国家がこうした相互的な競争圧力とも言うべき環境下におかれているかぎり，より拡大された規模での国民経済の実現を目指すという，その政策目標はひとつの客観的な必然性をおびることになる．こうして国民国家は，他の国家との対抗関係のなかで，いわば「富国強兵」「殖産興業」などといった国家目標を実現していくためにも，この国民経済を資本主義的なシステムに作り上げていくことで国家間の競争に対処して行かなければならなくなったのである．市場と資本とをその基本的な構成要素とする資本主義こそは，人類史上最大の生産力の発展を実現できる独自の経済システムである．国家間の競争において，勝者となる（少なくとも敗者にならない）ためには，国家は自らの国民経済を資本主義経済として整備していく必要があったのである．

このような国民国家の基本的目標は，資本主義経済の発展とともに国民主権

が確立され，国家が絶対君主にとっての「道具」のような存在から，ある種の「公共財」のような存在[4]になっても変わることがなかったし，国家の経済政策が重商主義から自由主義に転換されても変わることがなかった．実際のところ，帝国主義戦争が総力戦のかたちでもっとも激しく戦わされたのは，いわゆる大衆資本主義（大衆民主主義）が確立される19世紀末から20世前半にかけてであった．

むろん現代においては，かつてのような植民地主義や地球の分割を目指す帝国主義政策を追求することは困難になっている．とはいえ，現代においても国家間の競争や敵対がなくなってしまったわけではない．かつての植民地主義や帝国主義政策は，こうした国家間競争のひとつの歴史的な現象形態だったのであり，その本質もしくは原因そのものが残っているかぎり，それは別のかたちで表れてくるだけである．国民国家がこの国家間競争を勝ち抜くためにより拡大された規模での国民経済の実現を目指すという，その基本的目標を放棄してしまうような環境（国際関係）の変化はどこにも起こっていないからである．

国民国家は，その誕生の段階からこの至上の目標を達成するために自らの社会的再生産過程に様々なかたちで関与してきた．原始的蓄積政策や重商主義政策もその一環であった．産業資本主義が確立され国民経済が自律的な再生産運動を開始したあとも，この資本主義的な社会的再生産運動のエンジンの役割を果たす資本のために，国家は様々に資本主義的な社会的生産過程の環境整備を行ってきた．社会資本等の産業インフラの整備，労働市場や資本市場の制度的，法的整備などである．

やがて，資本主義の発展のなかから労働者階級が社会の大きな割合を占めるようになると，国家は資本主義経済を支える基本的な階級関係の維持・再生産過程そのものにも関与し始めるようになった．19世紀後半，ドイツのビスマルクによって展開された社会政策（「飴と鞭の政策」）やイギリスにおける自由党改革がその典型である．第2次世界大戦後になると，国家は景気循環過程へ直接的な介入を行うようになり，この段階でいわば資本主義的な社会的再生産過程のもっとも強力な調節者としての機能をも果たすようになったのである．

現在は資本が国境を越えて自由に活動するグローバリゼーションの時代であり，「国家の退場」[5]も言われるような状況下にあるが，国家間の敵対や競争が

消滅しないかぎり，国家は自らの社会的再生産過程の調整者として，このグローバリゼーションをも自国の利害のために積極的に活用しようとするのである．

ここで小括しておこう．まず言えることは，国民国家は，同じく自立した主体である諸個人や諸資本と同じように，その存立構造を同じくする他者（＝他国）と基本的には対等で同等の存在であるものとして認められている．このようなとき国家間には必然的に競争が発生し，この競争は各国政府のいわゆる「富国強兵」策となって現れる．こうした競争的環境のなかで，国民国家はこの「富国」策として，資本主義的な社会的再生産機構を上から作りあげる原始的蓄積政策の主体となったのであり，環境の変化とともにその調整主体として機能するようになった，ということである．そして，このことは，現在までの資本主義の歴史のなかでまったく変わることのない国家と社会的生産過程との関係なのである．

ここから，さらにつぎのように結論することができるであろう．これまで論じてきたように，国民国家は資本主義の発展とともに様々なかたちでその社会的再生産過程に関与してきた．そこで，こうした観点から国家がどのような立ち位置で資本主義的な社会的再生産過程に関与してきたのか．この関与の程度や違いによって資本主義経済の歴史的段階区分を画していくことができる，ということである．とりわけ，この場合には資本主義経済を支える基本的な生産関係のひとつである，資本－賃労働関係の再生産過程に対して国家がどのように関与してきたのかが重要となるが，この問題については本論第4節で詳述することとしたい．ここではひとまず，すでに示した分類基準に従って資本主義の歴史的な段階区分を行っていくこととしよう．

(3) 資本主義の歴史区分とその基準

国民国家のもとで原始的蓄積政策が功を奏して資本主義経済システムが確立されると，経済そのものが自律的な再生産運動を始めるようになる．言葉を換えるなら，これは市場を通して社会的総生産と総消費とを不断に結びつけるプロセス（＝社会的再生産過程）が景気変動もしくは景気循環というかたちで自律的に展開されるようになる，ということである．

確かに，ミクロ理論的には，この生産と消費（もしくは供給と需要）とが価

格メカニズムなどの市場法則を媒介にして一致（＝均衡）させられると言っても間違いではないだろう．しかし現実的には，両者の一致は極めてダイナミックな市場の運動を引き起こしながら長期的に実現されていくのであり，そのダイナミックな市場の運動が実際の景気変動もしくは景気循環となって現れるのである．

こうした資本主義に特有の社会的再生産過程は，19世紀初頭の産業資本主義の確立とともに，およそ10年周期の恐慌をともなう景気循環過程として現れてきたのであった．したがって，この景気循環の発生は，資本主義経済がようやく国家の介添えなしで，自立的に自らを再生産できるようになったことを示す．つまり，資本主義経済は，この段階で市場を媒介としてその社会的総生産と総消費とを不断に結びつけていく再生産メカニズムを確立したということである．

このような景気循環過程が最初に現れたのは，19世紀初頭のイギリス資本主義であり，その象徴が1825年の経済恐慌であった．これは，生産過程をも初めて巻き込んだ恐慌であり，最初の過剰生産恐慌として登場する．この1825年恐慌のあと，資本主義世界はほぼ10年周期で恐慌に見舞われるようになったのである．したがって，これは周期性恐慌の始まりでもあった．このような周期性過剰生産恐慌をともなう景気循環の発生は，言うまでもなく資本主義経済という独特の経済システムが産業資本主義として確立されたことを意味しているのである．

1825年恐慌は基本的にはイギリスの恐慌であったが，つぎの1836年恐慌はイギリス，フランス，アメリカの恐慌に発展した．1847年恐慌になると，それはドイツからロシアにまで及んで，資主主義経済体制が全ヨーロッパに拡大したことを示すこととなった．こうした恐慌の広がりは，資本主義経済がますます国際間の連携を深め世界資本主義として拡大・発展していることを意味している．そして，これらに続く1857年恐慌は史上初の世界恐慌となり，これ以降恐慌は世界恐慌としてほぼ10年周期で爆発することとなったのである[6]．

このような恐慌・景気循環は，19世紀末の資本主義の自由競争段階から独占段階への移行につれて，ある程度の形態変更を伴いながら第2次世界大戦の前まで続いたが，第2次世界大戦後は，国家が積極的にこの恐慌・景気循環過

程に介入することになって，好況・活況局面から不況局面への転換で恐慌爆発というドラスティックな経済現象をともなわなくなって今日に及んでいる．

そこで，ここでは資本主義経済における社会的再生産過程と国家との関係として，この資本主義経済の生理現象ともいうべき恐慌・景気循環に対して国家がどのようなスタンスを取ったのか，という問題として捉え，この基準から資本主義経済の歴史区分をしてみよう．その場合，資本主義はひとまずつぎの3つの歴史段階に区分されることになる．

(1) 19世紀以前の生成期の資本主義，
(2) 19世紀初めから20世紀前半までの確立期の資本主義，
(3) 第2次世界大戦以後の現代資本主義

見ての通り，ここで資本主義経済はまず恐慌爆発をともなう景気循環が見られた段階とそれ以前の原始的蓄積政策が展開された段階とに区分されている．その上で，前者を生成期の資本主義とし，後者を確立期の資本主義としている．続いて，その景気循環過程に恐慌爆発が見られなくなった第2次世界大戦後を現代資本主義としてまとめ，全体としては資本主義が3つの歴史段階に区分されている．

このうちの生成期の資本主義は，国家がいわば上から資本主義経済の条件整備を行っていく原始的蓄積期であり，恐慌・景気循環に対する国家のスタンスという基準そのものから外れているという意味で，その後の歴史とは区別されている．

確立期の資本主義においては，資本蓄積運動がほとんど規制のないままに（「自由放任」の政策原理のままに）遂行されることで，周期的な恐慌爆発をともなう景気循環が展開されている．これに対して，現代資本主義においては，この景気循環過程に政策的な介入が行われることで恐慌爆発は回避され，確立期の資本主義とはまた違った景気循環が展開されている．この確立期の資本主義と現代資本主義とは，恐慌・景気循環に対する国家もしくは政府の対応の違いという点では明確である．ただし実際には，もう少し細かい基準によってつぎの5段階に区分することが可能である．

(1) 生成期の資本主義
(2) 確立期の資本主義－前半期

(3) 確立期の資本主義－後半期
(4) 現代資本主義－前半期
(5) 現代資本主義－後半期

　以下，この5段階区分について簡単に説明していこう．周知のように，産業資本主義が確立する以前，世界史的には西ヨーロッパを中心に絶対王政期以来続く重商主義政策と旧帝国主義が国際政治・経済の現場で展開され，国内的には原始的蓄積過程が進行していた．ここでは，この時代を生成期の資本主義とし，恐慌爆発をともなう景気循環が見られた資本主義は確立期の資本主義として位置づけている．

　いち早くこの原始的蓄積過程を経緯して確立期（＝産業資本主義）の段階に移行したのは，19世紀前半のイギリス資本主義であった．その発展の経路は，〈原始的蓄積過程－産業革命－産業資本主義の確立〉というプロセスをとり，この発展過程は，少なくとも19世紀末までに産業資本主義を打ち立てることができた国々（表S-1参照）にとっては，ひとつの標準的な発展モデルとなったものである[7]．イギリス以外の国民国家は，このような標準的な発展モデルに追従することで国家間競争に対処しようとした，ということでもある．

　やがて，「世界の工場」「世界の銀行」となったイギリス資本主義を中心とした独特の国際分業体制が構築される時代がやってくる．それが，イギリス中心の世界経済編成の時代，すなわちパクス・ブリタニカの時代であった．この時代が確立期の資本主義の前半部分であり，それが終わる1870年代から19世紀末にかけては自由競争段階から独占段階への移行期である．そして，こうした展開のなかから，やがて後発資本主義国がイギリス資本主義に範をとった標準的な発展モデルからは少しく逸脱した発展過程を通して，イギリス資本主義に追いついてくる時代がやってくる．19世紀末であり，そうした後発資本主義国の代表がドイツでありアメリカの独占資本主義であった．

　また1870年代以降，国際経済的にはいわば

表S-1　19世紀の「離陸」国とその時期

国　名	離　陸　期
英　　国	1783年-1802年
フランス	1830年-1860年
ベルギー	1833年-1860年
合　衆　国	1843年-1860年
ド　イ　ツ	1850年-1873年
スウェーデン	1868年-1890年
日　　本	1878年-1900年

出所：Rostow〔1960〕邦訳52頁「暫定的・近似的な離陸期の日付」より．

ヘゲモニー国家不在の時代に入り，同時に世界史的には帝国主義の時代へと移っていく[8]．そして，19世紀末から20世紀の戦間期あたりまでが確立期の資本主義の後半部分である．この時代においても，恐慌・景気循環過程はやや変容を余儀なくされていたとはいえ，この過程を通して資本主義経済がその生産関係の維持・再生産を行っていた，という意味ではその前半と基本的には変わるところがない．その前半期と後半期を確立期の資本主義としてひとくくりする理由でもある．

恐慌爆発をともなう景気循環は，第2次世界大戦前まで見られたが，その後は景気循環そのものの変容とともに恐慌爆発をともなわなくなった．ここでは，この第2次世界大戦以後の世界を現代資本主義というひとつの歴史段階として把握している．

現代資本主義の特徴は，国家が積極的に景気循環過程に介入し恐慌爆発を防ぐとともに，とりわけその前半期にあっては先進諸国がひとつの国策として完全雇用政策を推し進めたところにある．1950年代，60年代は，先進資本主義諸国の高度経済成長の時代であり，かつて周期的な恐慌爆発をともなった景気循環は，この国家の景気循環過程への積極的介入と高度経済成長過程とを通して大きく変容することになったのである．

これは，見方を変えるならば，現代資本主義（少なくともその前半期）においては，かつてのように恐慌爆発をともなう景気循環過程を通して，いわば自立的メカニズムとして資本主義の生産関係（資本－賃労働関係）の維持・再生産が行われなくなった，ということを意味する．言い換えるならば，現代資本主義にあっては，19世紀における確立期の資本主義とはまた違ったかたちで資本主義を支える生産関係の維持・再生産が行われるようになった，ということである．

この現代資本主義の時代に，先進資本主義諸国の標準的な発展モデルとなったのは，アメリカの独占資本主義であった．それは，大量生産・大量消費をその社会的再生産の基本にしている大衆資本主義でもあった．第2次世界大戦後の世界は，東西の冷戦体制の時代であり，他方ではまたこのアメリカを中心とした世界経済編成の時代，すなわちIMF（ブレトンウッズ体制），世界銀行，GATTを基軸としたパクス・アメリカーナの時代でもあった．ただし，注意

すべきは，このアメリカを中心とした世界経済編成もいわゆる西側陣営に限定されていたということであり，同時に，その西側諸国の発展モデル自体も社会主義体制に対抗する福祉国家体制の実現を目指すものであって，当時の東西対立の影響を色濃く残すものであったということである．また，このパクス・アメリカーナは，第2次世界大戦後のアメリカの圧倒的な経済力を基盤に構築されたものである．したがって，ヨーロッパ諸国や日本が戦争の痛手から立ち直り，アメリカ経済の経済的優位が崩れていくとともにその変質を余儀なくされざるをえない性質のものでもあった．

さらに，この現代資本主義・前半期における福祉国家体制の時代を特徴付けるのは，先進資本主義諸国における高度経済成長とインフレーションであった．この福祉国家体制は，1960年代末には高度経済成長の終焉とインフレ圧力の昂進のなかで持続不可能な状況に陥る．とりわけ，高度経済成長の時代を通して次第にその昂進圧力を高めていったインフレーションが，不況と高い失業率をともなうスタグフレーションを発生させるに及んで，福祉国家体制の社会的再生産過程は重大な機能不全に陥ることとなったのである．

こうして現代資本主義は，1970年代を境に，その前半期の福祉国家体制からその後半期のグローバル資本主義という新しい時代に移行していく．もっとも，この新しい時代への移行が誰の目にも明らかになったのは，1990年代の初頭にソ連・東欧の社会主義体制が崩壊し，いわば地球規模での市場経済（資本主義）化を背景としてグローバルな大競争（「メガ・コンペティション」）が展開されるようになってからであったろう．

ただ実際には，もう少し早い段階から事態は進んでいたのである．たとえば，国際金融の世界では，1980年代にはすでに金融の自由化と国際化の進展を通して「金融グローバリゼーション」と呼ばれる事態が発生していたが，これは1970年代におけるユーロ市場の発展やブレトンウッズ体制の崩壊（すなわち固定相場制から変動相場制への移行）などを背景に出てきたものである．こうして，グローバル資本主義は，1970年代以降のパクス・アメリカーナの崩壊過程を過渡期として，1990年代以降はっきりと歴史の表舞台に登場してきたものと言いうるであろう．

さて，グローバル資本主義の時代になると，国家は，恐慌や不況への対応策

として経済過程に積極的に介入することは継続するが，他方の福祉国家政策を続けることは放棄してしまう．それというのも，ここにおいては国民経済そのもの（あるいは国内市場）をグローバルな蓄積運動を展開する資本にとって活動しやすいものとすることが国家の政策とされ，そのためには国民福祉の充実や完全雇用はマイナス効果を生むだけのものとされるからであった．

ただし，ここにおいて国家は資本主義経済への関与そのものをやめてしまうということではない．国家が資本主義経済に対して関与しない時代は存在しなかったと言うべきであろう．資本主義のいかなる時代にあっても，国家はその資本主義経済システムの守護者としてあるいはその社会的生産過程の調整者として国民経済を支え続けてきたのである．

かつて国家は，資本主義的な社会的再生産機構の基礎を暴力的に構築していく原始的蓄積政策の担い手であった．また，その守護者としては，レッセフェール（あるいは夜警国家）の時代に市場ルールの整備や社会資本の整備などのインフラ構築に積極的に関わった．やがて帝国主義期の独占資本主義の時代になると，労資関係の対立を緩和する社会政策（福祉政策）を打ち出しはじめ，第2次世界大戦後の現代資本主義・前半期には完全雇用の実現を目指して景気循環過程に直接に介入するようになる．そして，現代資本主義の後半期になると，国家は新自由主義の政策理念にしたがい完全雇用政策そのものは放棄したが，なお依然として景気循環の決定的局面（たとえば，バブル崩壊後の金融危機など）では重要な役割を果たし，社会的再生産過程の調整者の地位にとどまっているのである．

資本主義の歴史段階については，わが国のマルクス学派では以前から取り上げられてきた問題である．とりわけ宇野学派の場合，資本主義の歴史を重商主義，自由主義，帝国主義の3段階に区分する独自の経済学方法論（いわゆる「段階論」）をとるところから，この問題は多くの論者によって議論されてきた．

こうした経緯から，資本主義の歴史「段階」は，固有の論争的意味合いをもつ用語として用いられてきていることに注意しなければならない．そこで本書では，こうした「段階論」とは区別する意味で歴史段階という用語法をできるだけ回避し，歴史区分と言い表すようにした．

なお，宇野学派の「段階論」によれば，最後の帝国主義段階のつぎには社会主義がくることになっており，ここから資本主義の段階区分をめぐって宇野学派内部で

様々な見解が出てくることとなった．ここで，本書の歴史区分と対比させながら，宇野学派の何人かの説を紹介しておこう．

加藤榮一氏は，資本主義の歴史を産業構造，産業組織，労使関係，統治機構，国家の役割，社会理念，世界システムという7つの基準によって段階区分し，宇野弘蔵のいう重商主義と自由主義（私見では生成期の資本主義と確立期の資本主義・前半期）の段階を「前期資本主義」とし，帝国主義と国家独占資本主義（確立期の資本主義・後半期と現代資本主義・前半期）を「中期資本主義」，そして1970年代以降は「後期資本主義」へ移行しつつあると把握している（加藤〔1989；1995〕等を参照）．この「後期資本主義」は，本書においてグローバル資本主義の時代として捉えられた現代資本主義・後半期とほぼ同じものである．中期資本主義は，福祉国家の起源が見出される帝国主義段階と福祉国家体制のひとつの完成形態としての国家独占資本主義とが一括りされている（本補論の注13を参照）．

他方，馬場宏二氏は，宇野の言う重商主義・自由主義・帝国主義という3つの段階を資本主義の発生期・確立期・爛熟期というかたちで設定し直し，これと第2次世界大戦後の現代資本主義を対比させて資本主義の歴史を大きく2区分している（馬場〔1997〕144-87頁参照）．そのうえで，宇野段階論の世界を古典的資本主義とし，現代資本主義を大衆資本主義，グローバル資本主義とに分けて，いわば新しい歴史的3段階区分を提示している（馬場〔2004〕108-42参照）．馬場氏の言う大衆資本主義は，1920年代に現れた大衆消費社会（＝「過剰富裕化社会」）であると同時に福祉国家体制でもあるが，ただし，その起源を帝国主義段階に見出した加藤氏とは違って，古典的資本主義に分類される帝国主義とは区別している．ただ，いずれにせよ，1970年代以降の福祉国家体制の解体期，いわゆるポスト国独資の時代をグローバル資本主義として捉えるのは共通している．

なお，馬場氏の場合には，帝国主義段階におけるパクス・ブリタニカの「多面的に浸食される空洞化の時代」（馬場〔1995〕19頁）に，後発資本主義国・アメリカがその後進性を逆にキャッチ・アップのための強みに変えながら世界史のなかに登場する論理を宇野段階論は包摂していたとして，これを宇野「発展段階論の効用」（馬場〔1995〕32-4頁）としている．これとほぼ同じ観点から，河村哲二氏は，グローバル資本主義を「戦後パックス・アメリカーナの衰退と転換にともなって顕在化した現代資本主義の世界経済的現象」として把握することで，宇野理論のなかにあった「段階移行論的な視角」を浮かび上がらせようとしている（河村〔2003〕19-20頁参照）．

3. 近代的企業システムと産業資本主義の確立

(1) 資本主義経済システムの基本的構成要素

　前節において，資本主義経済の歴史は3段階もしくは5段階に区分された．こうした歴史区分をそれぞれ比較し，それぞれの特徴を明らかにしていくためには，適切な比較基準を不可欠とするが，ここではこの比較基準を19世紀初頭のイギリスで最初に確立された産業資本主義におくこととしたい．という理由は，この産業資本主義が，それ以降の歴史段階で現れる資本主義システムの基本的な構成要素をほぼすべて備え，この意味でそれがもっとも適切な比較基準になりうるからである．

　では，資本主義システムの基本的構成要素とは何か？　何よりもまずそれは，国民経済を支える独特の市場システムと，近代的企業システムとしての資本（資本－賃労働関係）の存在である．市場は資本主義的な社会的再生産過程の媒介機構であり，資本はこの社会的再生産過程の全体（生産，消費，交換，分配の総体）を動かすエンジンとして機能する．他方，このような市場と資本のシステムは国家が原始的蓄積過程を通して確立してきたものであり，この意味において国家もまた資本主義の不可欠の構成要素である．

　この市場と資本，そして国家の3つの要素は，産業資本主義の確立以降，その発展のなかでさまざまな変化を被ってきた．たとえば，自由競争市場から独占・寡占的市場への移行，あるいはこの市場を媒介とする社会的再生産過程における10年周期の恐慌をともなう景気循環とその変容，さらには個人資本から株式会社資本への近代的企業システムの発展，株式会社の所有構造と企業統治構造の変化，自由放任の終焉にともなう国家と経済過程との関係の転換，普通選挙制度の確立にいたるまでの国民主権のあり方の変化，等々．さまざまなかたちで変更が行われてきたが，19世紀初頭のイギリスで最初に確立された産業資本主義とほとんど変わらない要素も存在する．それが，資本主義経済のもっとも基本的な構成要素であり，その発展のなかで資本主義がいかに変化しようとも必ず備わっていなければならない，資本主義の「実体」とも言うべきものである．

そのようなものとしては，たとえば，①市場を媒介機構としたその独特の社会的再生産過程のあり方（具体的には景気循環の存在），あるいは②資本すなわち近代的企業システムを基礎部分で支える資本－賃労働関係（＝生産関係）の存在，さらには③資本主義経済と不可分の関係にたち，市場と資本のシステムそのものを構築したあとも，資本主義的な社会的再生産過程に何らかのかたちで関与し続ける国民国家の存在などである．

まず上述の①に関わる問題については，4節および5節で主題的に取り上げよう．また③の国民国家の基本的性格についてはすでに前節で概説してある．したがって，ここでは資本主義を支える基本的な構成要素（＝実体）のひとつである近代的企業システムとしての資本概念と，それを基礎で支える生産関係としての資本－賃労働関係について取り上げることにしたい．

(2) 近代的企業システムとしての資本

資本は，利潤獲得を目的に組織された独自の機能集団であり，ひとつの経済的組織体である．そして，この資本の完成形態が産業資本であり，これは19世紀初頭のイギリス資本主義において最初に確立されたものである．そこで産業資本として完成形態をとった，ひとつの社会的主体としての資本の運動は，自己増殖する価値の運動体としてつぎのような循環定式によって示すことができる．

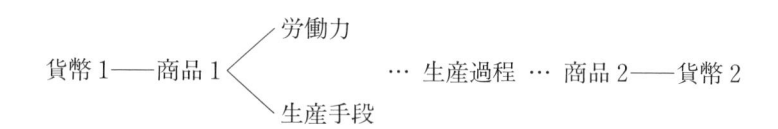

$$貨幣1\text{ ――}商品1\begin{cases}労働力\\生産手段\end{cases} \cdots 生産過程 \cdots 商品2\text{ ――}貨幣2$$

この資本の循環定式の両サイド（貨幣1－商品1，商品2－貨幣2）は，流通過程（市場）である．その間に生産過程が組み込まれており，生産過程は資本にとっての基本的な経営資源ともいうべき労働力と生産手段（労働対象，労働手段）との結合によって行われる．これらの経営資源は，それぞれの市場をとおして商品1として調達される．また，終点の貨幣2は出発点の貨幣1よりも価値的に大きくなければならない．その差異が資本の運動の目的としての剰余

価値（利潤）となるのである．

　ところで，この産業資本が確立される以前においても，資本そのものは商人資本や金貸資本といった前期的形態で存在した．しかしながら，これらの資本はもっぱら流通過程を舞台に活動したのであり，生産過程をも資本主義的に遂行するものではなかった．産業資本の特徴は，その運動の内部に商品の生産過程（使用価値および価値の生産過程）を組み込んでいるところにある．

　さらに言えば，これらの資本の前期的形態は資本主義経済が確立される以前の伝統的な身分社会においても，あるいは古代社会においても存在できた．また，こうした前期的な資本はいずれも経済的目的によって組織された独自の機能集団であり，ひとつの経済的組織体であるかぎりでは，ある種の「企業」として捉えることは可能である．ただし，それらの前期的な資本は，企業ではありえても近代的企業システムとしての資本ではなかった，という点に注意しなければならない．

　たんなる企業という存在であれば，それは資本主義経済にかぎらない．伝統的身分社会の下での工業ギルドや，あるいは前期的資本形態としての商人資本もまた，人的組織としては独自の経済活動を行うひとつの社会的単位として，文字通りの企業もしくは経済的組織体として存在していたからである．そして，この企業もしくは経済組織体内部の人的組織においては，基本的に協働（co-operation：協業）システムが確立されていると同時に，そこにはまた独自の支配－従属関係をもった権力（権限）のヒエラルヒー，いわばピラミッド型の権力ヒエラルヒーが形成されている．この点でも，あらゆる企業もしくは経済組織体に共通した，いわば歴史貫通的な特徴である．そこで，ここでいう近代的企業システムとしての資本が，たんなる「企業」とは区別されるべき存在となるためには実はもうひとつの条件を必要とするのである．

　　シュンペーターの場合，企業ならびに企業家は特殊歴史的存在ではなく，ある種の歴史貫通的な存在として把握されている．彼はこう論じている．「企業は……歴史上いつの時代にも，その時々の形をとって常に存在してきた．たしかに，規則的な交易の存在が，たとえ微々たる規模であったにせよ，先史時代についてだけは疑わしいとはどうしていえるのだろう．しかも，そうした交易は，その経済的本質においては常に同じ現象なのである」（シュムペーター，清成忠男編訳〔1998〕9-10頁）．

補論　資本主義の歴史区分とグローバル資本主義の特質　　221

　同じように企業を歴史貫通的な存在とした場合,「現存する世界最古の会社」にして「最長寿企業」として西暦578年創業の「金剛組」（建築会社）をあげることも可能かも知れない（野村進〔2006〕参照）．ただし，これでは近代に固有の資本制企業（近代的企業システム）の意味が見失われるのである．

　両者の違いは，この企業もしくは経済的組織体への人々の参加の仕方にある．資本制企業の場合，そこへの参加は必ず市場を通さなければならないということが基本である．したがって，それが可能であるための一定の歴史的条件として，人間の労働力が商品化され，そこに労働市場が存在していなければならない，ということである．

　労働力（もしくは労働能力）とは，人間の精神的・肉体的能力の総体であり，それを発揮することが労働である．労働力の商品化といっても，人間の精神的・肉体的能力が宿る個人すなわちその人格（person）そのものが商品として売り買いの対象になるわけではない．商品として取引（または契約）の対象になるのは，そうした労働の使用権（その内容が取り決められた労働を一定時間使用させる権利）と言うべきであろう．

　ただし，この意味での人間の労働力は，いつでも商品になっていたわけではない．そのためには一定の条件があった．それは，労働者たる人間が二重の意味で自由な存在——すなわち人格的な自由，生産手段からの自由（＝非所有）——であるということで，この条件はいずれも近代以降の歴史的な所産なのだ．このなかでもっとも重要な条件が，労働者の人格的な自由である．これは，職業選択の自由ということでもあって，近代以前の伝統的な身分社会の下では一般的に認められてはいなかったものである．親の職業（身分）を世襲する制度のもとでは不可能だからである．

　このように，近代的企業システムにおける人的組織の成立基盤が市場におかれているかぎりで，この近代的企業システムとしての資本を支えるヒトとヒトとの関係（＝生産関係）も歴史的な独自性をもつことになる．要するに，この人的組織への参加やあるいはそこからの退出は原則として個人の自由に任されているということ．あるいは，この近代的企業システムの出入り口における人間関係が，市場（＝労働市場）に媒介され，そのかぎりではまた互いに対等で同等な人格同士の関係になるということである．ここが伝統的な身分社会にお

いて存在した経済的組織体もしくは企業と近代的企業システムとの根本的な違いなのである．

　あらゆる企業もしくは経済組織体における人的組織もしくは協働（cooperation：協業）のシステムには，独自の支配－従属関係をともなう権力（権限）のヒエラルキーが介在している．このことは，いわば機能集団としての組織のもつ歴史貫通的な特徴であるが，資本制企業におけるそれは「資本の論理」によって規律付けられているという点が特殊歴史的である．ここでは，この資本制企業内部のヒトとヒトとの関係（＝生産関係）を狭義の資本－賃労働関係として把握している．そして，労働者が二重の意味での自由な存在（＝労働力商品）として，また資本が自己増殖する価値の運動体として不断に維持・再生産される関係，すなわち資本主義経済そのものを支える生産関係は広義の資本－賃労働関係として把握している．この狭義と広義の関係については，飯田和人〔2006〕102-5頁を参照されたい．

　いずれにせよ，このような人格的な自由を含めての，二重の意味での自由な労働者（＝労働力商品）の出現は，資本主義の原始的蓄積過程を通して国民国家の内部に作り出されてきたものである．そして，その国民の大半（一般大衆）がそうした二重の意味で自由な労働者となり，その存在が資本の再生産・蓄積過程で不断に維持・再生産され続けることで，はじめて資本主義経済は確立されるのである．

　もちろん，このプロセスのなかでは，そのような近代的企業システムとしての資本そのものも同時に維持・再生産されていかなければならない．資本主義的な社会的再生産過程のエンジンとしての資本の再生産が不可能になれば，資本主義経済そのものの維持・再生産が不可能になるからである．

　こうして，資本が資本として，労働力商品が労働力商品として，その存立条件とともに不断に再生産される続けることによって，資本主義経済そのものの再生産が可能になる．その意味で，この両者の関係すなわち資本－賃労働関係こそが，資本主義経済を支えるもっとも基本的な生産関係なのである．なお，この資本－賃労働関係の維持・再生産メカニズムは資本主義の歴史区分と深く関わる問題であり，つぎの４節で明らかにしたい．

(3) 近代的企業システムの一般化

利潤獲得を目的に組織された独自の機能集団であり経済組織体である資本，すなわち近代的企業システムは，資本主義の発展とともにその活動領域をますます拡大していく．近代的企業システムとしての資本は，歴史的には産業資本とともに確立されたが，この近代的企業システムに固有の組織形態は産業資本という製造業における資本制企業だけではなく，商業，金融・サービス業等々の「産業」一般で活動する資本制企業に共通のものとなっていく．こうして，産業資本の運動を表すものとして提示された例の資本の循環定式は，ある一定の資本の発展段階からはあらゆる「産業」部門で活動する資本一般に適用可能な定式として捉え直される必要がある．そこで，まずは産業資本の運動形態から確認しておこう．それは，つぎのような循環定式として示された．

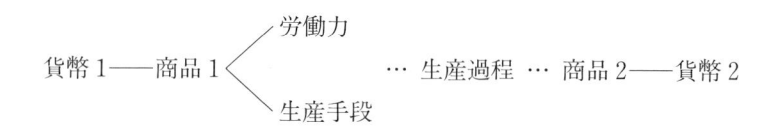

$$貨幣1 \longrightarrow 商品1 \Big\langle \begin{array}{l} 労働力 \\ 生産手段 \end{array} \cdots 生産過程 \cdots 商品2 \longrightarrow 貨幣2$$

産業資本の運動の特徴は，その運動の両サイドにある流通過程の間に生産過程が組み込まれているということであり，この生産過程が労働力と生産手段（労働対象，労働手段）との結合によって行われる，というところにあった．この点はすでに確認済みであるが，注意すべきはこの特徴は製造業資本としての産業資本にかぎられたものではないということである．

資本は，それがどのような「産業」部門で活動するにしても，必ず商品を生産しそれを販売して利潤を獲得する．この意味で，資本の運動の両サイドはいかなる場合にも流通過程なのである．そして，資本が販売する商品は，それが運輸や貯蔵を含む商業的機能を商品化したものであっても，音楽や観劇などの娯楽サービス，あるいは金融・保険サービスなどを商品化したものであっても，それらは資本にとっては利潤を生み出す商品であることには何ら変わりがないということである．

さらに言えば，そのような商品を「生産」し消費者に提供するさいには，必ず労働力とその組織（協業もしくは協働システム）を必要とし，それらの労働

力が商品を生産（＝加工）するためにも何らかの生産手段（労働対象や労働手段）が必要とされるということである．たとえば，ある種のサービスをパッケージ化した商品を取り扱い，電話一本あれば可能なビジネスであっても，この電話は当該の商品を生産し販売するために必要な生産手段として機能しているのだ．あるいは，あるビジネスにとっては，「情報」もまた加工の対象として必要な生産手段となりえよう．資本はいかなる場合でも，商品の販売によって利潤を上げなければならず，商品生産はまたいかなる場合にも労働力と生産手段との結合を必要とするということである．こうして，上記の資本の循環定式は，あらゆる「産業」部門で活動する資本の一般的な循環定式として規定し直されることとなる．

ところで，近代的企業システムとしての資本は，19世紀のイギリスにおいて産業資本としてまず確立され，やがてそれは個人企業の形態から株式会社へと発展して，現代においては株式会社資本がその主要な形態となった．さらに，この近代的企業システムは，製造業部門のみならず，商業部門，金融・保険さらには娯楽等々のサービス部門へと波及し，「産業」一般で活動する資本制企業に共通のシステムとして発展してきた．そのような資本制企業の発展を促したものは，企業を取り巻く環境の変化にほかならなかった．具体的には，労働市場や資本市場を含む「市場」という環境の変化であり，さらには資本の「生産」する商品を規定する「技術体系」という環境の変化であった．

こうした資本の発展過程を踏まえ，ここでは，この近代的企業システムとしての資本を，たんにその出発点としての製造業という意味での産業資本というだけではなく，非製造業を含む多種多様な商品の「生産」を行う，あらゆる「産業」一般で活動する資本をも包摂する概念として用いていくこととしたい．

(4) 産業資本主義の確立

すでに確認したように，産業資本の運動の特徴はその運動プロセスの内部に生産過程を組み込んでいるところにあった．資本主義経済は国民国家の領域内に形成されたが，それが確立されるためには，実はこの国民経済（＝社会的再生産過程）における生産過程の大半がこの産業資本に担われること（資本主義的生産がおこなわれること）を必要とする．そのことは，同時に国民の大半が

共同体内部の自給自足的な生活再生産を脱して，市場を媒介とした生活再生産を行うようになった，ということを意味するからである．

　言うまでもなく，このような国民経済の基本構造は，産業資本主義の確立とその発展を通して，国民のかなりの部分が賃労働者として（労働力商品の販売によって賃金を獲得し），その賃金によって家族を含めて社会的・物質的な生活再生産を営んでいくような生活様式（ライフスタイル）を確立したときにはじめて実現される．

　さらに言えば，産業資本主義の確立が重要であるのは，利潤の源泉である剰余価値が，労働によって生み出された価値生産物と労働者に対して支払われた賃金（＝労働力の価値）との差異のなかに求められるようになった，つまり，利潤源泉がそれ以前の資本主義（重商主義）のように国外にではなく，国内に求められるようになった，ということにある．したがって，この意味においても産業資本主義の成立条件の最も重要な契機は，労働力の商品化なのである．

　労働力商品化の完成は，国内に生活必需品または賃金財（それ以前には共同体内部で生産されていた日用品）の市場が成立・発展することを意味する．これはまた，資本の獲得目的とする利潤の源泉が，労働者の生産活動と労働者の消費活動との差異のなかに，要するに労働者の生活様式のなかに求められるようになったということであり，この段階で資本主義は重商主義から産業資本主義へと移行するのである．産業資本主義の確立が資本主義の時代区分の重要なメルクマールとなる所以である．

　また，この産業資本主義の段階では，労働者の消費は，資本の再生産・蓄積運動によって規定されている．つまり，資本の運動がなければ，労働者の雇用も，それにもとづく所得も消費もありえないからである．ここにおいては，生産が消費を規定しているのである．産業資本主義を分析対象とした古典派経済学が，生産の経済学としての特性を強くもっていた理由がここにある，と言えるであろう．

　しかしながら，資本主義の発展は，やがてこの生産と消費の関係を逆転させるに至る．たとえば，あとで見る〈大量生産－大量消費〉を社会的再生産の軸に据えた現代資本主義（＝大衆資本主義）においては，労働者の雇用や所得が資本の運動に規定されていることには変更がないものの，資本の再生産・蓄積

運動そのものが逆に労働者（大衆）の消費によって条件付けられるようになるのだ．大量生産には大量消費がリンクしなければならなかったからである．

こうして，重商主義から産業資本主義への移行，さらにはこの労働者の消費が資本の運動に媒介される確立期の資本主義から，資本の再生産・蓄積過程が逆に労働者の消費に条件付けられるようになる〈大量生産－大量消費〉を社会的再生産の軸に据えた現代資本主義（大衆資本主義）への移行，いずれも消費という視点から資本主義の歴史的発展過程を捉えることが可能である．ここで確認すべきは，生産視点からだけではなく，社会的再生産のもう一方の極である消費の視点から，資本主義の発展過程を視野に収めておくことが現代資本主義の再生産構造を捉えるためにも極めて重要だ，ということである．

さらに付け加えるならば，現代の先進資本主義諸国においては基本的に「豊かな社会」が実現されており，大衆の選択的消費の幅もきわめて大きい．したがって，ここでは資本が大衆の欲望，欲求を不断に開拓し続けること（過剰欲求→過剰消費）が不可避とならざるをえないという宿命をもつ．この問題は，地球の環境汚染や地球資源の枯渇という問題と直接につながっており，消費視点から資本主義の発展を捉える立場（消費の経済学）のもつ現代的な意義は，こうした点にも見出されることになろう．

さて，問題をもとの資本主義の確立期に戻そう．上述してきたような独特の国民経済が最初に確立されたのは，19世紀初頭のイギリスの産業資本主義であった．そして，よく知られているように，このイギリスの国民経済を分析の対象とした古典派経済学は，そこでの国民階層を労働者階級，資本家階級，地主階級のいわゆる近代的3階級に分類し，それら諸階級の社会的・物質的な生活再生産過程を解明している．

ただし実際には，すべての国民階層がこの近代的3階級に分類されるわけではない．たとえば，国家，地方自治体などの政府部門に所属する公務員，あるいは商業，農水産業，工業等の分野における零細な自営業者，さらには学校や病院などの非営利組織や宗教，文化，経済等の分野における各種団体の職員等々，そこにはいわゆる近代的3階級に収まりきれないさまざまな社会階層が存在して国民経済全体を成り立たせているのである．

とはいえ，この近代的3階級の生活再生産様式の分析だけでは不十分かと言

えば，そうではない．資本主義経済が確立され，国民のかなりの部分が賃労働者（＝労働者階級）としての生活再生産を営むようになれば，それは大多数の「勤め人」にとっても基本的な生活再生産様式となるからである．つまり，賃労働者が自らの労働力を資本に販売して，資本との雇用契約に従って労働することによって貨幣賃金を手に入れ，この貨幣でさまざまな生活手段を獲得し消費することで家族とともに自分自身を再生産していく．そうした労働者階級の独特の生活再生産様式（ライフスタイル）は，それがいったん確立されれば公務員や各種団体の職員などの「勤め人」一般にも適用できるということである．

また，独立の自営業者であれば，自己の生産物を商品として市場で販売して貨幣を手に入れ，この貨幣でもってさまざまな生活手段を獲得して消費することで家族とともに自分自身の生活を再生産していく．一面で，彼は生産手段の所有者すなわち資本家として存在しながら，その労働を通して手に入れた貨幣でもって家族とともに自らの生活再生産を営んでいる．つまり，他面では賃労働者と同じ生活再生産様式をとっているということである．この場合には，資本家および労働者階級の生活再生産様式が説明されていれば，特別な目的以外にあらためてそうした自営業者について説明しなくともよいのである．さらには，たとえば金利生活者や金銭や土地以外の貸し出しで生活する人々も，資本家階級や地主階級と同じく剰余価値を源泉とする所得で自らの生活再生産を営んでおり，この意味では同じ社会的階層に属していると考えることが可能である．

こうして，資本主義が確立された国民経済においては，近代的3階級の社会的・物質的生活再生産を分析することによって，そのほぼすべての国民階層のそれをカバーできるということになる．ここで重要なことは，資本主義経済の下で生きていく人々がいずれも市場を媒介として自らの生活再生産を遂行しているという点で共通しており，産業資本主義システムの確立は，まさしくこのような独特の社会的再生産過程が確立されたことを意味している，ということである．

4. 資本−賃労働関係の再生産メカニズムとその歴史的変遷

　近代的企業システムとしての資本はまず産業資本として確立されたが，それが確立されるためには，それ以前に国民国家のもとで近代的な私有財産制度が確立されていなければならず，そのもとでまた社会的分業の深化と国内市場の発展がある程度の段階に到達していなければならなかった．そのうえに「二重の意味で自由」な労働者が存在して労働力の商品化が実現されていること，これが産業資本主義成立の必須の条件であった．そして，こうした資本主義経済が確立される諸条件を国家（国民国家）が上から整備していった歴史的プロセスが原始的蓄積過程であり，その成果として産業資本主義は歴史の表舞台に浮上してきたのである．

　このようにしてできあがった資本主義の存続は，何よりも自己増殖する価値の運動体として確立された「資本」と商品化された労働力（賃労働）の維持・再生産にかかっている．つまり，それは，資本が資本として，労働力商品が労働力商品として，その存立条件とともに不断に維持・再生産されるというところにかかっているのである．この両者の関係こそ資本主義を支えるもっとも重要な生産関係の1つとしての，資本−賃労働関係（広義）であり，原始的蓄積期においては，国家によって暴力的に整備されてきた社会的関係であった．

　産業資本主義は，こうして確立された資本−賃労働関係をそれ自身の社会的再生産過程（＝景気循環過程）のなかで自律的に維持・再生産するメカニズムを備えた経済システムとして登場したのである．そこで，以下においては，この社会的再生産過程すなわち景気循環過程を通しての資本−賃労働関係の再生産メカニズムについて，それぞれの時代ごとに確認していくこととしよう．

(1) 10年周期の恐慌を含む景気循環と資本−賃労働関係の再生産

　景気循環過程は，産業資本主義の確立とともに開始され，19世紀前半から20世紀前半にかけてほぼ10年周期の恐慌をともなって展開された．それが同時に資本−賃労働関係（広義）を自律的に維持・再生産するメカニズムとなっていたことは，この景気循環過程のなかで不断に形成され増減を繰り返す産業

予備軍の動向と，さらにはそれに歩調を合わせる賃金水準の変動のなかに見ることができる．

そこでこのさい確認されるべきは，資本が資本として，労働力商品が労働力商品として再生産されるためには，まず一定水準の適正な利潤が資本のために確保されなければならず，他方では労働者の家族を含めての生活再生産が可能になるような賃金水準が確保されなければならない，ということである．

賃金は，生産活動を通して新しく生み出されてきた価値（＝価値生産物もしくは純生産物）のなかから支払われ，他方の利潤も同じくこの価値生産物のなかに含まれる剰余価値（利潤，利子，地代，役員報酬，配当収入等々，賃金以外の所得の源泉）の一部分として存在する．また，一般に働くことによって得られる所得はすべて賃金という一般的なカテゴリーで捉えられ，それ以外の所得（たとえば，地代，利子，配当収入あるいは役員報酬等々）は利潤として企業にいったん取り込まれたあとに分配される．と考えれば，これら賃金以外の所得はいずれも利潤と同じカテゴリーで捉えることが可能であり，ここから賃金と利潤という２つの分配・所得形態の間にはある種の相反関係があることを確認できる．賃金があまりに上昇しすぎれば，剰余価値の一部としての利潤が確保できない可能性があり，逆に利潤があまりにも高水準になれば，労働者の生活再生産が成り立たなくなる恐れがある．

さらに言えば，利潤が獲得されなければ資本の再生産は不可能であり，資本主義経済のエンジンともいうべき資本の再生産運動が止まれば，この経済システムの社会的再生産過程そのものが実現されなくなる．他方，賃金水準が労働者の生活再生産を保証しないかぎり，労働力商品そのものの再生産が不可能であるが，これは資本主義経済システムのもっとも重要な成立条件の再生産を不可能にするということで，そうなれば資本主義経済そのものの存続を危うくすることにもなりかねない．

そこで，明らかなことは，この相反関係にある賃金と利潤との分配割合は常に変動するが，この変動の幅は必ず一定の範囲内におさまっていなければならない，ということである．端的に言えば，賃金水準をある一定の許容範囲に押さえ込めるかどうかが資本主義経済システムの存続と発展のための必要条件だ，ということである．

ここから，資本－賃労働関係の維持・再生産の鍵を握るのはこの賃金と利潤との分配関係の調整メカニズムだということになる．そして，この調整のあり方は，実は資本主義の歴史段階によってそれぞれに異なっているのである．

　確立された資本主義経済であれば，この賃金と利潤との分配関係（あるいは分配割合）の調整は，市場メカニズムを通して行われる．ここで言う市場メカニズムとは，直接的には労働市場の価格メカニズム，あるいは賃金水準の決定メカニズムということである．

　賃金は労働力商品の価格であり，基本的にそれは労働市場の需要・供給関係によって左右される．この決定メカニズムにとって重要なファクターとなるのは，失業者（＝産業予備軍）の存在，もしくは失業率である．つまり，失業率が高ければ賃金には下方圧力がかかって低下傾向を示し，逆に失業率が小さいと賃金は上昇傾向を示す．この賃金の変動にともなって，これと相反関係にある利潤も変動することになるのである．

　要するに，この賃金と利潤との分配関係は，不況や好況あるいは恐慌といった景気循環の各局面において，労働市場における失業率の変化や，あるいはそれに対応した賃金水準と利潤率の変動というかたちをとって現れてくるのだ．そこで，以下この景気循環過程における賃金と利潤の変動メカニズムについてもう少し詳しく見ていこう．

　景気循環の原動力は言うまでもなく資本蓄積である．この資本蓄積によって経済全体の資本規模が拡大すれば労働需要は増大し，賃金には上昇圧力がかかる．そして，賃金上昇が続けば，やがては利潤を圧迫することになって利潤率の低下が起こる．ただし，この資本蓄積過程のなかで同時に労働生産性が上昇（あるいは労働節約的な技術がそこに介在）するならば，直ちにこのような利潤率の低下につながることはない．つまり，資本蓄積過程が同時に資本の有機的構成を高度化しつつ展開され，相対的過剰人口が形成されるかぎりで——言い換えれば，資本自らが労働「供給」を作り出し，労働市場での需給関係を調節できるかぎりで——このプロセスは直ちに利潤率の低下につながることはないのである．しかし，労働力に対する需要を作り出す資本蓄積は，つねに与えられた労働力の供給の限界を超えて進む傾向がある．であれば，資本蓄積の拡大そのものを止めない以上，この賃金上昇と利潤率の低下は資本蓄積過程の最

終局面で必ず発現せざるをえないのである．

　こうした利潤率の低下傾向は，資本過剰が発生しつつあることを示している．資本過剰とは，資本が正常な利潤を獲得するためには過剰に蓄積された状態を意味する．そして，この資本過剰が顕在化した段階で，賃金と利潤との分配関係の調整メカニズムが働くのである．つまり，ある時点から景気は上昇局面から反転して下降局面へと向かわざるをえなくなる．そして，この反転がドラスティックに起こるのが恐慌である．

　ここから，このような賃金と利潤との分配関係の調整メカニズムとしての恐慌（さらには，その後に続く不況）は，資本主義経済システム全体の再生産にとって極めて重要な意味を持つということが分かる．それは，資本主義経済システムがこの恐慌やその後に続く不況過程を通して過剰に蓄積された資本を整理（＝価値破壊）し解消していくことができるということである．もちろん，弱小な資本から淘汰されていくことになるが，そのうえで再度より大きな規模で，より強力に資本蓄積をやり直すことで資本主義経済の一層の発展を実現できるような物質的土台を作ることが可能になるのである．

　かくて，資本自らが作り出す相対的過剰人口の許容範囲を超えて資本蓄積が拡大し，賃金上昇から利潤率低下，そこからまた資本過剰へと転換する段階では，大規模な過剰資本の整理，価値破壊が資本－賃労働関係の維持（したがってまた資本主義経済システムの存続）のためにも不可避とならざるをえない．それが恐慌過程であり，それに引き続く不況過程の持つ経済的な意味なのである．

　このようにして，産業資本主義における資本－賃労働関係（広義）の再生産は，周期的恐慌を含む景気循環過程において，産業予備軍の増減とそれにともなう賃金水準の循環的変動（図 S-1），さらには恐慌，不況過程を通しての過剰資本の整理・解消という，資本主義経済の自律的メカニズムのかたちをとって遂行されることとなる．そして，このことは，文字通り社会的再生産過程の進行そのもののなかで，自律的に資本－賃労働関係の維持・再生産が行われていることを意味するのである．

　他方，このようにして形成され増減運動を繰り返す産業予備軍の存在は，賃金水準を資本にとっての許容範囲内に押さえ込む効果をもたらすと同時に，資

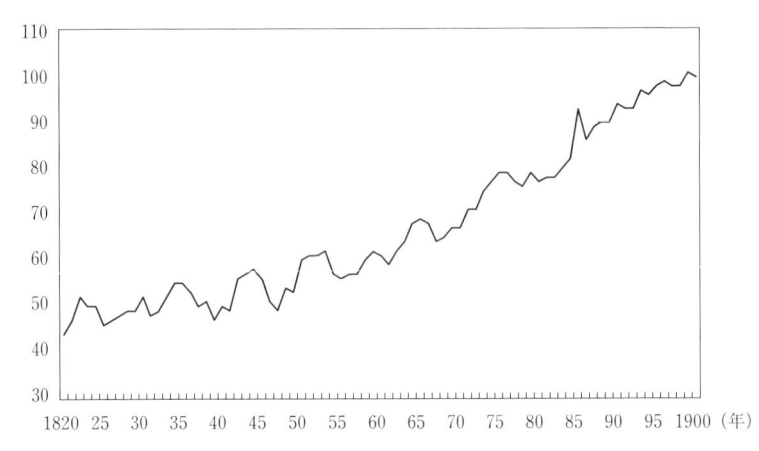

出所：エリ・ア・メンデリソン著『恐慌の理論と歴史』第1分冊（飯田貫一，平舘利雄，山本正美，平田重明訳，青木書店，1940年），「1800〜1900年の英・米・独・仏・露における経済的発展の基本的統計指標」「主要国における賃金と生計費1」より作成．

図 S-1　19世紀イギリスにおける賃金変動（1900年＝100）

本内部の人的組織にもインパクトを与える．つまり，産業予備軍の存在は，資本のもとで働く労働者達に対して失業のコストと恐怖を目の当たりにさせるのであり，それはまた労働者達に対して資本家（＝資本の人格化）もしくは資本の論理への服従を強制することになるのである．これが，いわゆる産業予備軍効果（あるいは，マルクス＝カレツキ命題）と呼ばれるものにほかならない．

(2)　独占資本主義の下での景気循環の変容

産業資本主義の確立とともに発生した10年周期の恐慌をともなう景気循環は，ある段階から徐々にその形態を変容させていった．この恐慌，景気循環の変容[9]が見られるのは，確立期の資本主義・後半期からである．それは，19世紀最大の恐慌で，その後の不況過程も「世紀末大不況」と呼ばれた1873年恐慌あたりから始まっている．これ以降，部分恐慌とも呼ばれる中間的恐慌が発生するなど恐慌の不確定性が目立つようになり，景気循環の周期性も規則的な10年周期ではなくなってくるのである．

資本主義経済は，この時代から自由競争の段階から独占段階へと移行しはじめる．イギリスを中心とした世界経済編成（パクス・ブリタニカ）も衰退過程

に入り，いわゆるヘゲモニー国家不在の時代へと向かうのである．

　ただ注意すべきは，こうした景気循環過程の変容があっても，それが過剰資本の整理・解消としての意味をもつ恐慌爆発をともなうかぎり，この恐慌を含む景気循環過程が資本－賃労働関係の維持・再生産メカニズムとして機能している，ということである．つまり，ここに見られる社会的再生産過程は，基本的に確立期の資本主義に共通のものであったということである．

①景気循環の変容

　恐慌，景気循環の変容は，19世紀後半から進む産業構造の重工業化・重化学工業化と，それにともなって固定資本が巨大化したこと，さらには独占・寡占の形成が進んだことを主たる原因としている．産業構造の変化にともなう固定資本の巨大化は，景気循環，特に好況過程を動かす駆動力とも言うべき設備投資の景気過程へのインパクトの違いとなって現れるためである．

　景気循環の不況末期から好況初期において設備投資が景気回復を先導する場合，一般的に言えることは，当初は既存設備をリプレイスする更新投資が先行するということである．この意味で，まず生産財部門の労働手段部門に対して新しい需要が形成される．この労働手段部門の生産拡張は，つぎに同じ生産財部門内部の原材料（労働対象）部門の拡張を誘発する．さらに，こうして引き起こされた原材料部門の生産拡張は再び労働手段部門へと波及して，生産財部門内部における相互誘発的な拡張過程が展開されることになる．このような，いわば生産財部門の自己累積的な拡張過程のなかから新投資（追加投資）が登場するようになると，景気回復過程は一段と力強さを増し，さらに更新投資から新投資への比重の交替が起こるような段階を迎えて，景気は本格的な回復・上昇軌道へと入っていくことになる．産業構造の変化にともなう固定資本の巨大化は，こうした好況過程のあり方に大きな影響を及ぼすのである．

　固定資本設備は，その建設が着工されてから現実に生産能力を発揮するまでには，かなりの建設期間（もしくは懐妊期間）を必要とする．そして，この建設期間中，一方的に生産手段や労働力あるいは資金（貨幣資本）などを吸収し続ける．と同時に，追加的な労働者の雇用（追加賃金）を通じて消費財需要をも拡大していく．この間，この設備投資が実際に生産能力を発揮するまでは最

終財の供給は行われず，逆に労働力や生産財・消費財，資金などへの需要だけが発生するのである．いわゆる「販売なき購買」（一方的供給）のプロセスであり，このことはまた必然的に，関連する生産財部門と消費財部門における商品価格の上昇と生産拡張とを促していく．とりわけ雇用拡大にともなう労働者の所得増大を背景とした消費財部門の拡張は，さらに原料や機械設備などを供給する生産財部門へと加速度的な効果をもって跳ね返り，ここからいわばスパイラル的な景気上昇過程が実現されることとなるのである．

こうした好況過程の基本構造は，自由競争段階の資本主義でも独占段階の資本主義の下でも基本的には変わることがない[10]．ただし，独占資本主義の下で顕著になった固定資本の巨大化がこの中身に大きな影響を与えるのである．

固定資本が巨大であればあるだけ建設期間が長いということであり，それが長いということは，それだけ「販売なき購買」の規模も大きくその期間も長いということになる．これは，巨大な投資ブームを生み出す可能性が大きいということでもある．そして，この「販売なき購買」が誘発する巨大な投資ブームは，投機的な思惑や予測，あるいは投機的な期待の働く環境を生み出す．すなわち，それが投機の温床となるのである．

ひとたび投機に火がつくと，投機的な思惑から必要なところに必要な資源（労働力や生産手段あるいは資金等）が配分されなくなり，市場メカニズムの機能不全が現れてくる．このような好況過程は，いわば不均衡が市場メカニズムによって解消されず，逆に不均衡が増幅されながら進行する，ある種の不均衡累積過程とならざるをえないのである．

こうした好況過程における矛盾の積み重ねの，ひとつの総決算として恐慌は爆発する．ただし，このような投機的取引の加熱化は，恐慌となって爆発すべき矛盾が十分に成熟して資本過剰をもたらす以前に崩壊する可能性もある．その場合，恐慌は全産業部門に打撃を与える全面的崩壊に至らず部分崩壊にとどまって，時には恐慌現象が明確に生じないままに好況から不況への転換が生ずる，ということもありうるのである．むろん，これが全面的崩壊に至る恐慌に発展する場合もあり，そのさいには1873年恐慌あるいは1929年恐慌などに代表されるような，大規模で広範囲かつ長期の大恐慌に発展する可能性も存在している．確立期の資本主義・後半期における恐慌の不確定性は，こうした独占

資本主義に固有の事情のもとで生み出されてきたのであった．

　恐慌のあとは不況過程が続くが，独占段階の資本主義における景気循環の特徴として，この不況過程が長期化するという傾向がある．その原因として，一般的には「固定資本の巨大化」と，それと密接に関連した「独占の形成」というところに求めることができる．

　すでに確認しているように，恐慌や不況の経済的意義とは，資本の価値破壊を通しての過剰資本の整理・解消というところにあった．したがって，この過剰資本の整理が早く済めば済むほど，不況過程は短くて済むということである．

　独占資本主義は，あらゆる産業部門あらゆる市場が独占化されているわけではなく，事実は独占部門と非独占部門との二極分化というところに特徴がある．恐慌が起こった場合，中小の企業が多数集まって競争している非独占部門では大量の企業倒産が発生して，それによる資本の価値破壊，したがってまた過剰資本の整理・解消は大幅に進展する．ところが，巨大な固定資本を擁する巨大独占企業はそう簡単に破綻することはないのである．また仮に，そうした独占資本が破綻しても，固定資本はそのまま廃棄されるのではなくて別企業や再建企業に引き継がれることも多い．これは，結局のところ過剰資本を温存して，それだけ不況からの回復を遅らせる一因となる．

　では，資本の価値破壊が進展し，過剰資本の整理・解消が進んだ非独占部門から景気は回復するのかといえば，そこには大きな困難が立ちはだかっている．非独占部門の企業は，その原材料や設備投資財を独占部門から調達している場合がほとんどであり，その供給先も独占的巨大企業の下請として独占部門である場合が多い．前者においては供給独占によって，後者においてはまた需要独占によって独占価格が設定されることから，結局のところ非独占部門の企業が不況から自力で立ち直るということは極めて困難なのである．

　こうして独占資本主義においては，傾向的にこの過剰資本の整理が滞りがちになるところから不況からの回復が遅くなる．そこから，独占資本主義の過剰資本体質と不況過程の長期化という構造的な特徴がでてくることになったのである．

②独占資本主義の特質：停滞と発展

　さらに，もうひとつ別の問題も存在する．資本主義経済は人類史上最大の生産力発展を実現した経済システムであるが，その根拠は資本主義経済システムのもっとも基本的な構成契機である市場と資本の存在にある．さらに突き詰めて言えば，市場における諸資本間の競争の存在にそうした生産力発展の根拠を求めることができる．ところが，独占とは基本的に協調の体制であり競争制限をその本質とする．そこで，この独占のもつ競争制限的な本質が前面に出た場合には，独占資本主義はどうしても停滞基調を余儀なくされる，ということである．

　もちろん，独占といえども競争を完全に排除することはできない．また，独占資本がひとたび競争戦を開始すると，それは自由競争段階の資本とは比べものにならないほどの資金力や研究開発能力などをもつところから激烈な生産力競争を展開する可能性も大きい．これは，現代の独占資本主義における諸資本間の競争の現状を見れば一目瞭然であろう．

　かくして，独占資本主義は，停滞基調と発展基調という2つの側面[11]をもつということに注意しなければならない．その競争制限的な本質が前面に出たときには停滞基調となり，その競争的な本質が前面に出れば発展基調となる，ということである．

　このことは，同じ時代の資本主義でも，ある国では競争制限的な傾向から停滞基調に陥り，別の国では競争が全面的にあらわれることで発展基調になるということもありうるということだ．また，同じ国でも，ある時代には停滞基調で別の時代には発展基調になるということもある．さらには，同じ時代の同じ国でも，ある産業部門は競争制限的で停滞基調となり，別の産業部門では競争的で発展基調が現れるということもありうる，ということである．

　すでに見た，独占資本主義のもとでの不況過程の長期化の原因が過剰資本の整理・解消の遅れであったのに対し，この停滞基調の原因は独占による競争制限が生産力発展を阻害する可能性があるというところに求められる．この2つの要因が重なって現れるならば，長期の停滞は不可避となるが，逆に発展基調が前面に出た場合には，過剰資本の整理・解消の遅れからくる不況過程の長期化を克服して資本主義経済は長期の繁栄を実現することも可能なのである．

表 S-2　社会移転（福祉，失業・年金保険，住宅補助等支出）の対 GDP 比

(単位：%)

	1880	1890	1900	1910	1920	1930
オーストラリア	0	0	0	1.12	1.66	2.11
ベルギー	0.17	0.22	0.26	0.43	0.52	0.56
デンマーク	0.96	1.11	1.41	1.75	2.71	3.11
フィンランド	0.66	0.76	0.78	0.90	0.85	2.97
フランス	0.46	0.54	0.57	0.81	0.64	1.05
ドイツ	0.50	0.53	0.59	—	—	4.82
日　本	0.05	0.11	0.17	0.18	0.18	0.21
オランダ	0.29	0.30	0.39	0.39	0.99	1.03
ニュージーランド	0.17	0.39	1.09	1.35	1.84	2.43
ノルウェー	1.07	0.95	1.24	1.18	1.09	2.39
スウェーデン	0.72	0.85	0.85	1.03	1.14	2.59
イギリス	0.86	0.83	1.00	1.38	1.39	2.24
アメリカ	0.29	0.45	0.55	0.56	0.70	0.56
21 カ国平均	0.29	0.39	0.55	0.69	0.78	1.66

出所：Lindert, P.H. 〔2004〕: pp. 12-3 より作成（一部加工）．
注：21 カ国平均は，この他にオーストリア，カナダ，ギリシア，アイルランド，イタリア，ポルトガル，スペイン，スイスの 8 カ国が入る．

③福祉国家体制への準備段階

　恐慌・景気循環に変容が起こった確立期の資本主義・後半期（帝国主義の時代）は，1873 年恐慌後に続く長期の不況過程（＝世紀末大不況）や 1929 年恐慌とその後の 30 年代大不況があり，さらには 2 つの世界大戦をはじめとする帝国主義戦争が繰り広げられた時代でもあった．こうした経済的苦境と戦争は，結果的に国家の社会保障政策を大きく前進させ[12]，この時代は第 2 次世界大戦後に先進諸国で確立される福祉国家（Welfare State）への準備段階ともなったのである．この時期，国家はいわゆる戦争国家（Warfare State）として経済過程への介入を強めていくのと同時に，戦争遂行のために国民大衆動員を実施する見返りというかたちで社会保障の充実を図っていった[13]のである（表 S-2）．

　もちろん，この場合，国家がますます深刻化していった恐慌や不況という経済的な災厄を放置しつづけることができなくなってきた，ということも重要である．その背景にあったのは，こうした経済的災厄の最大の被害者となる労働者大衆の社会的な地位の向上であり，さらには彼らのなかでの社会主義思想の

高揚であり，象徴的には1917年のロシア革命による社会主義陣営の誕生であった．これらは，資本主義の経済的危機を体制それ自体の危機へと結びつける可能性をはらんでいたからである．

このような国家の経済過程への介入の流れが，第2次世界大戦後に福祉国家体制の完成へとつながったのであるが，それを促した要因のひとつは冷戦体制のもとで鮮明に示された資本主義体制と社会主義体制との対立構図であった．そうした流れのなかで民間部門（private sector）にたいする公的部門（public sector）の比率も大きくなり，この意味で資本主義経済は混合経済と呼ばれる体制を確立していったのである[14]．そこでつぎに，第2次世界大戦後の現代資本主義・前半期を見ていくこととしよう．

(3) 現代資本主義・前半期：高度経済成長の時代

第2次世界大戦後，先進資本主義諸国では，政府が景気循環過程そのものに直接に介入するようになり，完全雇用を目標として総需要創出政策を展開するようになった．完全雇用の実現は結果的に例の産業予備軍効果の減退をもたらし，ここから景気循環過程のなかで作用してきた資本－賃労働関係の維持・再生産メカニズムは，大きな変更を余儀なくされることとなったのである．

一方，1950年代，60年代は，先進資本主義諸国の高度経済成長の時代であり，かつて周期的な恐慌をともなって展開された景気循環は，政府の景気循環過程への積極的な介入と高度経済成長過程とを通して，これもまた大きく変化している．なによりも，政府の景気循環過程への積極的な介入によって，そこに恐慌爆発というドラスティックな経済現象が見られなくなったということが重要である．こうした景気循環過程への介入は，そのなかで作用してきた資本－賃労働関係の維持・再生産メカニズムに国家が直接関与し始めたということを意味し，この観点からは紛れもなく第2次世界大戦後の世界は資本主義の新しい段階として位置づけることが可能であった．

他方，この現代資本主義もまた独占資本主義であり，そのかぎりで不況過程が長引き停滞基調が長期化する傾向をもっている．この点では，確立期の資本主義（後半期）における帝国主義の時代とも共通しているが，この現代資本主義（前半期）の1950年代，60年代には先進各国が資本主義の「黄金時代」と

表 S-3　世界の主要国・地域の GDP 成長率の推移（1820-2003 年）

(単位：%)

	1820-70	1870-1913	1913-50	1950-73	1973-2003
西ヨーロッパ 12 カ国平均	1.75	2.13	1.16	4.65	2.05
東ヨーロッパ	1.41	2.33	0.86	4.86	1.19
旧ソ連	1.61	2.40	2.15	4.84	0.09
アメリカ合衆国	4.20	3.94	2.84	3.39	2.94
日本	0.41	2.44	2.21	9.29	2.62
中国	-0.37	0.56	-0.02	4.92	7.34
インド	-0.38	0.97	0.23	3.54	5.20
世界平均	0.94	2.12	1.82	4.90	3.17

出所：Maddison〔2007〕：p. 380 より作成．

呼ばれるような高度経済成長を実現したという点で，この 2 つの時代には大きな違いがある（表 S-3）．

①高度経済成長の背景

現代資本主義における前半期は，基本的に右肩上がりの経済（持続的成長過程）であり，その間に景気の落ち込みがあっても，せいぜいのところそれは成長率の鈍化という程度で収まったのである．そこで以下においてはまず，こうした高度経済成長を実現した諸要因について確認しておく必要があろう．

第 1 の要因は，第 2 次世界大戦後すぐに始まった冷戦体制下で，アメリカが実施した戦後の経済援助（マーシャル・プラン，ガリオア・エロアなど）や途上国援助，さらには「世界の警察官」としての国際的な軍事展開などにともなって行われた大規模なドル資金の国際的散布である．これは，いわば成長通貨の供給となって世界経済の拡大に寄与し，そのことによってまた先進各国の高度経済成長を支えたと言える．だが 1960 年代末から 70 年初頭には，この大量のドル散布から過剰ドルの問題（ドル不安）を生み出し，やがて基軸通貨ドルの信認を揺るがす大きな原因ともなっていくのである．

第 2 には，この時期にはエネルギー資源等の 1 次産品の安定的供給が実現されていたということである．ただし，これも 1960 年代末から 70 年初頭にかけて過剰ドルを原因としたドルの減価と資源ナショナリズムの台頭を背景とした第 1 次オイルショックの勃発をもって終わりを告げることになる．

第3に，当時の潤沢な労働供給の存在がある．これは，戦後の大量復員によって先進各国がともに労働供給の余裕を手に入れたというだけではなく，同時に戦争を通じて生産能力が飛躍的に増強され，その結果，労働生産性の上昇（＝資本の有機的構成高度化）による相対的過剰人口の排出メカニズムが強力に作用するようになったことも無視できない．こうした生産能力の増強は，とりわけ豊かな資源をもち，しかも国土が戦火にさらされることのなかったアメリカにおいて実現され，戦後その成果が日本をはじめ各国に導入されることで，それぞれの国の高度経済成長に大きく寄与することになったのである．

　また，戦後驚異的な高度経済成長を実現した日本資本主義の場合，それらの要因と並んで当時農村に滞留していた大量の余剰労働力（相対的過剰人口の潜在的形態）の存在も看過できないであろう．高度経済成長の始まりとともに，農村における大量の余剰労働力が都市の産業に流入してきたことで，この豊富な労働供給を背景として利潤率低下から資本過剰へといたるプロセスが先送りされる結果となったからである．それは好況過程を持続させるとともに，長期の繁栄（すなわち高度経済成長）をもたらす大きな要因ともなった．

　最後にあげるべきは，第2次世界大戦後アメリカを中心に起こり，世界に波及していった耐久消費財を中心とした技術革新の簇生であろう．

　この要因が，第2次世界大戦後の高度経済成長の実現にはもっとも決定的であった．それというのも，こうした技術革新が，先ほど述べたような資本の有機的構成高度化による相対的過剰人口の排出メカニズムを生み出したというだけではない．家電等に代表される耐久消費財を中心とした技術革新の簇生によって，戦後の資本主義世界には新しい商品，新しい市場が次々と生み出され，その結果として既存の産業部門の外部に新しい投資領域が拡大していったからである．

　この場合，重要なことは，既存の産業部門が独占による競争制限的体質や過剰資本体質から不況が長期化して停滞基調を余儀なくされていても，新しく生み出された産業部門（新しい投資先）が拡張していくことで不況からの早期脱出が可能になる，という点である．過剰資本といっても相対的なものでしかなく，全体の景気（総需要）が増大していくなかでこの過剰が解消されることも不可能ではない．また，新しい産業部門，新しい市場においては独占による協

調(＝競争制限)の体制を作り出すことは困難であり，こうした部門にあっては必然的に競争的な側面と発展基調が前面に出てくることになるからである．

②〈大量生産－大量消費〉システム

ところで，このような第2次世界大戦後の高度経済成長の時代を先導したのは，言うまでもなくアメリカであった．それは独占資本主義であると同時に大衆資本主義の特徴をもち，大量生産・大量消費システムをその社会的再生産の基本にした独自の資本主義経済であった．第2次世界大戦後いっせいに開花し技術革新の中心となった耐久消費財の諸産業もまた，この大量生産方式と他方の大量消費によって戦後の高度経済成長過程を支えたのである．

ただし，この大量生産が大量消費にリンクして社会的再生産過程を支えるサイクルとして確立されるためには，そこにいわゆる「中間層」とよばれる大衆の存在を必要としている．言い換えるなら，大量消費の実現のためには，この中間層を核とした「大衆消費社会」を作り上げなければならないということである．中間層とは，言ってみれば似たような所得水準と，ある意味では画一化された消費スタイルと生活スタイル，さらには同じような価値観をもった人々のことで，この層が社会の大勢を占めているのがいわゆる「大衆社会」であり，大衆資本主義であった．

こうした大衆消費社会そのものは，アメリカではすでに20世紀初頭から始まっていたが，それが本格的に展開されたのはやはり第2次世界大戦後であった．その本格的展開のためには，実はもう1つ別の条件が満たされねばならなかったからである．

その条件とは，例の中間層による大量消費が他方の大量生産とリンクして社会的再生産の基軸的サイクルを形成するということである．そして，そのためにはこの中間層の大量消費を支える所得，すなわち賃金がある程度高い水準に維持されることが必要である．と同時に，それが増大する産出量(国民所得)水準とともに上昇していかなければならず，さらにはまた，この賃金上昇が労働生産性の上昇の範囲内に収まるということが不可欠であった．要するに，これはレギュラシオン学派のいう生産性インデックス賃金(もしくは，賃金の労働生産性へのインデゲーション)である[15]．

こうした高度経済成長メカニズムを最も早く確立したのが，第2次大戦後のアメリカであった．その後，これがアメリカナイズされた消費生活様式とともに先進資本主義国全体に広がり，1950年代，60年代には先進各国が資本主義の黄金時代と呼ばれるような高度経済成長の時代を迎えたのであった．

③高度経済成長メカニズムの破綻

さて，大量生産－大量消費を社会的再生産過程の基軸的サイクルとして成立させ，高度経済成長を実現していくためには，労働生産性の上昇とその範囲内での賃金の上昇が必要であった．この賃金の決定は，現代資本主義の下では言うまでもなく労資の交渉を通じて行われる．とはいえ，そこに労働市場の需要と供給に左右されるような賃金決定メカニズムがまったく作用しないかといえば決してそうではない．後者の動向は前者の決定に大きな影響を与えるのである．

とりわけ，完全雇用を目標とした拡張的なマクロ政策（総需要創出政策）が展開される状況下では，一般物価の上昇と実質賃金の減少は不可避であり，労資間ではこの実質賃金の目減りを取り戻すための貨幣賃金の引き上げが交渉の焦点となる．このときには，労働市場における貨幣賃金の動向が労資の力関係に大きく影響せざるをえないのである．人手不足の状態から労働市場で賃金上昇が生じているような場合には，労資交渉を通して決定される賃金水準も当然に上昇傾向となる．むろん，そうして決定される賃金が労働生産性上昇の範囲内であれば問題はないが，完全雇用政策の下で産業予備軍に余裕がなくなっているなかで労働生産性の上昇にかげりが出ると，やがてこの賃金上昇は労働生産性上昇率を上回らざるをえないのである．

もちろん，独占資本主義の下では，こうした賃金コストの上昇分を価格転嫁することが可能である．そして，このような賃金上昇分を価格転嫁することが継続的に行われるようになれば，その結果は拡張的マクロ政策が作り出したディマンドプル・インフレーションをコストプッシュ・インフレーションへと転換させることとなる．

いずれにしても，このようなインフレは，労働者の側から見れば賃金の目減り，つまりは実質賃金の低下を意味する．要するに，これは貨幣賃金の上昇に

よる所得の増分を一般的物価上昇によって実質的に失うことであって，貨幣賃金の上昇にもかかわらず労働者の生活水準を現状維持に止めるか，あるいは逆に低下させるのである．他方，これは資本の側から見れば，貨幣賃金の上昇によって追加的に支払わざるをえなかった剰余価値を今度は商品価格の上昇によって取り戻すことを意味する[16]．つまり，総資本にとっては，貨幣賃金レベルで失った剰余価値を実質賃金レベルで取り戻すことになり，これによって曲がりなりにも資本－賃労働関係の維持・再生産を実現できるようになる，ということである．

ところが，こうしたやり方は決して持続可能ではなかった．当初は，忍び寄る（クリーピング）インフレと呼ばれた一般物価の上昇は次第にその上昇圧力を増していき，やがてギャロッピングインフレからハイパーインフレへ，そしてついにはランパム（狂乱物価）インフレと呼ばれるような状況へと至り，最後はスタグフレーション[17]を発生させて50年代，60年代と続いた高度経済成長メカニズムそのものの破綻を招くことになったのである．

このスタグフレーションにともなう高失業率の発生は，いわば裁量的な循環対応策もしくは反循環政策としてのケインズ政策（＝インフレ政策）の下でも，景気循環（あるいは不況）過程は消滅することがなかったということを意味している．もちろん，この景気循環過程において，完全雇用政策としての拡張的なマクロ政策（＝インフレ政策）が継続的に展開され続けたということではないであろう．それは，主として景気循環の下降局面で不況対策・失業対策として発動され，そのことが好況過程における物価上昇にブレーキをかけることなく持続させた結果がインフレ圧力の昂進を生み出したのである．

高失業率は，現代資本主義における景気循環の下降局面——それも高度経済成長が終焉したあとの景気循環の下降局面——における必然的な現象と言うべきものである．資本主義経済の生理現象としての景気循環は，現代資本主義（その前半期）においてはインフレをベースに展開され，たんに恐慌爆発をともなわなくなったというだけなのである．スタグフレーションは，この現代資本主義の景気下降局面で発生した高失業率と，そのベースとしての高インフレ率とが同時併存した現象であった．

④ブレトンウッズ体制の崩壊から金融グローバリゼーションへ

一方,こうした激しいインフレーションが猛威を振るうなかで,第2次世界大戦後の先進諸国の高度経済成長を支えてきた,もうひとつの重要な枠組みが変容を余儀なくされていた.戦後の大量ドル散布(ドル過剰)を背景とするドル不信(ドル減価)の結果もたらされた,ブレトンウッズ体制(前期IMF体制)の崩壊である.ブレトンウッズ体制は,パクス・アメリカーナの重要な支柱のひとつであったが,同時に基軸通貨国アメリカによるインフレ政策の展開は,アメリカ以外の先進各国でも共通して実施された拡張的なマクロ政策(=インフレ政策)を側面から支援する役割を果たしていたのである.

また,この1971年のブレトンウッズ体制(さらには73年のスミソニアン体制)の崩壊にともなう固定相場制から変動相場制への移行は,実は基軸通貨国・アメリカにとってはその特権を保持しつつ,さらに野放図な経常収支の赤字(=ドルの垂れ流し)を持続可能にする状況を作りだしたとも言える.そしてこのことは,その後(1975年に実施された金融制度改革=「メーデー」を起点にして),アメリカが金融自由化と国際化を武器に金融覇権(=金融帝国主義)の実現を目指すことをも可能にするものでもあった[18].

他方,アメリカ以外の先進諸国にとってもまた,変動相場制への移行は,固定相場制のもとで余儀なくされていた自国通貨の対外価値維持のための不断の為替介入と国内経済の調整から解放されることを意味した.それによって,各国はその金融・財政政策の自由度を大幅に拡大する可能性を手に入れたのである.こうしてブレトンウッズ体制の崩壊は,やがてグローバル資本主義の下で巨大な過剰資金が世界中にあふれ出す遠因ともなったのである.

いずれにせよ,このブレトンウッズ体制の崩壊は,基軸通貨ドルが世界貨幣としての金の裏付けを失ったことで,世界市場がいわば基準なき世界へと足を踏み入れてしまったことを意味した.その結果,増大したリスクに対応する金融取引が異常なまでに膨張すると同時に,そのことが金融テクノロジーの高度な発展をも促してきたのであった.その一方では,ヘッジファンドに代表される国際金融資本による投機的取引が日常化され,こうしたなかで国際金融市場は折からの情報通信革命を背景としてますます巨大化,複雑化して,1980年代以降には金融グローバリゼーションと呼ばれる状況が生み出されるのである.

この金融グローバリゼーションを主導したのはアメリカであるが，それは，上述したアメリカの金融覇権をめぐる戦略と深く関わっている．金融グローバリゼーションの本質は，この経済的覇権の最終段階としての金融覇権を目論むアメリカ資本主義の歴史的な発展段階を踏まえることなしには，基本的に理解不可能と言うべきものである．

(4) 福祉国家体制からグローバル資本主義の時代へ

高度経済成長に支えられた福祉国家体制の時代が終わると，つぎにはいわゆる新自由主義の政策理念によって資本主義経済を主導する新しい時代が始まった．この段階ではまた，資本主義的な社会的再生産過程と国家との関係が再構築されることとなり，ここから資本主義経済もまた福祉国家体制からグローバル資本主義という新しい時代へと移行していくのである．

すでに明らかにしたように，インフレーションを媒介に総資本が貨幣賃金レベルで失った剰余価値を実質賃金レベルで取り戻す，という福祉国家体制下の資本－賃労働関係の維持・再生産メカニズムは，1970年代前半にはインフレ圧力の昂進と最終的にはスタグフレーションの発現をもって大きなデッドロックに突き当たった．先進資本主義経済は，ここで政策転換を行わざるをえない状況に立ち至ったのである．

①産業予備軍効果の再確立

そこでまず実施されたのが，完全雇用政策の放棄であった．政策理念として言えば，ケインズ主義から新古典派主義（新自由主義）への転換である．これが意味していることは，要するに資本蓄積をベースに景気循環過程で必然的に形成される失業（これを新古典派経済学もしくはマネタリスト流に言えば「自然失業率」）を活用して賃金上昇を抑え込むということである．マルクス学派流にいえば，それは，景気循環過程を通しての産業予備軍効果の再構築であり，社会的再生産過程における自律的な資本－賃労働関係の維持・再生産メカニズムを復活させる，ということである．

このような産業予備軍効果の再確立は，景気循環過程のなかで発生する失業が「自然的」なものと見なされ雇用対策が放棄される，ということだけを意味

したのではなかった．これは，同時に福祉国家体制を支えた政府，経営者，労働者の三者によるネオ・コーポラティスト的な労資協調体制の基盤が崩壊した，ということをも意味したのである．ここから，労働側に対する資本側の攻勢が一段と強化されることになり，国家もまた資本側に有利なようにその労働政策を転換させていったのである．こうしたなかで，労働側は労働組合運動の弱体化[19]（その象徴としての組織率の低下．表S-4）もあって，大幅な譲歩を余儀なくされていくこととなる．その一方で，資本側は，激化するグローバル市場の競争やその変化の速さに対応するために事業の再構築・再編成（リストラクチャリング），リエンジニアリング，ダウンサイジング，アウトソーシング等々といったかたちで，いわゆる「経営革新」を積極的に展開する．と同時に，正規雇用を縮小させ，逆にパートタイム労働や派遣社員などのフレキシブルワーカーを拡大させて，いわゆる「ジャスト・イン・タイム」型雇用と呼ばれる「人材の部品化」（必要なときに必要なだけ雇用し，不要になれば直ちに解雇する）を実現していったのである[20]．そして，これが景気循環に伴って必然的に発生する産業予備軍の排出と吸収のメカニズムをよりスムースに機能させる効果をもったことは言うまでもなかろう．

かくして，福祉国家体制からグローバル資本主義への転換は，資本主義経済の原理的な再生産メカニズムへの回帰であり「資本主義の逆流」とも言うべき歴史的現象であった．

表 S-4　主要国労働組合員数及び推定組織率

(単位：千人，%)

国		1985	1990	1995	2000	2003	2004	2005	2006	2007
日本	組合員数	12,418	12,265	12,614	11,539	10,531	10,309	10,138	10,041	10,080
	推定組織率	28.9	25.2	23.8	21.5	19.6	19.2	18.7	18.2	18.1
アメリカ	組合員数	16,996	16,740	16,360	16,258	15,776	15,472	15,685	15,359	15,670
	推定組織率	18.0	16.1	14.9	13.5	12.9	12.5	12.5	12.0	12.1
イギリス	組合員数	—	—	6,791	6,636	6,524	6,513	6,394	6,279	—
	推定組織率	—	—	32.6	29.7	29.3	28.8	29.0	28.4	—
ドイツ	組合員数	9,324	9,619	11,242	9,740	8,894	—	—	—	—
	推定組織率	41.9	37.7	36.0	29.0	—	—	—	—	—

出所：内閣統計局『労働統計要覧』（東京統計協会，2007年）238頁より．

②グローバル資本主義のもとでの資本と労働力の国際的移動

　完全雇用政策が放棄され，産業予備軍効果が再確立されても，景気循環そのものは消滅しない．したがって，好況から活況局面では，産業予備軍の枯渇から賃金上昇（利潤率低下）が起こり，そうして引き起こされた過剰資本は，最終局面では恐慌爆発によって解消される他はないのである．むろん，現代資本主義の下では極力，恐慌爆発は回避される傾向にある．であれば，ここにおいては景気循環過程を通しての過剰資本の整理解消ということも不十分なものにならざるをえないのである．したがって，現代資本主義は，この過剰資本の顕在化を何らかのかたちで回避するメカニズムをもたないかぎり，その最も重要な生産関係としての資本－賃労働関係を維持・再生産できなくなる恐れがある．

　グローバル資本主義が新しい時代を画しえた以上，この資本－賃労働関係の維持・再生産を可能にするメカニズムはすでにその効力を発揮している，と見るべきであろう．では，グローバル資本主義の下で，そうしたメカニズムとして機能しうるのはなにか？

　それは，グローバリゼーションを特徴付ける，資本および労働力の国際的な自由移動である．たとえば，資本がより安価な労働力を求めて生産拠点を海外に移すこと（表S-5）が可能になれば，そこから好況過程における労働需要増大から生まれる賃金上昇と利潤率の低下，したがってまた資本過剰の顕在化を回避することができる[21]．また他方で，海外から外国人労働者の流入がある（表S-6）とすれば，それによって労働市場に圧力を与え賃金上昇にある程度の歯止めをかけることが可能になる[22]．ここで重要なのは，このような国境を越えての資本と労働力の運動を通して，先進資本主義国では，賃金と利潤との分配関係をより安定的に調整できるようになるということで，その結果，ここに過剰資本の顕在化を回避できる可能性が与えられたということである．グローバル資本主義の下では，その景気循環過程によるだけではなく，資本および労働力の国際的自由移動によってもまた産業予備軍効果が生み出され，それがまた資本－賃労働関係の維持・再生産を支えるメカニズムとして機能できるようになったのである．

　つぎに移る前に，とりあえず簡単にまとめをやっておこう．先述したように，グローバル資本主義の下では，産業予備軍効果が再確立され，資本蓄積をベー

表 S-5　先進 5 カ国の対外直接投資の推移

(単位：百万ドル)

年	1980	1990	2000	2002	2003	2004	2005	2006
日本	2,385	48,024	31,558	32,281	28,800	30,951	45,781	50,266
アメリカ	19,230	30,982	142,626	134,946	129,352	257,967	-27,736	216,614
ドイツ	—	24,235	56,557	18,946	5,822	14,828	55,515	79,427
オランダ	5,918	13,660	75,635	32,019	44,034	26,571	142,925	22,692
イギリス	7,881	17,948	233,371	50,300	62,187	91,019	83,708	79,457

出所：UNCTAD Handbook of Statistics 2008, p. 347. より作成.

表 S-6　就労目的の入国が許可された外国人労働者（インフロー）

(単位：千人)

国	1995	1996	1997	1998	1999	2000	2001	2002	2003	2004	2005	2006
日本	81.5	78.5	93.9	101.9	108.0	129.9	142.0	145.1	155.8	158.9	125.4	81.4
ドイツ	—	—	—	—	—	101.1	—	—	90.2	79.8	—	—
フランス	9.7	9.1	9.3	8.4	11.1	13.5	18.4	17.3	16.6	16.7	19.0	20.7
イギリス	24.2	26.4	31.7	37.6	42.0	64.7	83.6	86.8	89.0	96.4	100.3	—
アメリカ（永住）	85.3	117.5	90.5	77.4	56.7	106.6	178.7	173.8	81.7	155.3	246.9	159.1
（一時滞在）	—	94.4	119.3	134.5	163.1	186.9	214.2	170.2	160.5	190.7	180.6	192.6

出所：『データブック　国際労働比較（2008 年版）』（編集・発行：独立行政法人労働政策研究・研修機構，2008 年 3 月），87 頁より.

スに景気循環過程で必然的に発生する失業によって賃金と利潤との分配割合（労働の側からは労働分配率）の調整が行われるだけではなかった（図 S-2）．それに加えて，資本および労働力の国際的移動を通してもこの調整が可能になり，こうした二重の作用によって資本－賃労働関係の維持・再生産メカニズムが機能するのである．

③グローバリゼーションの背景と新しい発展モデルの登場

さて，グローバル資本主義の重要な要素としての資本と労働力との国際間自由移動であるが，いわゆるグローバリゼーションの推進力として積極的・能動的な役割を果たしてきたのは資本の運動（表 S-7）であった．ここにおいては，まず国境を越えての資本の自由な移動，具体的には企業の海外進出もしくは海外直接投資がいかにして今日のグローバリゼーションを生み出し，またそのなかから新興諸国の新しい発展モデルが出てきたのかを明らかにしておこう．

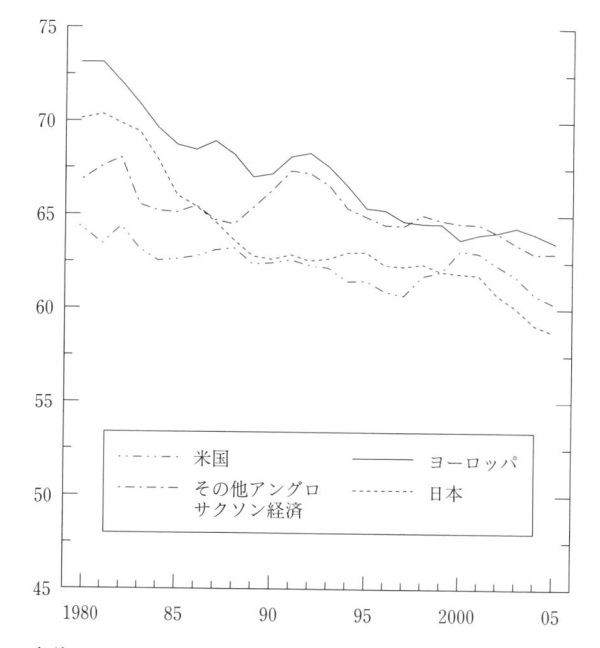

出所：International Monetary Fund *World Economic Outlook*, 2007, Apr., p. 168.

図 S-2　所得の労働分配率：対 GDP 比（国グループ別）

表 S-7　世界全体の海外直接投資と各地域別の対内直接投資の動向

(単位：百万ドル)

	1980	1990	2000	2002	2003	2004	2005	2006
世界全体	55,262	201,594	1,411,366	621,995	564,078	742,143	945,795	1,305,852
発展途上国	7,664	35,877	256,096	166,275	178,705	283,006	314,279	379,052
先進国	47,575	165,641	1,148,340	444,441	365,496	428,848	600,692	874,083
移行経済	24	75	6,930	11,279	19,877	30,289	30,824	52,717

出所：UNCTAD Handbook of Statistics 2008, p. 340 より作成．

　資本の海外進出あるいは海外直接投資の展開は，先進国間で行われる場合（先進国→先進国）と後進国に対して行われる場合（先進国→後進国）とに分けられる．いずれの場合も，これは国家主権が確立された諸外国に対して行われる投資であり，そうした直接投資を可能にする国際的関係・環境ができあがっていることがその条件である．

とりわけ先進国から後進国への直接投資の場合，資本を受け入れる側の事情が重要になる．先進国の海外直接投資の対象になる後進国の多くは，第2次世界大戦後に独立を勝ち取った旧植民地諸国であり，いわゆる外資支配に対する警戒心は非常に強い国々でもあったからである．

ただ，その環境は時代とともに変化していったのである．多くの場合，これらの国々が独立後に国民経済の確立を目的として展開した工業化（資本主義化）政策は，輸入代替工業化政策と呼ばれるものであったが，1960年代にはそれが行き詰まりを見せてきていた．やがて，これらの国々は，その開発戦略を輸出主導型の工業化政策（あるいは「輸出指向型経済開発政策」）へと転換して，外資を積極的に国内に誘致する姿勢に転じていく[23]．とりわけ，韓国，台湾，香港，シンガポール等の，いわゆるアジアNIEsによる輸出主導型の工業化政策の成功は，中国などの社会主義諸国をも含む多くの発展途上国に対して大きな刺激と示唆を与え，この輸出指向型の経済開発政策が発展途上国にとっての標準的な発展モデルとなっていくのである．

その象徴が，「輸出加工区」あるいは「経済特区」であった．途上国がこのようなかたちで独立国としての主権を守りつつ，外資を積極的に導入することで工業化（＝経済発展）を目指すということは，同時に自らが世界経済すなわちその時代の国際的分業関係のなかに積極的な位置づけを見いだしていくということを意味している．かくして，このような国際的分業関係の存在を前提した輸出主導型の工業化政策（あるいは「輸出指向型経済開発政策」）は，第2次世界大戦後に独立を勝ち取り資本主義国として自立していく新興諸国にとっての標準的な発展モデルとなったのである．これは，国民経済（＝社会的再生産過程）のあり方としては，近代的企業システムと資本－賃労働関係という資本主義経済の基本的構成要素を備える一方，〈大量生産・大量消費〉をその社会的再生産の基軸とした20世紀型大衆資本主義の特性をも備えるものではあるが，かつての〈原始的蓄積過程－産業革命－産業資本主義の確立〉という，いわば19世紀の標準的な発展モデルとは完全に異なった資本主義の発展モデルであると言いえよう．

もちろん，このような国際的分業関係の存在を前提した発展モデルが実現可能となる背景には，資本を輸出する側の事情の変化も介在していた．すなわち，

先進資本主義諸国における福祉国家体制の破綻であり，それに対応した資本と労働力の国際的自由移動を媒介とする産業予備軍効果の再確立と，それによる新しい資本－賃労働関係の維持・再生産メカニズムへの転換である．こうして，後進国および先進国それぞれの事情の変化が，1970年代以降に展開されるグローバリゼーションを生み出していったのである．

このような1970年代以降のグローバリゼーションは，文字通りグローバル資本主義の歴史段階を特徴付けるものであるが，それはたんなる資本輸出とか海外直接投資とかいうレヴェルにとどまらず，それが従来の先進資本主義諸国とは異なった発展モデルをもった新興資本主義諸国の勃興をともないつつ進展するところに大きな特徴をもっているのである．

5. グローバル資本主義の理論的特質

このようにして始まったグローバリゼーションは，各国経済（国民経済）と世界経済（国際分業関係）に大きな影響を与え，新しい歴史段階としてのグローバル資本主義の特質を生み出していく．ここでは，その特質を明らかにしていくために，まずはグローバリゼーションを資本主義経済のエンジンともいうべき資本の再生産運動の中にいったん位置づけし直すことで，その理論的な意味を確認しておこう．

(1) 調達，生産，販売の3領域における国際化

近代的企業システムとしての資本の運動は，つぎのようにあらわすことができた．

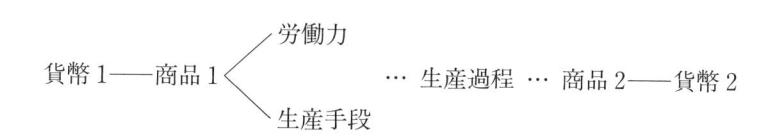

$$貨幣1 ── 商品1 \begin{cases} 労働力 \\ 生産手段 \end{cases} \cdots 生産過程 \cdots 商品2 ── 貨幣2$$

こうした資本の循環運動の中では，グローバリゼーションはまず①最初の流通過程「貨幣1－商品1」のプロセスにおいて「経営資源調達の国際化」とし

て捉えられ，ついで②その生産過程において「生産の国際化」として，そして③最終段階の流通過程「商品2－貨幣2」において「商品販売の国際化」として捉えられる．つまり，この調達，生産，販売という3つの資本の活動領域における国際化がグローバリゼーションの特質なのである．

このなかでも「生産の国際化」は，グローバル資本主義を新しい資本主義の段階として決定づけた基本的要因として最も重要である．それというのも，いわゆる海外直接投資，さらには企業内国際分業の構築を通して行われる，この生産の国際化こそが，先進資本主義諸国において新しい賃金と利潤の調整メカニズム，すなわち資本－賃労働関係の維持・再生産メカニズムを確立させる基本的要因となったものだからである．

こうした生産の国際化は，各個別資本にとってはいわゆる世界最適地「生産」を追求する形で展開される．そして，それを可能にする客観的技術的条件も，この段階ではコンピュータ制御生産によって，世界のどこに拠点を移しても本国と同じような生産を可能にする技術がすでに確立されているということも重要である．

他方，このような生産の国際化は，先進諸国から後進諸国への生産拠点（および技術）の移転をともなう．そのことによってまた，後進諸国の側では，グローバリゼーションという新しい国際分業関係の存在を前提にした，標準的な資本主義発展モデルを手に入れることとなったのである．そうしたなかから，工業化に成功して世界の生産拠点化したBRICs諸国（ブラジル，ロシア，インド，中国）に代表される新興工業諸国群が，新しい「世界の工場」として歴史の表舞台に登場してきたのであった．

この生産の国際化についで重要なのは，経営資源調達の国際化における労働力調達の国際化である．これは生産の国際化（生産拠点の海外移転）によって実現されるだけではなく，国内労働市場への外国人労働力の流入によっても実現される．この場合には，いわば国内にありながら生産拠点の海外移転を実現したのと同じ効果をもつわけである．あるいは，2000年代以降のアメリカにおいて顕著に見られた，IT産業による関連サービス業務の海外調達すなわちオフショアリングなども同様の効果をもつであろう．

また，販売の国際化は，各国の国民経済における市場のグローバル化（国内

補論　資本主義の歴史区分とグローバル資本主義の特質　　253

市場のグローバル化）をもたらす．それは，先進資本主義国同士の対外・対内直接投資によって先進諸国内の市場をグローバル化するだけでなく，グローバル資本の後進国への進出によってこれらの国々の国内市場をもグローバル化していく．とりわけ，グローバリゼーション下の新しい国際分業関係の存在を前提とした発展モデルによって工業化に成功した新興国の場合，その国内市場のグローバル化は不可避である．それというのも，こうした国々に進出したグローバル資本は，そこを生産拠点として世界に輸出を行うだけでなく，当該国の経済発展と市場の拡大（したがってまた中間層の拡大と大衆消費社会の到来）とともにその国内市場にも浸透していくことになるからである．

　P. Hirst と G. Thompson, は「今日の高度に国際化した経済が前代未聞というわけではなく」「1870 年から 1914 年までの間の国際経済体制の方がよりオープンで統合的であった」（Hirst, Paul, and Grahame Thompson〔1996〕p. 2）とし，「貿易と資本移動および貨幣制度の国際化の初期の段階として 1870 年－1914 年が存在した」ことを自らの「グローバリゼーション論」のひとつとして提示している（Cf. *ibid.*, p. 195）．
　また，ハロルド・ジェームスが，1870 年代以降の帝国主義の時代を「世界主義の時代」「第Ⅰ期グローバリゼーションの時代」として捉えるのもそうした観点からであろう（James, Harold〔2000〕第 1 章参照）．
　さらに言えば，一般的にも，そのようなコンテキストでグローバリゼーションが把握されているように思われる．たとえば 2002 年版『通商白書』は，今回のグローバリゼーションを 1820 年代から 1914 年までの第 1 次グローバリゼーションに次いで二度目のものであると捉えているが，これなどもそうした例である（経済産業省『通商白書』財務省印刷局，2002 年，5 頁参照）．現代のグローバリゼーションは，調達，生産，販売という 3 つの資本の活動領域における国際化，すなわちグローバル資本の存在を特質としており，このかぎりでそれ以前のものとは区別されなければならない．

　グローバル資本主義の特徴は，各国の国民経済がこのような調達，生産，販売という 3 つの活動領域の国際化を特質とするグローバル資本によって駆動されるというところにある．この場合，それぞれの国の社会的再生産は，このグローバル資本の再生産・蓄積運動がいかなるかたちで行われるかによって大きな影響を受けることになる．
　たとえば，グローバル資本が，ある国で労働力を調達しそこに生産拠点をお

いたとしても，それが供給する商品の販売は，その国の労働者の購買力（したがってまたその所得水準）にほとんど依存しないということがある．つまり，その生産過程を担う労働者がそこで供給される商品の消費者でない場合である．要するに，ここにおいては，社会的再生産過程のエンジンとも言うべき資本の発展と，それに駆動されるべき国民経済の発展とが一致しないということがありうるのだ．言い換えるなら，グローバル資本主義の時代には，グローバル資本がその活動の拠点をおく国の経済がいかに窮乏化しても，自らの発展を実現していくことが可能になっているのである．

(2) グローバリゼーションと国民国家

さて，このような資本の再生産運動における調達，生産，販売の3領域における国際化が進展するなかで，各国の法制度や経済政策，ビジネス慣行などを共通化（＝グローバル・スタンダード化）しようとする多国籍企業もしくはグローバル資本の要請はますます強いものとなって行く．そして，こうしたグローバル・スタンダードへの各国間の調整は，主として公的な政府間組織，たとえば世界貿易機関，国際通貨基金，世界銀行，あるいはG8やG20等々を通して行われるのであるが，そのことはあたかも資本の要請に応える国家機能そのものが国際化されてきているかのようにも見える．あるいは，そこに従来の国民国家を中心としない，新しい世界秩序が生まれつつある[24]かのように見えること，さらには世界の「市場と制度」に対する統治権をグローバル資本が掌握している[25]かに見えることも否定できないように思われる．

ただし，これらの国際的な政府間組織に関しては，たとえばアメリカの多国籍企業もしくはグローバル資本はアメリカ政府を通してそこに働きかけている，ということに注意しなければならない．また，それがいわゆるアメリカナイゼーションという表現を受け取るにしても，そのことが可能になったのは，それを受け入れるアメリカ以外の国々が自国の法制度や経済政策，慣行などをそうしたグローバル・スタンダードへと調整していく内的な必然性（基盤）をもっていたからこそでもあった．その内的必然性もしくは基盤とは，すでに明らかにしたように，先進資本主義国における資本－賃労働関係の再生産メカニズムに発生した重大な変化であり，さらには，そうした社会的再生産構造に起こっ

補論　資本主義の歴史区分とグローバル資本主義の特質　　　255

た変化を踏まえて，自らの国民経済を調整しつつ国家間競争に勝ち抜いていこうとする，国民国家本来のあり方なのである[26]．

　もっと言えば，資本の再生産運動における調達，生産，販売の3領域における国際化はすべてそれぞれの国民国家の領土内であらわれる[27]．資本が移動していった先の国ではその国内市場そのもののグローバル化が避けられないし，逆に資本が海外に移動していった国でも産業の空洞化，あるいは多国籍企業となったグローバル資本による国内への逆輸入，外国人労働力の流入などが引き起こす諸問題は，すべて国民国家の領土内で起こり，その政府が対処せざるをえないのである[28]．これらの問題に対しては，グローバル資本の要請に応える超国民国家的な「政府」が誕生しないかぎり，国民国家以外には対処不可能なことだと言うべきであろう．さらに言えば，現状では，いかなるグローバル資本といえども，それぞれ本拠をおく国民国家から完全に脱却した，いわゆる無国籍企業としては存在していないということである．少なくともその現状においては，グローバル資本はそれぞれ本拠をおく国民国家からの規制を受ける存在であると同時に，そこからまた様々な特典をも受け取っているのである．

　いったん，まとめておこう．資本は，より多くの利潤を獲得しようとする「資本の論理」にしたがってグローバルにその運動を展開する．その結果，国民経済の社会的再生産構造には大きな変化が生ずるが，国民国家はこのグローバリゼーション下の国家間競争に対処するために，自らの国民経済をグローバル・スタンダードへと調整していくのである．このとき当然に，つぎのような問題が出てくる．では，このような状況下で主権者たる国民と国家との関係はどうなるのか？

　これは，もはや経済学の守備範囲を超える問題であるが，たとえば戦争にさいして国家は他国に勝利するために国民を戦場へと駆り立てる存在であるということを想起すれば，自ずとその答えは見えてくるはずである[29]．

(3)　国際分業関係の変化と先進国における経済構造の変化

　さて，上述した資本の再生産運動における調達，生産，販売の3領域における国際化の進展とともに，国際分業関係にも大きな変化がもたらされる．BRICsに代表される新興工業国群が「世界の工場」として製造業の分野で台

頭する一方，先進資本主義諸国では経済のサービス化・情報化あるいはソフト化が進展し，いわゆるポスト工業社会への移行が加速化するのである．以下では，こうしたグローバル化した国際分業関係の下での先進資本主義国における資本－賃労働関係の維持・再生産メカニズムを見ていくことにしよう．

　グローバル資本主義の下での資本－賃労働関係の維持・再生産メカニズムの核心は，資本と労働力の国際的自由移動にあった．そのなかでも，とりわけ海外直接投資というかたちで行われる資本の移動[30]は，国際分業関係の変化を促し各国の産業構造を大きく変化させた最大の要因である．と同時に，そのことがまた労働力の国際的移動のあり方をも規定するようになるのである．

　先進資本主義国においては，主に大企業製造業によって行われた生産拠点の海外移転（＝多国籍企業化）やそこからの逆輸入の増大などによって，伝統的な製造業の比重はますます小さなものになっていく．国家戦略上および安全保障上の観点から国内に止められるような一部の先端技術産業は別にしても，大企業製造業の多くは，いわゆるグローバル経営の展開を通して多国籍化し，その生産拠点のかなりの部分を海外に移すか，あるいはアウトソーシングしてしまうからである．

　その一方で，すでに述べた調達，生産，販売の３領域での国際化を実現したグローバル資本は，多くの場合その中枢的管理機能もしくは本社機能を本国におくところから，国内では，そうしたグローバル資本に対する多様な知識サービス分野に大きな需要が生み出されるようになる．たとえば，国際的な金融・保険・証券業務，さらには会計，法務，コンサル，情報収集・処理関連などの高度な知識サービス分野への需要である．他方ではまた，先進資本主義国に特有の豊かな消費文化を支える多種多様なサービス分野における需要もまた拡大していく．

　このようなグローバル資本が本社をおく都市の条件は，法務，会計，証券，金融，マスコミ関連，IT関連，等々の高度に専門化したサービス企業とそのネットワーク，さらにはそこに多様な人材を送り込める流動性の高い労働市場が存在していることである．そうした条件を備えた都市をサッセンは「グローバル・シティ」と呼び詳細な分析を加えている．サッセンによれば，グローバル・シティは「一方では，金融やグローバルな経営管理能力を可能にするサービスが商品として生産され，そう

した商品の技術革新が行われ，さらにそれら商品が取引される最大の市場であり，他方では，多くの移民労働者が集中し，移民を含めた低賃金労働者の雇用によって成立する膨大なスウェット・ショップやその他のインフォーマル経済が発達する場」(Sassen, Saskia〔1996〕邦訳197頁)でもある．また次のように指摘している．「理由は様々であるが，大都市では，補助的サービスや消費者サービス一般やスウェット・ショップの成長が著しい．したがって，これらの部門でも立地上の集中化傾向が見られる．そして，以上のような展開の全般的な結果として，ニューヨークやロサンジェルスのような主要大都市で，低賃金の仕事が大量に生み出されているのである」(Sassen〔1988〕邦訳181頁)．なお，同じ著者による『グローバル・シティ』(Sassen〔2001〕)では，東京もまたそのようなグローバル・シティとして分析されている．

　このような経済のサービス化・ソフト化にともない，先進資本主義諸国の第3次産業はますます肥大化していく．ただし，同じサービス産業に分類されてはいても，上述したグローバル資本向けの知識サービス分野と他の大部分のサービス分野とはその必要とされる労働力の質はまったく異なっている．金融関連（金融・保険・証券）分野やIT（情報収集・処理）関連分野などから構成される前者の領域は，いわば先端的な高度知識労働型のサービス産業であり，逆に後者の領域には単純労働型のサービス産業がかなり存在する．両者の賃金格差もまた極端に大きいのである．

　このような先進資本主義国に特有の産業構造の下では，その雇用構造にも大きな特徴が生まれる．安定的な雇用を生み出す大企業製造業のかなりの部分がその生産拠点を海外に移した（あるいはアウトソーシングした）結果，国内に残された第1次産業を除く民間部門の雇用先は，高度な専門知識を必要とする一部の先端技術産業やグローバル資本の中枢管理部門，さらにはそれに対する知識サービスを担う金融関連分野やIT関連分野などの他には，内需関連の非貿易財を供給する製造業か海外シフトが困難な中小の製造業・非製造業，あるいは対内直接投資によって国内に生産拠点を置いた多国籍企業などである．これらの雇用先のうち，先端的な高度知識型のサービス産業や各産業部門における高度知識型の専門職の需要はかぎられており，逆に単純労働・低賃金労働によって担われる領域は拡大する傾向をもつ．この領域は，雇用のかなりの部分を単純労働が占めるサービス産業だけではなく，各産業部門のなかで単純労働

表 S-8　外国人労働力人口（ストック）

国	1995	1996	1997	1998	1999	2000	2001	2002	2003	2004
日本	338	368	408	423	447	516	568	614	655	695
ドイツ	3,654	3,558	3,575	3,501	3,545	3,546	3,615	3,633	3,703	3,701
フランス	1,573	1,605	1,570	1,587	1,594	1,578	1,618	1,624	1,527	1,541
イギリス	862	865	949	1,039	1,005	1,107	1,229	1,251	1,322	1,445
アメリカ	13,492	15,289	16,677	17,345	17,055	18,029	18,994	20,918	21,564	21,985
韓国	47	81	97	58	82	97	74	73	251	232
	(129)	(210)	(245)	(158)	(217)	(286)	(330)	(363)	(389)	(422)

出所：前掲『データブック　国際労働比較（2008年版）』88頁より．

によって担われる多種多様な職務をも包摂しており，これらは主として非正規労働力として雇用されることとなるのである[31]．

　こうした産業構造と雇用構造のなかで，先進資本主義国に特有の格差構造ができあがる．それは，グローバル産業（グローバル資本へ高度な知識サービスを提供する諸企業も含む）で巨額の報酬を受け取る経営幹部や，これらのグローバル産業に雇用され安定的な給与を保証された正規労働力が存在する一方で，ワーキング・プアと呼ばれるような単純労働に従事する低賃金の非正規労働力が大量に存在する格差社会として現出することとなる．こうして，グローバル資本主義の下では，かつて福祉国家体制の時代に高度大衆消費社会を支えた中間層は解体過程へと向かうのである．

(4)　労働力の国際移動と資本－賃労働関係の維持・再生産

　上述してきたようなグローバル資本主義の先進国に特有の産業構造，雇用構造，格差構造を生み出す大きな原動力になったのは，資本の国際的移動であった．では，これに対して労働力の国際的移動は，どのような作用と結果をもたらすのか？

　労働力の国際的移動は，グローバリゼーションの結果であると同時にまたグローバリゼーション現象そのものでもある（表S-8）．先進諸国間の労働力の移動もあるが，グローバリゼーションの結果としてもたらされた労働力の国際的移動は，圧倒的に先進諸国以外の国々から先進資本主義国への労働（それも単純労働）の流れである．

補論　資本主義の歴史区分とグローバル資本主義の特質　　259

(単位：千人)	
2005	2006
723	753
3,823	―
1,456	―
1,504	1,746
22,422	―
165	238
(346)	(425)

ただし注意すべきは，こうした先進諸国以外の国々のなかには，グローバリゼーション下の新しい国際分業関係を前提にした発展モデルを導入して新興工業国に成長した国もあれば，いまだ経済的離陸を果たせないままに途上国（さらには最貧国）レベルに止まる国も存在しているということである．グローバリゼーションの現段階の特徴は，ひとつにはすでに指摘した先進資本主義国内での中間層の解体と国民の経済格差の拡大であるが，国際的にはこの新興工業国と途上国との二極分化（経済格差の拡大）なのである．さらに言えば，新興国の内部においても，急速な経済成長にともなって発展するエリアといまだにこの経済発展の恩恵に浴しないエリアとの間の二極分化（格差問題）が発生している．

　労働力の国際移動は，こうした新興国，途上国に生じた二重の格差（＝二極分化）を背景として，いわばその圧力に押し出されるようにして国外へと排出されるのである．このような二重の格差を背景とする労働力の国際的移動は，①途上国から新興国への流れと，②途上国，新興国から先進国への流れとがあるが，ここでは後者②における労働力の国際的移動を取り上げる．それによって，先進資本主義経済において，この労働力の国際的移動が賃金と利潤との分配関係をいかに調整し資本－賃労働関係の維持・再生産を可能にするのか，そのメカニズムを確認することにしたい．

　すでに述べたように，先進資本主義国においては，グローバル資本主義に特有の産業構造，雇用構造，格差構造が生み出されていた．もちろん，このような経済構造のなかでも，好況過程において労働需要が増大して人手不足の状態になれば，賃金が上昇し資本過剰が顕在化する可能性は否定できない．

　さらに，このさいに確認しておくべきは，グローバル資本主義の発展がある一定段階に達すると，資本の国際的移動は，いわゆる対外直接投資というかたちで国外に資本が流出する運動だけではなくなるということである[32]．逆に，この先進国の国内市場に引きつけられた外国資本の流入すなわち対内直接投資もまた活発に行われるようになる．したがって，この場合，景気循環過程の好況局面において対内直接投資も同時に拡大するような状況下では，労働需要の拡大から賃金上昇がおこり，そこから資本過剰が顕在化する可能性も否定でき

ない．そこではまた，先に説明した例のジャスト・イン・タイム型雇用システムがいかに資本の側に都合良く作動したとしても，この種の資本過剰の顕在化は避けられないと言わなければならないであろう．しかしながら，グローバル資本主義の下では，労働力の国際的移動によってその可能性に一定の歯止めがかけられるのである[33]．では，それはいかなるメカニズムによってか？

　まず，上述したような産業構造の下で労働市場が十分に流動的であれば，労働者にとってより有利な職種に多数の求職者が集まり，好況過程では順次そうした職種から労働需要が満たされていくことになる．仮に，それが労働力の部門間移動を通して行われるとすれば，労働者が退出していった部門（職種）の労働需要は，より条件の悪い部門（職種）からの労働者の転職（労働の部門間移動）によって満たされる（そのさい労働者のつぎの世代が学歴などの条件を整えてより好条件の部門に職を得る可能性もある）．むろん，それでも満たしきれない場合には，海外からの高度専門労働者の流入（労働力の国際移動）によって供給される，と考えてもよい．

　このような労働力の部門間移動（上層部門へのシフト）が好況過程とりわけ労働需要が大きく増加する活況期において起こるとすれば，最終的には最も条件の悪い単純労働の領域（低賃金製造業種や低賃金サービス業種）が残されることになる．とはいえ，この領域にも大量の外国人労働力が流入するなら，活況期における一般的な賃金上昇をある程度は抑制することが可能になる．要するに，これは最下層の低賃金製造業種や低賃金サービス業種における需要を労働力の国際的移動を通して満たすことで，国内の相対的過剰人口を上層部門へと移動させつつ賃金上昇を抑制するということである．もちろん，そうしたメカニズムの作用が可能であれば，逆に不況過程やその末期（＝好況初期）の労働需要が大きく改善されない時期には，失業者がこれまで働いてきた職場よりも悪い条件の部門に職を求めざるをえなくなり，活況期とは逆の流れの労働力の部門間移動（下層部門へのシフト）が起こることになる．

　いずれにしても，労働力の国際的移動が行われるグローバル資本主義の下では，このような労働力の国際的移動と労働市場の作用とが，資本－賃労働関係の維持・再生産メカニズムとして機能できるということが理論的に確認されよう．

アメリカの労働市場の実情については，春田素夫・鈴木直次両氏がつぎのように論じている．「90年代初頭に職を失った人は再就職時に前職に比べ中位所得が10%低下し，15%の人が健康保険を失った．高給のホワイトカラーの仕事が消える一方，新たに生まれた雇用は，産業別ではサービス部門とくに賃金が平均より低いサービス業と小売業に，規模別では中小企業に集中していた．このため相対的には低賃金で，雇用の継続性が短く，付加価値の面でも劣る仕事のみが増えたように思われた．こうして『中産階級の没落』や『アメリカンドリームの崩壊』が強く人々に意識されるようになったのである」（春田・鈴木〔2005〕167頁）．もちろん，このような下層部門への労働力シフトは，アメリカにおける産業構造の変化にともなう長期的傾向と捉えることもできるが，本文中に示したような循環的な現象としてもありえたはずである．

また，自然失業率仮説のフリードマン流の考え方に立てば，失業による職探しはより良い仕事を得るための一種の「投資」だということになる．しかしながら，仮にそうだとしても，大多数の労働者にとって，それは景気循環の活況局面において上層部門への労働力シフトが見られる状況下でのみ適用可能なものでしかなかろう．しかも，そのチャンスは理論的には中期循環（周期7〜10年の景気循環）のなかで一度だけだという点も忘れるべきではない．

6. グローバル資本主義の現段階

以上，グローバル資本主義の下での先進国における資本－賃労働関係の維持・再生産メカニズムを論じてきたが，ここでは，この先進国がどこの国であるのかを特定しないままに理論を展開してきた．

とはいえ，その標準的なモデルが存在しないわけではない．資本主義確立期における周期性恐慌を含む景気循環を通しての資本－賃労働関係の維持・再生産メカニズムが論じられる場合，そこでの標準的な発展モデルとして想定されるのはイギリス資本主義であり，その後半期の帝国主義の時代にはドイツやアメリカの独占資本主義がこの想定のなかに加えられるであろう．現代資本主義の前半期すなわち福祉国家体制の時代において，その標準的な発展モデルとなるのは，〈大量生産－大量消費〉をその社会的再生産の基軸に据えたアメリカの独占資本主義である．

そして，その後半期・グローバル資本主義の時代においても，先進国におけ

るその標準的な発展モデルとなるのは，やはりアメリカの独占資本主義である．と言うのも，アメリカは，この時代も他の先進諸国に先んじてポスト工業社会へと移行し，グローバル資本主義に特有の経済構造を作り上げるなかで，いち早くその独自の資本－賃労働関係の維持・再生産メカニズムを構築しているからである．

　もちろん，このような資本主義の歴史区分においては，それぞれの時代の標準的な発展モデルに選ばれた国以外の地域や国々は議論の後景に斥けられ，表面に出てくることはほとんどない．仮に出てきても，たとえばそれは各時代の標準的発展モデルと同じような発展段階をたどり，それにキャッチ・アップしようとする新興資本主義諸国としてか，あるいはそれらの国々に植民地化されたか，またはされようとしている地域や国々としてか，このようなかたちでしか登場しない．たとえば，アメリカは確立期の資本主義の後半期や現代資本主義においては標準的発展モデルの地位にある先進国だが，生成期の資本主義すなわち西ヨーロッパ諸国の原始的蓄積期にはその植民地の地位にあったのである．

　むろん，資本主義そのものはつねにその世界性において捉えられなければならないとすれば，本書で示してきたような先進国を中核に据えた資本主義の歴史区分はあまりに簡易に過ぎるという誹りは免れないであろう．しかしながら，そうした批判を甘受した上で，とりあえずはこの方法によってグローバル資本主義の歴史的位置づけとその理論構造およびその特質を明らかにおきたいというのが本書の立場である．

　資本主義はその出自から世界性をもっている．ここでいう世界性とは，ウォーラーステインのいう意味での「近代世界システム」における世界性——すなわち，15～16世紀の資本主義成立の基盤となった「ヨーロッパ世界経済」における（中核と半辺境および辺境から構成される）世界性——と同じものである（Wallerstein〔1974〕参照）．こうした観点に立てば，中核としての標準的発展モデルだけでは資本主義の全体像は把握できない，ということは明らかである．そこで当然に，ここにおいては先進国型の発展モデルと新興国型の発展モデルを統合し，世界資本主義の中核と辺境，半辺境を包摂すると同時に，そのダイナミックな変遷過程を把握できるような，いわばグローバルな資本主義の発展段階区分をどのように確立していくのか，という問題が出てくることになる．ただし，この点は今後の課題としなけ

補論　資本主義の歴史区分とグローバル資本主義の特質　　263

ればならない．

(1) アメリカ資本主義の黄昏

ところで，この現代資本主義・後半期のアメリカにおける産業構造の大きな特徴は，すでに示したようにグローバル資本向けの高度な知識サービス分野——すなわち，国際的な金融・保険・証券業務，さらには会計，法務，コンサル，情報収集・処理関連などの高度な知識サービス分野——が著しい発展を遂げているところにあった．これは，現代のアメリカ経済が国際分業関係のなかに占める独自の位置づけやその機能に規定されたものと言えるが，しかしながら，株式を含む金融資産の急膨張ぶり（表 S-9）からも見えるように，現実のアメリカ資本主義においては，この金融（金融・保険・証券業務）関連分野だけが異常に肥大化してしまっているようにも見える．

確かに，このような金融関連分野は，資本主義的な社会的再生産過程を遂行するためにも不可欠であり，それぞれの時代に与えられた一定の経済的規模を保っている必要がある．であるとしても，現在のアメリカ資本主義におけるそれは，資本主義的な社会的再生産過程の実現のために必要とされる規模をはるかに超えて巨大化してしまっている，と言わざるをえない．

表 S-10 を見ると，金融業における付加価値の構成比は 1980 年から 2005 年までの間にかなりの増大を示すが，他方の雇用の構成比はあまり変わらないままに推移している（表 S-11 参照）．ここには労働生産性の上昇が見られるわ

表 S-9　アメリカにおける各種資産の対 GDP 比

(1990 年＝100)

年＼資産	企業	政府	住宅	金融資産 (除株式)	株式
1986 年	104	106	105	96	99
1996 年	95	97	100	113	216
2006 年	100	107	123	151	260

出所：2008 年版『通商白書』第 1 節「世界経済の現状」の「第 1-1-26 図　各種資産の対 GDP 比の推移」に関するエクセル形式のデータから作成（加工）．
資料：米商務省経済分析局，Fixed Assets and Consumer Durable Good, FRB, "Flow of Funds", US Department of Commerce, BEA "Gross Domestic Product".

けであるが，これは恐らく IT 革命の恩恵がこの部門において顕著に現れていること，さらにはデリバティブスに代表される新しい金融商品の開発（この意味でのイノベーション）が盛んに行われたことを示している．

さらに言えば，アメリカ経済における金融の肥大化傾向は，実はこれだけでは十分に把握できない．それというのも，アメリカには一般の企業がその固有の事業部門からではなく，金融サービスによって巨額の企業収益を生み出す構造ができているからである．たとえば，その象徴として，2001 年 12 月に経営破綻したエンロン社はもともとガスや電力を供給する普通のエネルギー会社だったが，その破綻直前には様々なデリバティブス商品を開発しては巨額の利益を上げる，ある種の金融会社に変身していたのである[34]．

こうした傾向は，1980 年代以降アメリカ主導で金融の自由化・国際化が進められ，やがてそれが金融グローリゼーションというかたちで展開されるようになってから顕著になったものである．とりわけ 1990 年代前半から「強いドル」（高金利）政策によって世界中から資金をかき集め，これをまた世界各地に投資することで収益をあげるという，アメリカという国があたかも金融業者のような振る舞いをするようになってから，この金融関連分野の肥大化は，一層異常なレベルへと近づいていった．

このような強いドル戦略（＝高金利政策）は，クリントン政権時代の 1995 年に財務長官に就任した R. ルービンの指揮の下で展開された[35]が，実はこの種の高金利政策は 1980 年代のレーガン大統領の時代に遡ることができる．レーガン時代，アメリカは双子の赤字（経常収支，財政の赤字）に苦しみ，クラウディングアウト問題が懸念されていた．当時の高金利政策は，世界中から資金をアメリカに引き寄せることでこの問題を解決しようとしたのである（その蹉跌の結末がプラザ合意であった）．クリントン時代の戦略は，こうしてアメリカに引き寄せた資金を国内に回すだけではなく，さらに積極的に世界に向けて投資を行うことによって，いわゆる金融立国（金融覇権国）の実現を目指したものと言える．金融グローバリゼーションと言われているものは，このアメリカの戦略の発現形態としての性格を色濃くもっている．

このことは，アメリカが過去の末期的段階を迎えた覇権国家と同じように自らの経済的覇権を金融によって維持しようとしていることのあらわれである，

表 S-10　産業別 GDP（実質）の構成

(単位：%)

	1950	1960	1970	1980	1990	1995	2000	2005
財生産産業								
農林水産業	6.78	3.78	2.6	2.2	1.7	1.3	1.0	1.0
鉱業	2.6	1.9	1.4	3.3	1.5	1.0	1.2	1.9
建設業	4.4	4.5	4.8	4.7	4.3	3.9	4.4	4.9
製造業	27.0	25.3	22.7	20.0	16.3	15.9	14.5	12.1
サービス生産産業								
運輸・通信・公益事業	10.2	9.7	9.3	9.4	9.3	9.7	9.7	9.2
卸売業	6.3	6.6	6.5	6.8	6.0	6.2	6.0	6.0
小売業	8.8	7.9	8.0	7.2	6.9	7.0	6.7	6.6
金融・保険・不動産業	11.4	14.1	14.6	15.9	18.0	18.7	19.7	20.4
サービス業	11.7	13.0	14.8	16.9	22.3	23.1	24.4	25.4
政　　府	10.8	13.2	15.2	13.8	13.9	13.4	12.3	12.6
合　　計	100	100	100	100	100	100	100	100
GDP 総額(10億ドル)	293.8	526.4	1038.5	2789.5	5803.1	7397.7	9817.0	12455.8

出所：U.S. Department of Commerce, Bureau of Economic Analysis, Industry Economic Accounts, Gross-Domestic-Product- (GDP) -by-Industry Data, 1998-2005 NAICS Data: Gross-Domestic-Product- (GDP) -by-Industry Data, 1998-2005 NAICS Data: GDPbyInd-VA_NAICS, 〈http://www.bea.gov/bea/dn2/gdpbyind_data.htm〉より作成．なお，四捨五入により合計は 100 にならない．

表 S-11　産業別雇用の構成

(単位：%)

	1950	1960	1970	1980	1990	1995	2000	2005
財生産産業								
農林水産業	4.8	3.3	1.8	1.7	1.2	1.1	1.1	1.0
鉱業	1.7	1.1	0.8	1.0	0.6	0.4	0.4	0.4
建設業	4.7	4.8	4.6	4.6	4.6	4.4	5.0	5.4
製造業	27.6	25.3	23.0	19.5	14.9	13.7	12.5	10.1
サービス生産産業								
運輸・通信・公益事業	9.0	7.5	6.7	6.2	5.8	5.9	6.3	5.7
卸売業	4.5	4.5	4.5	4.8	4.7	4.4	4.2	4.1
小売業	9.3	9.6	10.3	10.9	11.4	11.2	11.2	11.2
金融・保険・不動産業	3.6	4.2	4.6	5.4	5.9	5.6	5.7	5.9
サービス業	18.1	20.2	22.2	26.2	32.5	35.5	37.0	39.1
政　　府	16.8	19.5	21.4	19.6	18.5	17.7	16.6	17.1
合　　計	100	100	100	100	100	100	100	100
実数(全産業：100万人)	52.4	62.8	79.8	98.4	118.2	124.8	139.1	141.2

出所：表 S-8 と同じ資料から作成．

と理解することも可能である[36]．とすれば，2008年9月のリーマンショックによって極点に達した今次の世界金融危機・経済危機こそは，アメリカが金融覇権国家としての自らの地位を維持していこうとする試みがついに破綻したことを示す出来事であったとも言えよう．

そして，この危機のなかで進行したものは，グローバル資本主義における先進国の標準的発展モデルとしてのアメリカ資本主義が，その金融関連分野の経済的規模を急速に収縮させつつ，その本来の適当な規模へと暴力的に調整されていくプロセスにほかならなかったのである．

とはいえ，アメリカもまた現代資本主義の基本的性格からして，このサブプライム金融恐慌が実体経済そのものの崩壊（すなわち大恐慌）につながることだけは何としても阻止しようとするのである．それがいま膨大な財政赤字と超低金利となって現れている．その結果，過剰なドルがさらに過剰になり，この余剰資金を生き残ったアメリカの巨大金融機関がグローバルな規模で運用することで，また別のかたちでのバブルとその崩壊による世界的金融危機が再発する可能性も否定しきれない．金融こそは，没落しつつある覇権国家アメリカのもつ最も強力な経済的武器であり，これを失えばアメリカ資本主義の没落は決定的になるのである．

(2) 現代資本主義の特質：2つの発展モデルの並存

最後に，現代資本主義の状況をもう一度総括しておこう．すでに見てきたように，第2次世界大戦後，先進資本主義諸国は，福祉国家体制の時代を経て現在のグローバル資本主義の時代へと移行してきた．ここでいう先進資本主義諸国とは，19世紀のうちに〈原始的蓄積過程－産業革命－産業資本主義の確立〉という経済的離陸（産業化もしくは工業化）を成し遂げて現代にまで発展し続けている国々のことを指している．そうしたかたちで，最も早く経済的離陸を果たし産業資本主義を確立した国はイギリスであり，またこの19世紀型の発展モデルによって最後の経済的離陸を果たした国が日本であった．

日本の場合，本書で示した資本主義発展段階における確立期の資本主義－前半期（19世紀前半～70年代）に明治維新を迎え，この19世紀型モデルの最終走者として資本主義化（文明開化，富国強兵，殖産興業）の道をひた走ったの

である．そして，確立期の資本主義－後半期（19世紀末～20世紀戦間期）には，早くも西洋列強とともに帝国主義戦争の一翼を担うようになり，近隣諸国への侵略と植民地化を開始している．さらに，その帝国主義戦争に無惨なかたちで敗れたあと，現代資本主義の時代においても西洋諸国とともに戦後復興と高度経済成長を実現することで，その資本主義の歩みは先進国型の発展モデルによって説明できるものとなっているのである．

とはいえ，本書で提示してきた19世紀以前の生成期の資本主義から現代資本主義までの歴史的発展段階は，そうした先進資本主義国の側に立った歴史認識でしかないということに留意しなければならないであろう．実際には，それぞれの時代において，先進資本主義国の植民地にされている国や地域，あるいは従属国というかたちで中核に対する辺境，もしくは半辺境に位置づけられるような領域も，この資本主義の同一の歴史的時間のなかに存在しているのである．

また，現代資本主義の時代においては，とりわけその後半期に資本主義世界のいわば最前線に登場してきた新興諸国の存在を無視することはできないであろう．これら新興国の大半は，第2次世界大戦前までは植民地化されていたか，あるいは半植民地化されたなかで国内が混乱していて，完全な独立を達成していなかった国々である．これらの国々は，現代資本主義の後半期になって，グローバリゼーション下の国際分業関係を前提に，いわゆる輸出主導型の工業化政策（あるいは，輸出指向型経済開発政策）によって経済的「離陸」を果たし，いまや現代資本主義の重要な構成要素としての地位を確立しようとしている．

その最初の段階の新興諸国の代表が1980年代に飛躍を遂げるアジアNIEs諸国であり，そして1990年代以降，大きく台頭してきたのが中国やインドに代表される新興諸国である．これらの新興諸国型の発展モデルは，すでに述べたように，かつての〈原始的蓄積過程－産業革命－産業資本主義の確立〉という，いわば19世紀の標準的な発展モデルとは完全に異なった資本主義の発展モデルである．

現代のグローバル資本主義の時代の特徴のひとつは，こうした新興国型の発展モデルと先進国型の発展モデルとの併存にあるが，今後その全容を明らかにして行くであろうグローバル資本主義の時代において，現在の新興諸国が資本

主義の歴史の表舞台に立ち，その主役として振る舞うようになる可能性もまた大きい，と言わなければならないであろう．

注

1) 加茂川益郎氏〔2000〕は，国民国家を国民的利益，国民統合，国際関係という3つの構成契機からなるものとして捉えた上で，そこに「社会国家」「法治国家」「資本国家」「資本主義国家」等々の多面的な国家規定を立体的に組み込むことで，従来のマルクス学派（とりわけ宇野学派）において，いわゆる支配的資本のための経済政策の担い手として一面的に捉えられがちであった国家規定（＝「資本国家」）を相対化している．

2) ヨアヒム・ヒルシュによれば，「国家は，その議会主義的で民主的な形態においてすら『階級国家』である」．ただし，国家は互いに争いあう社会的諸勢力に対しては「相対的自立性」をもち，この意味で国家はある階級（たとえば資本家階級）の「『道具』ではない」とされる．ここにおいて，国家は「社会的妥協と均衡とを媒介する場」として捉えられているのである（Hirsch〔1996〕邦訳18-9頁）．

3) 『資本論』における特別剰余価値の発生と消滅のメカニズムのなかには，市場原理（＝市場圧力）をとおして，自己増殖する価値としての資本が再度資本として客観的に（市場という独自の社会的関係によって）規定し返される論理を読み込むことが可能である．この点については，飯田和人〔2006〕132頁参照．

4) 「公共財としての国家」という言葉はS．ストレンジから借りた．「公共財としての国の必要性は，端的に言って，発達した市場経済の出現とともに生まれた．……資本主義経済の誕生以前に領域国家の存在したところでは，国家が公共財としてよりは強者のために私的に奉仕するものとして存在していた」（Strange〔1996〕邦訳5-6頁）．なお「道具」としての国家については，上の注2におけるヒルシュの階級国家論に関連した見解が参照されるべきである．

5) ストレンジは，グローバリゼーション下での国家の退場を主張する．「いずれの国民的政府も市場経済の下で，あれこれの非国家的勢力に対して権威を喪失しつつある．このように言うことは，何人かが誤解したように，国家が消滅しつつあるとか，その管轄下で重要な決定を下すのをやめたとか言うことではない．国家はグローバル化の諸勢力の前に徐々に退場しつつあり，国際経済学を学ぶものはその理由と帰結を研究しなければならないというのが本書の議論なのである」（Strange〔1996〕「日本語版への序文」：vii）．

6) エルスナー『経済恐慌』（Oelssner, F.〔1953〕）から，19世紀の周期性恐慌を列挙すると，以下のようである．1825年恐慌，1836年恐慌，1847年恐慌，1857年恐慌，1866年恐慌，1873年恐慌，1882年恐慌，1891-93年恐慌．

7) 表S-1からも知れるように，この19世紀の標準的な発展モデルで離陸できた最後の資本主義経済は日本であった．なお，第2次世界大戦後に独立を勝ち取り，その後

補論　資本主義の歴史区分とグローバル資本主義の特質　　　269

　　自立した国民経済として工業化（資本主義化）を果たしていくこととなった旧植民地
　　諸国は，これとはまた別の発展パターンをとった．
 8) 確立期の資本主義の後半期は，パックス・ブリタニカとパックス・アメリカーナとい
　　う覇権リーダーシップと自由な世界経済システムの谷間の時期とも言える．キンドル
　　バーガー〔1975〕やコヘイン〔1984〕，さらにはギルピン等の提唱する「覇権安定論」
　　の立場から見れば，この間の世界システムが著しく安定性を欠いたのは，世界経済安
　　定化のための秩序と制度的な枠組みを提供し，それを維持していくリーダーシップの
　　備わった覇権国の不在に原因があった，ということになるであろう．なお，覇権安定
　　論についてはGilpin〔2000〕が総括的な議論を展開している．
 9) 恐慌，景気循環の変容については，さしあたり，大内力〔1970〕第4章，高山満
　　〔1978〕，伊藤誠〔1989〕VIII，長島誠一〔2006〕第2章，等々を参照．
10) この好況過程を含む景気循環過程に関する理論的展開として，富塚良三〔1962〕第
　　4章，井村喜代子〔1973〕第5章を参照．両者は，この領域に関する研究ではわが国
　　におけるひとつの到達点を示すものと言える．
11) 独占資本主義が停滞基調と発展基調という，相反する性格をもつことについては，
　　古川哲〔1970〕特に第2章，北原勇〔1977〕特に第3編を参照されたい．
12) ただし，福祉国家の後進国とも言うべきアメリカの場合は，失業保険・年金保険の
　　導入はニューディール以降である．表①は，西ヨーロッパ諸国の社会保障制度の導入
　　時期である．
13) 加藤榮一氏は，福祉国家の起源が帝国主義期にあると見て，この時代を第2次世界

表①　西ヨーロッパにおける社会保険制度の導入

国名	労働災害保険	健康保険	年金保険	失業保険
オーストリア	1887年	1888年	1927年	1920年
ベルギー	1971年(1903年)	1944年(1894年)	1924年(1900年)	1944年(1920年)
デンマーク	1916年(1898年)	1933年(1892年)	1921年(1891年)	(1907年)
フィンランド	1895年	1963年	1937年	(1917年)
フランス	1946年(1898年)	1930年(1998年)	1910年(1895年)	1967年(1905年)
ドイツ	1884年/1871年	1883年	1889年	1927年
アイルランド	1966年(1897年)	1911年	1960年/1908年	1911年
イタリア	1898年	1928年(1886年)	1919年(1898年)	1919年
オランダ	1901年	1929年	1913年	1949年(1916年)
ノルウェー	1894年	1909年	1936年	1938年(1906年)
スウェーデン	1916年(1901年)	1953年	1913年(1934年)	
スイス	1911年(1881年)	(1911年)	1946年	1976年(1924年)
イギリス	1946年(1897年)	1911年	1925年(1908年)	1911年

出所：Flora, Peter (ed.)〔1983-1987〕454頁の表「西ヨーロッパにおける社会保険制度の導入」
　　より（一部）．
注：( ) なし＝強制保険，( ) 付き：政府が補助金を支給する任意保険（あるいは労働者補償，資
　　産証明済み年金）．

大戦後の国家独占資本主義の時代までを含めて中期資本主義として一括りしている．この点については，さしあたり加藤〔1995；2004〕，ほかに，広い意味での福祉国家の確立をこの時代のなかに認めるものとして，林健久〔1992〕を参照．

14) 岡本英男氏は，ロバート・コヘインにならい，古典的帝国主義期（第2次世界大戦前）の福祉国家を「国家主義的福祉国家」（もしくは「ナショナリスト的福祉国家」）とし，第2次世界大戦後のそれを「国際主義的な福祉国家」と名付けている（岡本〔2003〕14-5頁参照）．

15) レギュラシオン理論の優れた解説として，山田鋭大〔1994〕がある．

16) このようなインフレーションのもつ機能について，大内力〔1970〕はこう言いあらわす．「インフレーションは，この賃金を実質的に低下させる役割を果たし，それだけ利潤率の回復を促す．全社会的に見ればインフレーションはこの点で，労働者階級に課税をし，それを資本に対して補助金として交付したのと同じ効果をもつわけである」（176頁）．

17) スタグフレーションは，フィリップス曲線を成立させるインフレ率と失業率との間のトレード・オフ関係が認められなくなるということを意味した．これは，ケインズ政策が有効性を失ったことの証明と見なされ，ここから「完全雇用」政策と福祉国家の実現を目指す「大きな政府」論も新古典派経済学の批判の矢面に立たされることとなったのである．なお，アメリカのSSA（社会的蓄積構造：the social structure of accumulation）学派は，このインフレ下の高失業率を産業予備軍効果の減退ないしは変容を基礎に説明している（Bowles〔1982〕およびBowles, Gordon & Weisskopf〔1984〕参照）．

18) 金・ドル交換を停止したことを契機にして，アメリカがその金融覇権の強化を図ろうとしたということについては，井村喜代子氏がこう指摘している．「もはや金準備・国際収支問題にとらわれないで，成長政策のために通貨膨張・信用膨張や財政赤字拡大を続けることを可能にするとともに，他方ではこれまで『金・ドル交換』のために仕方なく実施してきた対外投融資規制を撤廃して（1974年1月），国内外の金融自由化を推進し，アメリカ金融市場の活性化・アメリカの金融覇権の強化を図ろうとしたのである」（井村〔2005〕13頁）．

19) 労働組合運動の弱体化は，ストレンジの指摘しているようにサービス産業やIT産業などで活動する知識労働者が労働組合のような存在を成り立たせ難くなったということも考えられる．彼女はこう指摘している．「新しい知識労働者の場合，技能の多様化によって労働に対する標準的価格の設定が不可能であるため，集団交渉のための組織化は不可能である」（Strange〔1996〕邦訳93頁）．

20) J.リフキンは，ヨーロッパ諸国におけるパートタイム労働などの臨時労働者の全勤労者のなかに占める比率（おおむね20〜30％，イギリスでは40％近く）をあげた上で，つぎのように論じている．「21世紀の新たな国際的ハイテク経済においてジャスト・イン・タイム型雇用がさらにその役割を大きく広げていくことは，これらの数字からもうかがえる．世界的な競争の中で機動性と柔軟性をなんとか確保しようとす

る多国籍企業は，市場の変動に機敏に対応できるよう常勤労働者から臨時労働者への移行をいっそう推し進めている．その結果，全世界で，生産性の向上と雇用不安の増大が同時進行することになるだろう」(Rifkin〔1966〕邦訳 227-8 頁).

21) 柴垣和夫氏は，資本の国際的移動によって「先進国資本にとっての労働力の供給制約と賃金上昇圧力の大幅緩和」が実現されたと捉えている（柴垣〔2008〕8 頁). 資本の国際的移動すなわち海外直接投資が資本過剰の顕在化を先送りする効果をもつことは確かである．しかし，この場合，資本の国際的移動が「労働力の直接の国際移動に代替」するものと捉えられているために，他方の労働力の国際的移動によってもまた「労働力の供給制約と賃金上昇圧力」が緩和されることは考慮外におかれている．むしろ，資本の流出による先進国労働市場への反作用として，非熟練労働力需要の緩和や労働分配率の低下などに着目して，これを「労働市場の間接的グローバル化」と把握している．

22) サッセンは，資本だけではなく労働力の国際的移動を重視する．彼女は，現代資本主義の下での労働力の国際的移動，つまり「第2次世界大戦後の西洋諸国の労働力輸入」および「最近二，三十年の合衆国移民政策とその実施過程」における「労働力輸入が，高度工業国における資本の労働に対する支配の再生産と，より直接に結びついている」ことを指摘し，それが「労働費用と労働力再生産費を低下させることによって，特定の企業の，より一般的には全体としての資本の，利潤の水準を引き上げる」効果をもつことを明らかにしている (Sassen〔1988〕第 2 章参照).

23) この輸入代替工業化政策から輸出主導型工業化政策への開発戦略の転換と「外資主導による開発途上国の工業化」を柴垣和夫氏は「産業グローバリゼーション」の前史として位置づけている（柴垣〔2008〕6 頁).

24) Cox は，生産の国際化の進展に対応して各国の政策や慣行がグローバル・スタンダードに調整され，そうしたなかで「国家の国際化」が生ずると主張している．(Cf. Cox〔1987〕pp. 244-65)

25) 福田泰雄氏は，多国籍巨大企業によって世界の「市場と制度」の統治（ガバナンス）が握られている実態を明らかにし，地域コミュニティの再建を通してその統治権を奪還するビジョンを提示している（福田〔2010〕参照).

26) ヨアヒム・ヒルシュ (Hirsch〔1996〕) は，福祉国家体制の崩壊後のグローバリゼーションの進展の中で国民国家が民主主義を空洞化しつつ，彼の言う「競争的国民国家」へと変質していったことを解明している．

27) サッセンによれば，グローバリゼーションが国民国家の土台を掘り崩し，その重要性を喪失させるようなことはなく，むしろ多くの場合，国民国家の枠組みのなかでグローバリゼーションが展開するとされる．「グローバルな過程の大部分は国家領土の中で実現されるのであり，大部分は国家の制度的な機関を通じて，企業に対する立法的行為から実現されるのであり，それゆえに必ずしも『海外』としては計上されないのである」(Sassen〔1996〕邦訳 12 頁).

28) Gordon は，「1970 年代初頭以降，国家の役割がいっそう重要になってきている」

ことを指摘しつつ,「政府が,為替相場の変動や短期資本の運動を調整するために金融政策や利子率の積極的管理にますます関与するようになった」こと,そして現代においては「いつ起こるとも知れぬ危機の暴走性に改革を施し解決していくために,多国籍企業も含めて誰もが整備された国家介入に依存するようになってきている」ことを強調している.(Cf. Gordon〔1988〕pp. 342-3)

29) 柄谷行人氏は,国家の自立性は戦争において示されるとして,こう論じている.「戦争は……長期的な展望と,戦略によって用意されたものです.そして,それを実行するのが常備軍と官僚機構です.これらが西ヨーロッパでは絶対主義国家によって形成されたものだということは,すでに述べました.では,それは,絶対主義王権が市民革命によって廃棄されたあと,どうなったでしょうか.軍と官僚機構は廃棄されるどころか,質量ともに増大したのです.そして,それは別に国民のためではありません.国民主権の下であろうと,国家はそれ自身のために存続しようとするのです」(柄谷〔2006〕119頁).

30) 資本の海外進出あるいは海外直接投資の展開は,アメリカにおいては,すでに1960年代から多国籍企業の海外進出というかたちで始まっていた.これが加速度的に増大するのは,1960年代の後半から1980年にかけてである.その後,アメリカからの海外直接投資の伸び率は鈍化し,対照的に外国からの直接投資(対内直接投資)が急速に伸びている.

表② アメリカ合衆国の対外資産・負債・純資産 (単位:10億ドル)

	1978	1979	1980	1981	1982	1983	1984	1985	1986	1987
対外純資産	76.1	94.5	106.3	141.1	136.9	89.4	3.5	(110.7)	(269.2)	(368.3)
資産	447.7	510.5	607.0	719.8	824.9	873.8	896.0	950.3	1,071.4	1,166.0
公的資産	72.8	77.3	90.4	98.7	108.5	113.2	119.7	130.8	138.0	133.0
対外直接投資	162.7	187.8	215.4	228.3	207.7	207.2	211.5	230.2	259.6	308.0
その他の民間資産	212.2	245.4	301.2	392.8	508.7	553.4	564.8	589.3	673.8	725.0
負債	371.7	416.1	500.8	578.7	688.0	784.4	892.5	1,060.9	1,340.6	1,536.0
公的負債	173.0	159.9	176.0	180.4	189.1	194.5	199.3	202.6	241.7	283.1
外国直接投資	42.5	54.5	83.0	108.7	124.7	137.0	164.6	184.6	220.4	261.9
その他の負債	156.2	201.7	241.8	289.6	374.2	452.9	528.6	673.7	878.5	991.0

出所:サスキア・サッセン『労働と資本の国際移動-世界都市と移民労働者』岩波書店,245頁.
資料:Survey of Current Business, June 1988, Vol. 68, No. 6.

31) 鶴田満彦氏は,「直接的生産過程及び事務労働における情報化・コンピュータ化は,従来の労働のあり方を一変させ」「労働の一体化を解体させた」と指摘している(鶴田〔2005〕57頁).企業内部に一部の高度知識労働を含む統合的な労働に従事する正規雇用労働者と,分散的な単純労働に従事する非正規雇用労働者とが並存する状況を作り出したのは,まさにこうした基盤があったからであろう.また,そこで指摘され

ているように「このような労働の多様化・分散化・個別化は，雇用形態の多様化をもつくりだし」，それがまた「労働運動・労働組合運動の弱体化をもたらしている」ことも確かである．

32) 表 S-7 によれば，先進国における対内直接投資は 2003 年までは低下していたが，2004 年からは再び増加傾向に転じていることが見てとれる．また，アメリカについては，注 30 の表②「アメリカ合衆国の対外資産・負債・純資産」を見れば，アメリカにおける対内直接投資は早くも 1981 年には増加に転じ，その伸び率は年率 30％ 以上を保っていることが分かる．

33) 1990 年代の初頭に，ドイツ，アメリカ，日本において外国人労働力の流入を促進する画期的な法律の改訂が行われている（1990 年アメリカ・改訂移民法制定，1990 年日本・入管法改訂，1991 年ドイツ・外国人法改訂）．こうした事態を受けて，佐藤忍氏は，「1990 年代初頭は国際労働市場の発展史における重大な画期をなすかも知れない」（佐藤〔2006〕157 頁）と指摘している．

34) この間の事情は，大島春行・矢島敦視〔2002〕に詳しい．あるいは，アラン・ケネディは，名経営者と謳われたジャック・ウェルチが GE の伝統的な事業部門を搾取するかたちで金融サービスを収益源にするための「経営イノベーション」を断行して，GE を「金融サービス帝国」に作り変えたことを詳細に論じている（Kennedy〔2000〕第 4 章）．

35) この「強いドル政策」の指揮をとった R. ルービンは，財務長官になる前は世界有数の金融機関であるゴールドマン・サックスの経営者であり，いわゆるワシントン・コンセンサスの体現者あるいはウォール街の利益代表者のような人物であった．このあたりの事情については，森圭子〔2001〕が詳しく論じている．

36) キンドルバーガーによれば，歴史的に経済覇権国の最終段階では金融に向かう傾向が強くでてくるが，「この現象は新しいものではない．イタリア諸都市国家は貿易と工業から金融へと移行した（フィレンツェとジェノヴァは恐らくヴェネツィアよりもその度合いが大きかった）．ブルージュ，アントワルペン，アムステルダム，ロンドンも同様であった」とされる（Kindleberger〔1996〕邦訳（下）99 頁）．

参考文献

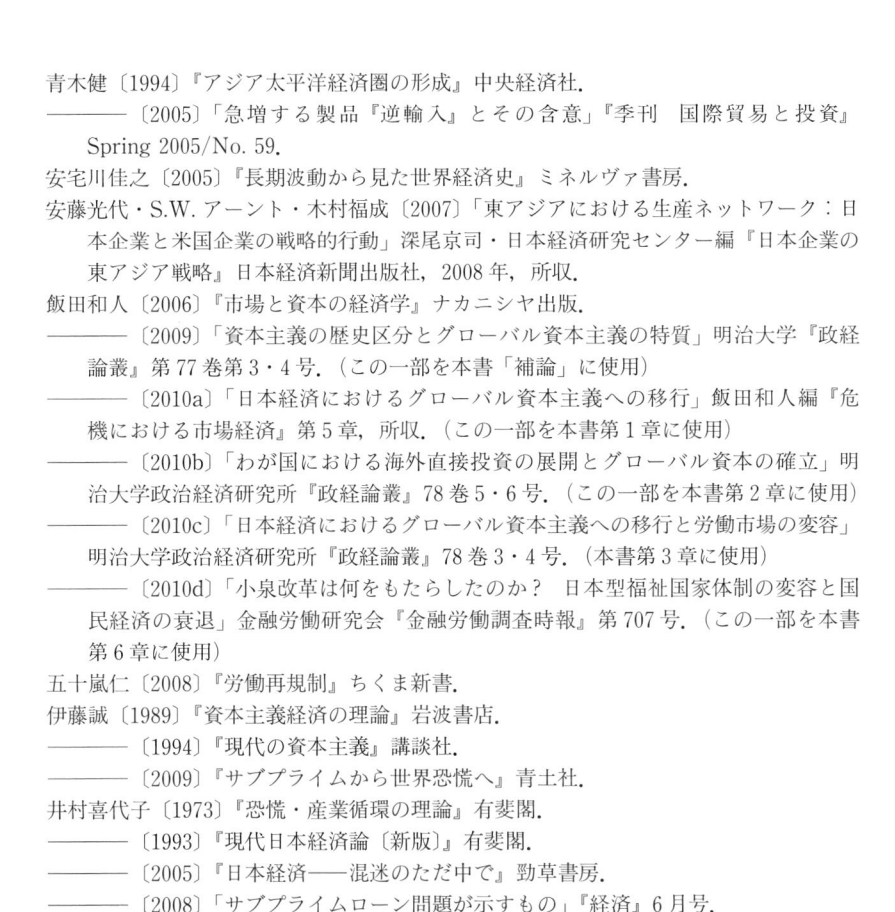

青木健〔1994〕『アジア太平洋経済圏の形成』中央経済社．
───〔2005〕「急増する製品『逆輸入』とその含意」『季刊 国際貿易と投資』Spring 2005/No. 59.
安宅川佳之〔2005〕『長期波動から見た世界経済史』ミネルヴァ書房．
安藤光代・S.W. アーント・木村福成〔2007〕「東アジアにおける生産ネットワーク：日本企業と米国企業の戦略的行動」深尾京司・日本経済研究センター編『日本企業の東アジア戦略』日本経済新聞出版社，2008年，所収．
飯田和人〔2006〕『市場と資本の経済学』ナカニシヤ出版．
───〔2009〕「資本主義の歴史区分とグローバル資本主義の特質」明治大学『政経論叢』第77巻第3・4号．(この一部を本書「補論」に使用)
───〔2010a〕「日本経済におけるグローバル資本主義への移行」飯田和人編『危機における市場経済』第5章，所収．(この一部を本書第1章に使用)
───〔2010b〕「わが国における海外直接投資の展開とグローバル資本の確立」明治大学政治経済研究所『政経論叢』78巻5・6号．(この一部を本書第2章に使用)
───〔2010c〕「日本経済におけるグローバル資本主義への移行と労働市場の変容」明治大学政治経済研究所『政経論叢』78巻3・4号．(本書第3章に使用)
───〔2010d〕「小泉改革は何をもたらしたのか？ 日本型福祉国家体制の変容と国民経済の衰退」金融労働研究会『金融労働調査時報』第707号．(この一部を本書第6章に使用)
五十嵐仁〔2008〕『労働再規制』ちくま新書．
伊藤誠〔1989〕『資本主義経済の理論』岩波書店．
───〔1994〕『現代の資本主義』講談社．
───〔2009〕『サブプライムから世界恐慌へ』青土社．
井村喜代子〔1973〕『恐慌・産業循環の理論』有斐閣．
───〔1993〕『現代日本経済論〔新版〕』有斐閣．
───〔2005〕『日本経済──混迷のただ中で』勁草書房．
───〔2008〕「サブプライムローン問題が示すもの」『経済』6月号．
内橋克人とグループ2001〔1995〕『規制緩和という悪夢』文春文庫．
宇野弘蔵〔1962〕『経済学方法論』東京大学出版会．
浦坂純子・野田知彦〔2001〕「企業統治と雇用調整──企業パネルデータに基づく実証分析」『日本労働研究雑誌』488号．
大内力〔1970〕『国家独占資本主義』東京大学出版会．
大島春行・矢島敦視〔2002〕『アメリカがおかしくなっている エンロンとワールドコ

ム破綻の衝撃』NHK出版．
岡崎哲二〔2002〕『経済史の教訓』ダイヤモンド社．
岡崎哲二・奥野正寛〔1993〕「現代日本の経済システムとその歴史的源流」岡崎哲二・奥野正寛編『現代日本経済システムの源流』日本経済新聞社，所収．
岡本英男〔2003〕「国民国家システムの再編」SGCIME編『II国民国家システムの再編』（マルクス経済学の現代的課題・第1集「グローバル資本主義」）第1巻，御茶の水書房，所収．
――――〔2007〕『福祉国家の可能性』東京大学出版会．
奥村宏〔1986〕『日本の株式会社』東洋経済新報社．
尾髙煌之助〔1993〕「日本的労使関係」岡崎哲二・奥野正寛編『現代日本経済システムの源流』日本経済新聞社，所収．
加藤榮一〔1989〕「現代資本主義の歴史的位置」『社会科学研究』第41巻第1号．
――――〔1995〕「福祉国家と資本主義」工藤章編『20世紀資本主義II　覇権の変容と福祉国家』東京大学出版会，所収．
――――〔2004〕「20世紀福祉国家の形成と解体」加藤榮一・馬場宏二・三和良一『資本主義はどこに行くのか――20世紀資本主義の終焉』東京大学出版会，所収．
加茂川益郎〔2000〕『国民国家と資本主義』白桃書房．
柄谷行人〔2006〕『世界共和国へ――資本＝ネーション＝国家を超えて』岩波書店．
河村哲二〔2003〕「戦後パックス・アメリカーナの転換と『グローバル資本主義』」SGCIME編『I世界経済の構造と動態』（マルクス経済学の現代的課題・第1集「グローバル資本主義」）第1巻，御茶の水書房，所収．
――――〔2009〕「アメリカ発のグローバル金融危機――グローバル資本主義の不安定性とアメリカ」経済理論学会編『季刊　経済理論』第46巻第1号．
北原勇〔1977〕『独占資本主義の理論』有斐閣．
木下武男〔2004〕「日本型雇用・年功賃金の解体過程」後藤道夫編『日本の時代史28　岐路に立つ日本』吉川弘文館，所収．
――――〔2007〕『格差社会にいどむユニオン』花伝社．
――――〔2009〕「雇用をめぐる規制と規制緩和の対抗軸」経済理論学会編『季刊　経済理論』第46巻第2号，所収．
草野厚〔2002〕「日本の市場開放と外圧」並河信乃編著『検証　行政改革』イマジン出版，所収．
熊沢誠〔1997〕『能力主義と企業社会』岩波新書．
――――〔2007〕『格差社会ニッポンで働くということ』岩波書店．
栗林世〔2004〕「アジア通貨危機と経済発展への影響」シンポジウム研究叢書編集委員会『グローバリゼーションと東アジア』中央大学出版会，所収．
栗山和郎〔2002〕「地方分権」並河信乃編著『検証　行政改革』イマジン出版，所収．
小池和男〔1994〕『日本の雇用システム　その普遍性と強み』東洋経済新報社．
小島清〔1984〕『日本の海外直接投資』文眞堂．
後藤道夫〔2004〕「岐路に立つ日本」同編『日本の時代史28　岐路に立つ日本』吉川弘文館，所収．

佐藤忍〔2006〕『グローバル化で変わる国際労働市場』明石書店．
柴垣和夫〔2006〕「グローバル資本主義とは何か──その歴史的位相」経済理論学会編『季刊　経済理論』第43巻第2号，所収．
─────〔2008〕「グローバル資本主義の本質とその歴史的位相」『政経研究』政治経済研究所，第90号．
シュムペーター〔1998〕清成忠男編訳『企業家とは何か』東洋経済新報社．
城繁幸〔2005〕『内側から見た富士通』光文社．
新・日本的経営システム等研究プロジェクト編〔1995〕『新時代の「日本的経営」−挑戦すべき方向とその具体策−』日本経営者連盟．
曽根泰教「行革と政治過程」〔2002〕並河信乃編著『検証　行政改革』イマジン出版，所収．
高田太久吉〔2008〕「資産証券化の膨張と金融市場──サブプライム問題の本質」『経済』4月号．
高橋伸夫〔2004〕『虚妄の成果主義』日経BP社．
高山満〔1978〕「独占資本主義の動態──恐慌の形態変化と景気循環の変容」高須賀義博編『独占資本主義論の展望』東洋経済新報社，第四章，所収．
丹野清人〔2007〕『越境する雇用システムと外国人労働者』東京大学出版会．
─────〔2005〕「企業社会と外国人労働市場の共進化」梶田孝道・丹野清人・樋口直人『顔の見えない定住化　日系ブラジル人と国家・市場・移民ネットワーク』名古屋大学出版会，所収．
鶴田満彦編〔2005〕『現代経済システム論』日本経済評論社．
─────〔2009〕『グローバル資本主義と日本経済』桜井書店．
手島茂樹・小川直子〔2001〕「最近の東アジア向け海外直接投資動向とその比較──日本と世界の比較」二松学舎大学『国際政経』11月．
富塚良三〔1962〕『恐慌論研究』未来社．
長島誠一〔2006〕『現代の景気循環』桜井書店．
永田瞬〔2009〕「非正規労働と労働者保護──均等待遇政策の検討」経済理論学会編『季刊　経済理論』第46巻第2号，所収．
中谷巌〔2008〕『資本主義はなぜ自壊したのか』集英社．
中村二朗・内藤久裕・神林龍・川口大司・町北朋洋〔2009〕『日本の外国人労働力　経済学からの検証』日本経済新聞社．
並河信乃編著〔2002〕『検証　行政改革−行革の過去・現在・未来−』イマジン出版．
日経連・国際特別委員会〔2000〕報告書『経営のグローバル化に対応した日本型人事システムの革新──ホワイトカラーの人事システムをめぐって』．
日本経済団体連合会編〔2008〕『経営労働政策委員会報告──日本型雇用システムの新展開と課題』日本経団連出版．
野口悠紀雄〔1995〕『1940年体制　さらば戦時体制』東洋経済新報社．
─────〔2008〕『世界経済危機　日本の罪と罰』ダイヤモンド社．
野村進〔2006〕『千年，働いてきました──老舗企業大国日本』角川書店．
馬場宏二〔1995〕「世界体制と段階論」工藤章編『20世紀資本主義II　覇権の変容と福

祉国家』東京大学出版会, 所収.
――――〔1997〕『新資本主義論 視角転換の経済学』名古屋大学出版会.
――――〔2004〕「資本主義の来し方行く末――過剰富裕化の進展と極限」加藤榮一・馬場宏二・三和良一編『資本主義はどこに行くのか――20世紀資本主義の終焉』東京大学出版会, 所収.
濱口桂一郎〔2009〕『新しい労働社会――雇用システムの再構築へ』岩波新書.
林健久〔1992〕『福祉国家の財政学』有斐閣.
春田素夫・鈴木直次〔2005〕『アメリカの経済(第2版)』岩波書店.
樋口美雄〔2001〕『雇用と失業の経済学』日本経済新聞社.
深尾光洋・森田泰子〔1997〕『企業ガバナンス構造の国際比較』日本経済新聞社.
福田泰雄〔2010〕『コーポレート・グローバリゼーションと地域主権』桜井書店.
藤原貞雄〔1989〕「日本海外直接投資の課題と方法」『山口経済学雑誌』第38巻第3・4号.
古川哲〔1970〕『危機における資本主義の構造と産業循環』有斐閣.
牧野富夫〔2007〕「『労働ビッグバン』と貧困化」同編『労働ビッグバン』新日本出版社.
水野和夫〔2007〕『人々はなぜグローバル経済の本質を見誤るのか』日本経済新聞社.
宮本光晴〔2004〕『企業システムの経済学』新世社.
森圭子〔2001〕『米国通貨戦略の破綻』東洋経済新報社.
森岡孝二〔2009〕『貧困化するホワイトカラー』ちくま新書.
柳沢治〔2008〕『戦前・戦時日本の経済思想とナチズム』岩波書店.
山田鋭夫〔1994〕『レギュラシオンで読む 20世紀資本主義』有斐閣.
依光正哲〔2003〕『国際化する日本の労働市場』東洋経済新報社.
労働政策研究・研修機構〔2008〕『データブック 国際労働比較』独立行政法人労働政策研究・研修機構.
渡辺治〔1999〕『企業社会・日本はどこへ行くのか』教育資料出版会.

Abegglen, James C. 〔1958〕 *The Japanese Factory: Aspects of Its Social Organization*, Free Press, Glencoe, 1958.(占部郁美監訳『日本の経営』ダイヤモンド社, 1958年)
Barle Jr, A. and G. Means〔1932〕*The Modern Corporation and Private Property*, Macmillan, 1932.(北島忠雄訳『近代株式会社と私有財産』文雅堂書店, 1958年)
Bowles, S.〔1982〕"The Post-Keynesian Capital-Labor," *Social Review*, No. 65, September-October.
Bowles, S., D.M. Gordon and T.E. Weisskopf〔1984〕*Beyond the Wasteland: A Democratic Alternative to Economic Decline*, London, Verso.(都留康・磯谷明徳訳『アメリカ衰退の経済学 スタグフレーションの解剖と克服』東洋経済新報社, 1986年)
Chandler Jr, A.D.〔1977〕*The Visible Hand: The Managerial Revolution in American Business*, The Belknap Press of Harvard University Press, Cambridge, Mass.(鳥羽欽一郎・小林袈裟治訳『経営者の時代』上下, 東洋経済新報社, 1979年)

Cox, Robert W. [1987] *Production, Power, and World Order*, Columbia University Press.

Flora, Peter (ed.) [1983-1987] *State, Economy, and Society in Western Europe, 1815-1975*, Frankfurt, Campus Verlag. (竹岡敬温監訳『ヨーロッパ歴史統計 国家・経済・社会 1815-1975』原書房, 1985 年)

Gilpin, R. [2000] *The Challenge of Global Capitalism: The World Economy in the 21st Century*, Princeton University Press, Princeton. (古城佳子訳『グローバル資本主義：危機か繁栄か』東洋経済新報社, 2001 年)

Gordon, David M., Richard Edwards and Michael Reich [1984] *Segmented Work, Divided Workers: the Historical Transformation of Labor in the United States*, Cambridge, New York, Cambridge University Press. (河村哲二・伊藤誠訳『アメリカ資本主義と労働：蓄積の社会的構造』東洋経済新報社, 1990 年)

Gordon, David M. [1988] "The Global Economy: New Edifice or Crumbling Foundation," *New Left Review*, No. 168, in Jessop Bob (ed.) [2001]: 303-43.

Hirst, Paul and Grahame Thompson [1996] *Globalization in Question*, Cambridge, Polity Press.

Hirsch, Joachim [1996] *Der Nationale Wettbewerbsstaat: Staat, Demokratie und Politik im Globalen Kapitalismus*, Berlin, Edition ID-Archiv. (木原滋哉・中村健吾共訳『国民的競争国家―グローバル時代のオルタナティブ』ミネルヴァ書房, 1998 年)

James, Harold [2000] *The End of Globalization: Lessons from the Great Depression*, Harvard University Press. (高遠裕子訳『グローバリゼーションの終焉』日本経済新聞社, 2002 年)

James P. Hawley and Andrew T. Williams [2000] *The Rise of Fiduciary Capitalism: How Institutional Investors Can Make Corporate America, More Democratic*, University Pennsylvania Press.

Jessop Bob (ed.) [2001] *Developments and Extensions*, (*Regulation Theory and the Crisis of Capitalism*; Vol. 5), Cheltenham, UK; Northampton, MA, USA, Elgar.

Kennedy, Allan A. [2000] *The End of Shareholder Value: Corporations at the Crossroads*, Cambridge, Perseus Publishing. (酒井泰介訳・奥村宏監訳『株主資本主義の誤算：短期の利益追求が会社を衰退させる』ダイヤモンド社, 2002 年)

Keohane, Robert O. [1984] *After Hegemony: Cooperation and Discord in the World Political Economy*, Princeton, N.J., Princeton University Press. (石黒馨・小林誠訳『覇権後の国際政治経済学』晃洋書房, 1998 年)

Kindleberger, Charles P. [1975] *The World in Depression, 1929-1939*, Berkeley, University of California Press. (石崎昭彦・木村一朗訳『大不況下の世界 1929-1939』東京大学出版会, 1982 年)

――― [1996] *World Economic Primacy: 1500 to 1990*, New York, Oxford University Press. (中島健二訳『経済大国興亡史：1500-1990』岩波書店, 2002 年)

Lindert, Peter H. [2004] *Growing Public: Social Spending and Economic Growth since the Eighteenth Century*. Vol. 1, Cambridge, Cambridge University Press.

Maddison, Angus [2007] *Contours of the World Economy, 1--2030 AD: Essays in Macro-economic History*, Oxford, Oxford University Press.

Marglin, Stephan A. and Juliet B. Schor (eds.) [1990] *The Golden Age of Capitalism: Reinterpreting the Postwar Experience*, Clarendon Press, Oxford.（磯谷明徳・植村博恭・海老塚明監訳『資本主義の黄金時代』東洋経済新報社，1993 年）

Oelssner, F. [1953] *„Die Wirtschaftskrisen"*, Erster Band; Die Krisen im vormonopolischen Kapitalismus, Dietz Verlag, Berlin.（千葉秀雄訳『経済恐慌　その理論と歴史』大月書店，1955 年）

Rifkin, J. [1966] *The End of Work: The Decline of the Global labor Force and the Dawn of the Post-Market Era*, New York, Columbia University Press.（松浦雅之訳『大失業時代』TBS ブリタニカ，1996 年）

Robinson, William I. [2004] *The Theory of Global Capitalism: Production Class, and State in a Transnational World*, Baltimore and London, The John Hopkins University Press.

Rostow, W.W. [1960] *The Stages of Economic Growth: A Non-Communist Manifesto*, Cambridge, Cambridge University Press.（木村健康・久保まち子・村上泰亮訳『経済成長の諸段階』ダイヤモンド社，1961 年）

Sassen, Saskia [1988] *The Mobility of Labor and Capital: A Study in International Investment and Labor Flow*, Cambridge, New York, Cambridge University Press.（森田桐郎ほか訳『労働と資本の国際移動――世界都市と移民労働者』岩波書店，1992 年）

――― [1996] *Losing Control?: Sovereignty in an Age of Globalization*, New York, Columbia University Press.（伊豫谷登士翁訳『グローバリゼーションの時代　国家主権のゆくえ』平凡社，1999 年）

――― [2001] *The Global City: New York, London, Tokyo*, 2nd edition, Princeton University Press.（伊豫谷登士翁・大井由紀・髙橋華生子訳『グローバルシティ――ニューヨーク，ロンドン，東京から世界を読む』筑摩書房，2008 年）

Strange, Susan [1996] *The Retreat of the State: The Diffusion of Power in the World Economy*, Cambridge, UK; New York, Cambridge University Press.（櫻井公人訳『国家の退場　グローバル経済の新しい主役たち』岩波書店，1998 年）

United Nations Conference on Trade and Development [2008] *UNCTAD Handbook of Statistics*. New York; Geneva, United Nations.

Wallerstein, I. [1974] *The Modern World-System: Capitalist Agriculture and the Origin of the European World-Economy in the Sixteen Century*, New York, Academic Press, Inc.（川北稔訳『近代世界システム――農業資本主義と「ヨーロッパ世界経済」の成立』I, II, 岩波書店，1981 年）

※白書及び官公庁資料等については本文中に示した．

あとがき

　本書のメインタイトルは「グローバル資本主義論」だが，しかしここで論じていることの大半は，いわゆる現代日本資本主義論である．これは，現代日本資本主義がグローバル資本主義であることを踏まえて，グローバル資本主義としての日本経済を論ずるという意味合いで付けている．

　それなら，むしろ「グローバル資本主義下の日本経済」とか「日本経済とグローバル資本主義」とかいったほうがベターであったかも知れない．が，その種のタイトルはどこかで見たような感じがして，要するに，ありふれている．そこでメインタイトルは簡潔に「グローバル資本主義論」とした．ただ，これだけでは誤解を生むということなので，サブタイトルを「日本経済の発展と衰退」とした．

　日本はいま衰退しつつある．この思いは，今回の執筆作業中の途中から徐々に強くなっていった．日本経済の現状を知れば知るほど，悲観的になっていくのである．確かに，こうした衰退現象は先進資本主義諸国に共通な部分もあるが，日本の場合はその対応のチグハグさもあって，強い危機感を覚えざるをえない．

　また，原稿を印刷にまわす前に最後まで悩んだのは，結章を付け加えるか否かであった．ここでは，日本経済への処方箋めいたことを記しているが，内容的にはすでに多くの人々によって言われていることがほとんどである．それでも，最後はその結章を組み込んだ．結局そうしたのは，そうしなければあまりにも暗すぎる，との思いからである．経済学は古典派経済学の確立者であるデビット・リカードウの昔からディスマル・サイエンス（陰鬱な科学）と相場は決まっているものの，やはり最後は「希望」で締めくくりたかったというのが本音である．ただ，もうひとつの本音を言えば，雇用さえ守ることができるなら，なおその上に経済成長が必要だと考えているわけではない．

　ところで，本書は活字量にしてかなり多めの補論をひとつ付してある．これ

は，資本主義全体の歴史というパースペクティヴのなかに現代のグローバル資本主義を位置づけ，その特質を明らかにしようとするものであり，もともとは本書の冒頭におく予定で書かれたものである．要するに，それは本書の主要テーマである現代日本資本主義の時間的・空間的な位置付け，理論的前提を明らかにしておくという意味をもつものであった．

しかしながら，結果的にこれがかなり大きなボリュームになり，本書の冒頭章には相応しくないということになってしまった．そこで，代わりに小さめの序章を「出城」的に冒頭章に配し，本体を補論にまわすことで本書の理論的前提を確保するという措置をとった．これによって読み易くはなっているはずであるが，本の編集上は変則的なかたちとなってしまった．ご諒解いただければ幸いである．

最後に，出版事情が一段と厳しくなりつつある昨今，本書のような専門書の出版を引き受けていただいた日本経済評論社と先般の編著書（『危機における市場経済』2010年）に続いて今回もお世話になった清達二氏に心から感謝し御礼申し上げたい．

［著者紹介］

飯　田　和　人
いい　だ　かず　と

明治大学政治経済学部教授．1948 年生まれ．明治大学大学院政治経済学研究科経済学専攻博士課程単位取得．博士（経済学）．
主著に『市場経済と価値：価値論の新基軸』（ナカニシヤ出版，2001 年），『市場と資本の経済学』（ナカニシヤ出版，2006 年），編著に『危機における市場経済』（日本経済評論社，2010 年）ほか．

グローバル資本主義論
日本経済の発展と衰退

2011 年 2 月 25 日　第 1 刷発行

定価（本体 3800 円＋税）

著　者　飯　田　和　人
発行者　栗　原　哲　也
発行所　株式会社　日本経済評論社
〒101-0051　東京都千代田区神田神保町 3-2
電話 03-3230-1661／FAX 03-3265-2993
E-mail: info8188@nikkeihyo.co.jp
振替 00130-3-157198

装丁＊渡辺美知子　　　　　　藤原印刷／根本製本

落丁本・乱丁本はお取替いたします　　Printed in Japan
Ⓒ IIDA Kazuto 2011
ISBN978-4-8188-2154-5

・本書の複製権・翻訳権・上映権・譲渡権・公衆送信権（送信可能化権を含む）は，㈳日本経済評論社が保有します．
・JCOPY〈㈳出版者著作権管理機構　委託出版物〉
本書の無断複写は著作権法上での例外を除き禁じられています．複写される場合は，そのつど事前に，㈳出版者著作権管理機構（電話 03-3513-6969, FAX 03-3513-6979, e-mail: info@jcopy.or.jp）の許諾を得てください．

進化経済学の諸潮流
　　　八木紀一郎・服部茂幸・江頭進編　本体5800円

越境するケア労働
　　──日本・アジア・アフリカ──
　　　　　　　　　　　　　佐藤誠編　本体4400円

国際通貨体制と世界金融危機
　　──地域アプローチによる検証──
　　　　　　　　　　　　上川孝夫編　本体5700円

世界金融危機の歴史的位相
　　　　　　　　　　　　斎藤叫編著　本体3500円

危機における市場経済
　　　　　　　　　　　　飯田和人編著　本体4700円

新自由主義と戦後資本主義
　　──欧米における歴史的経験──
　　　　　　　　　　　　権上康男編　本体5700円

グローバル資本主義と巨大企業合併
　　　　　　　　　　　　奥村皓一　本体3800円

経済学は会話である
　　──科学哲学・レトリック・ポストモダン──
　　　　　　アリオ・クラマー著
　　　　　　後藤和子・中谷武雄監訳　本体3600円

日本経済評論社